어른의 그림책

어른의 그림책

우리는 그림책을 함께 읽는다

황유진 지음

메멘토

1부

그림책이 나에게 묻다

2부

나와 너를 잇는 다리

3부

세상으로 나가는 문

4부

다시, 그림책으로 구한 나의 답

서문

나는 그림책을 읽으며 잘 운다. 혼자 읽다가도 울고, 아이에게 읽어주다가도 운다. 남이 그림책을 읽어줄 때는 더 많이 운다. 슬픈 책이 아닌데도 울고 있는 나 자신을 발견할 때면 가끔 당혹스럽다. 그런 사람이 나만은 아니라는 사실이 위로라면 위로가 된다. 남들 앞에서 울었다는 데에, 혹은 그저 그림책 때문에 울었다는 데에 당혹스러워하는 이에게 한마디를 건넨다. "괜찮아요, 술 취해서 우는 것에 비하면 얼마나 건강한 눈물이에요?" 그제야 눈물 끝에 웃음이 피어난다. 어른이 되면서 우리는 잘 웃고 잘 울고 잘 감탄하는 능력을 점점 잃어간다. 짧지만 함축적이고 아름다운 그림책의 세계를 경험하면서 아주 잠깐이라도 감응의 능력을 회복하는 것, 그림책의 힘은 거기에서 나온다.

내가 일반 성인 대상으로 처음 그림책을 읽어주었던 몇 년 전 그날을 떠올려본다. 당시만 해도 그림책을 통해 내가 이해하고 감동한 바를 전달하려는 마음이 컸다. 이렇게 좋은 것을 누군가에게 일러주고 싶었다. 말하고 싶은 욕구가 너무 앞섰다. 하지만 점차 함께 읽기의 마법을 확인하면서 내가 말하는 비중을 줄여갔다. 구구절절 의미를 설명하고 감동을 표현하지 않아도, 참석자들은 그림책에 기대어 자신만의 이야기를 발견해갔다. 누군가의 고유한 이야기는 다른 사람의 고유한 이야기를 끌어내는 데도 영향을 미쳤다. 서로가 얼마나 다른 존재인지를 확인하게 해주었고 이 역시 다 책과 사람들의 힘이었다. 나의 역할은 다만 좋은 그림책을 고르고, 고른 그림책들을 잘 엮어 흐름을 만들고, 적절한 톤으로 낭독하고, 질문을 던져 그림책과 사람 사이에 물꼬를 트고, 귀 기울여 들어주는 것이었다.

내가 하는 일을 한마디로 정의하기는 참 어렵다. 설명이 길어질 수밖에 없고, 직접 경험해보지 않은 사람들을 이해시키기도 어렵다. '나는 무엇을 하는 사람이다'라고 단언하지 못하는 나 자신이 갑갑할 때도 많았다. 그러나 이제는 조금씩 받아들이려 한다. 한마디로 정의할 수 없는 것이 나의 일이라는 것을. '그림책으로 사람을 만나 이야기를 나눈다'라는, 추상적인 문장에 깃든 수많은 그림책의 풍경들이 겹쳐져 나를 이루고 있음을 말이다. 나는 그림책을 소개하고 추천하고 읽어주고 글을 쓰는 일을 통해 겹이 두터운 사람이 되고 싶다. 결이 고운 사람이 되고 싶다. 그리하여 곁에 있어줄 수 있는 사람이 되고 싶다. 그 '되고 싶은' 마음 때문에, 여럿이 함께 그림책 읽는 자리를 자꾸만 꾸리게 된다.

  이 책은 나의 그림책 사랑이 어떻게 시작되었는지, 그 사랑이 나를 어떻게 전과는 다른 길로 이끌어주었는지, 길 위에서 얼마나 많은 그림책들이 내게 위로를 건넸는지를 함께 나누는 이야기이다. 좋아하는 것을 업으로 삼아 세상으로 한발 나아가고 싶었던 이의 고군분투기이기도 하다. 그리고 무엇보다도 함께 둘러앉아 읽을 때 그림책과 사람이 얼마나 더 다채롭고 아름다워질 수 있는지를 경험한 이의 환희의 기록이다. 누군가 읽어주는 그림책에 눈과 귀를 열고, 형형색색 물든 내 마음을 들여다보고, 그 마음을 타인과 나누며 지지대 하나를 얻어가는 풍경의 스케치이다. 홀로 펼치는 것을 넘어 함께 읽고 나누면서, 어른의 그림책은 붉고 단단하게 익어간다.

  이 책에 담긴 그림책들은 내게 깊은 감동을 주었던 책, 그림책 모임에서 읽었던 책, 그리하여 서로의 세계를 확장시켜준 작품들이다. 서른여섯 권의 귀한 그림책을 통해 자아, 사랑, 인연, 이별, 기억 등 인생의 주요한 가치들을 짚어보고, 주제별로 함께 읽으면 더 좋을 그림책도 선정했다. 1부 '그림책이 나에게 묻다'에서는 그림책을 통해 나라는 존재의 정체성을 살피고 나의 자리를 가늠해본다. 2부 '나와 너를 잇는 다리'에서는 가족, 친구, 지인 등 가까운 이들과 나를 잇는 끈을 탐구한다. 3부 '세상으로 나가는 문'에서는 나와 너라는 좁은 세계를 벗어나, 너른 세상에서 힘껏 살아갈 용기를 다룬다. 그리고 4부 '다시, 그림책으로 구한 나의 답'에서는, 나에게로 돌아와 앞으로 어떻게 일하고 사랑하며 살아갈 것인가에 대한 답을 구해본다. 그림책으로 자신의 과거와 현재를 살핀 후 가깝고 먼 세계로 나아가 본 다음, 다시 자신의 미래를 바라보는 과정을 담으려 했다.

「들어가는 글」에서는 그림책과 그림책 함께 읽기의 의미를 서술한다. 둘러앉아 그림책을 읽으며 우리는 낭독의 아름다움을 발견하고, 각자 마음의 온도를 재어보고, 마침내 타인과 소통할 수 있는 힘을 얻어간다. 마지막으로, 부록 1에는 '그림책 37도'에서 운영 중인 정기 그림책 모임의 진행 방식과 준비 사항을 자세히 담았다. 나의 방식이 당연히 단 하나의 정답은 아닌데도 굳이 세세하게 적어 내려간 것은, 독자들이 이를 참고해 각자 개성 있는 그림책 모임을 발전시켜 나가

길 바라는 마음에서였다.

　초고를 완성하려 안간힘을 쓰고 있을 때, 집에서 키우는 백합 화분에서 꽃이 피어나기 시작했다. 밤길에 하나둘 가로등이 켜지는 것처럼 환하게, 찬란하게 피어올랐다. 백합 향이 집 안을 가득 채우던 2주 동안 원고를 마무리 지었다. "백합이 나 힘내라고 피었나 봐." 얼토당토않은 착각이지만, 그 고운 자태와 향기 덕에 마지막까지 힘을 낸 것도 사실이다. 이 책을 쓰기까지 얼마나 많은 백합들이 내 주변에서 피고 졌는지 뒤늦게 떠올려본다. 언제나 곁을 지켜준 가족, 첫발을 내딛도록 손 내밀어준 지인들, 함께 그림책을 읽으며 자신의 한 조각을 내어보였던 이들. 내게는 그 모두가 길목마다 피어 눈길을 건네어준 꽃송이들이다. 이 책도 누군가에게는 밤길 모퉁이를 환하게 밝혀주는 백합이 될 수 있기를 바란다. 그래서 그림책을 함께 읽는 자리마다 꽃잎이 내려앉기를 바란다.

차례

서문 • 17

들어가는 글: 그림책 함께 읽기의 마법 • 21

1부 ◦ 그림책이 나에게 묻다

1 나에게 걸어가는 길 • 33
    『오리건의 여행』

2 비밀은 나의 힘 • 43
    『조금만 더』

3 나를 탐구하는 시간 • 53
    『나의 영원한 세 친구』, 『우리 딸은 어디 있을까?』

4 질문하는 삶 • 63
    『첫 번째 질문』

5 오롯한 나의 공간 • 73
    『구덩이』

6 나는 어떤 꽃일까 • 83
    『나, 꽃으로 태어났어』

7 약점 껴안기 • 93
    『중요한 문제』, 『아나톨의 작은 냄비』

2부 ○ 나와 너를 잇는 다리

1. 서로 다른 것을 잇는 눈 • 105
   『떨어질 수 없어』, 『흰 눈』

2. 너의 씨앗을 보아주는 마음 • 117
   『아주 작은 씨앗』

3. 서로가 서로의 인생 서점 • 127
   『있으려나 서점』

4. 엄마와 마주한 시간 • 139
   『나의 엄마』, 『메두사 엄마』

5. 아이와 엄마의 건강한 거리 • 151
   『똑, 딱』

6. 진심을 기울인다는 것 • 163
   『알사탕』, 『낱말 공장 나라』

7. 기억하는 한 우리는 연결되어 있어 • 175
   『안녕, 나의 장갑나무』

3부 ○ 세상으로 나가는 문

1. 당신의 아침이 아름답기를 • 187
   『아침에 창문을 열면』

2. 초록빛 자연이 건네는 위로 • 197
   『커다란 나무 같은 사람』, 『연남천 풀다발』

3. 인생의 마지막에 무엇을 남길까 • 207
   『100 인생 그림책』

4. 겨울을 견디는 용기 • 217
   『용감한 아이린』

5 느리게 걷는 이에게만 허락된 가르침 • 227
   『대추 한 알』

6 시간 속에서 여물어가는 것 • 237
   『시간이 흐르면』, 『편지』

7 이별의 슬픔이 종이 될 때까지 • 247
   『철사 코끼리』

4부 ◦ 다시, 그림책으로 구한 나의 답

1 일과 육아의 균형 • 259
   『엄마, 잠깐만!』

2 걱정과 기대의 무게 덜어내기 • 271
   『하지만 하지만 할머니』

3 씨앗을 보내는 나무의 마음으로 • 281
   『씨앗 100개가 어디로 갔을까』

4 감탄할 줄 아는 마음 • 291
   『눈 내리는 저녁 숲가에 멈춰 서서』

5 일, 나다움을 선택하는 과정 • 301
   『단어수집가』, 『선 따라 걷는 아이』

6 책으로 지켜내는 나와 너 • 313
   『지하 정원』

7 끝이 아닌 끈의 마법 • 323
   『나는 기다립니다』

부록 1. 그림책 함께 읽기 모임을 하려면 • 333
부록 2. 다양한 그림책 함께 읽기 모임 • 349

그림책 함께 읽기의 마법

어른이 되어 읽는 그림책

 엄마인 나에게 그림책 읽는 시간은, 아이와 함께 대화하는 의미 있는 시간이다. 나는 글을 읽지 못하는 아이에게 책에 적힌 이야기를 들려준다. 글자에 집중하느라 그림을 잘 살피지 못하는 나와 반대로, 아이는 그림 속에서 숨은 재미를 찾아낸다. 완벽하지 못한 두 사람이 만나 서로 도와가며 또 다른 세계를 탐험하는 가운데 그림책은 더욱 풍성해진다. 그럴 때면 쉽게 드러내지 못하던 아이의 속마음이 불쑥 튀어나오기도 한다. 학교나 어린이집에서 겪은 속상한 일을 털어놓고, 심통이 난 마음을 드러내며, 궁금한 일들을 물어보기도 한다. 이럴 때 그림책은 단순히 어른이 아이에게 들려주는 이야기책이 아니라, 대화를 나누며 아이를 더 폭넓게 이해할 수 있는 매체가 된다. 아이와 함께 읽고 깊이 읽고 꾸준히 읽는 가운데 교감이 가능해진다.

그러나 그림책 독자층이 어린이에 국한되지 않으며, '글과 그림이 결합하여 의미를 전달하는' 독특한 매체라는 인식이 보편화되고 있다. 그림책협회에서는 동화책 대신 '그림책이라고 불러주세요'라는 캠페인을 펼치고 있는데, 이러한 인식 전환을 끌어내는 활동이다. 실제로 어떤 그림책은 아이들보다 어른들이 더 크게 공감하기도 한다. 나이 든 엄마의 숨겨진 욕망을 그린 『엄마의 초상화』(유지연 글 그림), 작아진 백발 엄마를 안고 눈물 흘리는 중년 여성 이야기 『다정해서 다정한 다정씨』(한성옥 글·윤석남 그림), 엄마와 아이의 관계 변화를 다루는 『파랑 오리』(릴리아 글 그림) 같은 책은 성인 여성과 더 긴밀하게 소통한다. 다양한 문학작품이 등장하는 『책의 아이』(올리버 제퍼스·샘 윈스턴 글 그림), 문학작품의 주인공이나 작가가 등장하는 『마지막 휴양지』(존 패트릭 루이스 글·로베르토 인노첸티 그림)의 경우, 배경 지식이 있는 어른이 텍스트를 더 정확하고 풍부하게 읽어낼 수 있다.

그림책은 글이 대부분 짧다. 『삶』(신시아 라일런트 글·브렌던 웬젤 그림), 『내 마음은』(코리나 루켄 글 그림)처럼, 짧고 서정적인 글 속에 커다란 가치를 담아낸 그림책을 읽으며 우리는 적잖은 감동을 받는다. 또한 처음에는 단순하고 개별적인 이야기로 보여도, 독자가 자신을 투영하는 과정에서 복잡하고 보편적인 은유로 읽히기도 한다. 『용감한 아이린』(윌리엄 스타이그 글 그림)은 한겨울 홀로 드레스를 배달하는 소녀의 이야기이지만, 배달 과정을 '인생'의 은유로 본다면 더 이상 아이린만의 이야기가 아니다. 인생을 살아가는 과정에서 누구나 느낄 수 있는 실패와 좌절, 고난과 역경을 발견하게 되는 것이다. 이렇게 곱씹을 거리를 만나는 것 역시 그림책을 읽는 재미 중 하나다. 아이들은 그저 재미있게 읽는 책이라 해도 어른들은 자신의 상황에 비추어 또 다른 의미를 찾아내고 감동한다. 『슈퍼 거북』(유설화 글 그림)을 읽으며, 가장 빠른 거북이가 되려고 열심히 노력하는 거북의 모습에서 아이들은 웃음을 터트리지만 현대인이 겪는 번아웃증후군을 떠올리는 어른들은 차마 편안히 웃을 수가 없다.

그림책이 어른들에게 큰 위안이 되는 이유 중 하나는, 즉각적이고 구체적인 '감정'을 느낄 수 있기 때문이다. 특히 그림은 다른 생각이 끼어들 여지 없이 바로 사람의 마음을 사로잡는다. 따뜻하고 섬세한 그림에서는 부드러운 위로를 받고, 강렬하고 독특한 그림을 통해서는 상상 여행을 떠나는 듯한 재미를 맛본다. 그림 한 장의 완성도보다는 글과 그림이 주고받으며 이야기를 끌어가는 힘이야말로 그림책을 그림책답게 만들어주는 요소지만, 때로는 그림 한 장에 기대어도 충분한 위로를 받는다. 이는 성인 책에 가득한 문자 언어로는 하기 힘든 경험이다. 글과 논리의 세계는 대부분 즉각적인 감정을 불러일으키지 않는다. 찬찬히 텍스트를 읽으면 어떤 감정이 고양되기는 하지만, 이는 이성을 거쳐 정제된 감정이다. 시각 경험은 이보다 훨씬 더 순수한 감정을 자아낸다. 늘 절제하고 합리적으로 생각해야 하는 세상에서, 날것의 감정을 불러일으킨다. 집 안의 작은 그림책 서가에서 나는 순식간에 웃고 울다 뭉클해진다.

낭독의 힘

 혼자 읽는 그림책은 나를 나답게 해준다. 혼자만의 시공간에서 머물며 그림책에 몰입하다 보면, 슬픔도 위로도 감동도 오롯이 나의 것이 된다. 그런데 최근 들어, 각자의 집에서 각자의 마음을 위로하던 그림책들이 집 밖으로 힘차게 나오고 있다. 도서관에서, 동네책방에서, 카페에서, 육아 모임에서 함께 그림책 앞에 둘러앉아 이야기 나누는 풍경을 흔히 볼 수 있다. 나 역시 혼자 그림책을 보다가 어느새 온라인 카페에서 소통하기 시작했고, 결국은 오프라인 모임에까지 발길을 넓히게 되었다.

 그림책 모임을 할 때 가장 좋은 점은, 누군가 그림책을 읽어준다는 점이다. 일본의 그림책 편집자 마쓰이 다다시는 『어린이 그림책의 세계』에서 "그림책은 어린이가 읽는 책이 아닙니다. 그림책은 어른이 어린이에게 '읽어주는 책'입니다"라고 말했다. 이때 강조할 것은 글을 읽을 줄 모르는 아이와 읽을 줄 아는 어른의 관계가 아니라, 그림책은

'누군가 읽어줄 때 빛을 발하는 매체'라는 점이다. 글과 그림을 번갈아 읽어야 하기 때문에, 혼자 그림책을 읽으면 글과 그림이 통합되는 경험을 하기 어렵다. 또한 어른들은 긴 세월 문자로 세상을 읽고 파악해왔기에, 그림은 스쳐 지나기 십상이다.

누군가 낭독해주는 그림책을 보면 이야기가 달라진다. 눈은 그림에 귀는 이야기에 머무르면서, 눈과 귀가 함께 열리는 경험을 할 수 있다. 글보다 그림에 먼저 눈이 가고, 글과 그림이 주고받는 이야기가 한눈에 보이는 것이다. 지금은 내가 너무 좋아하고 많이 읽어주는 『아침에 창문을 열면』(아라이 료지 글 그림)도, 처음 혼자 책을 펼쳐 봤을 때는 큰 감흥이 없었다. '내 취향은 아니네' 하고는 쉽게 흘려버렸다. 그런데 이 책을 새롭게 만나게 된 이유는 어느 모임에서 누군가 이 책을 읽어주었기 때문이다. 약간의 거리를 두고 글과 그림에 집중하니, 방 안에 앉아 창밖으로 아침 풍경을 내다보는 느낌이 들어 그림책 속으로 훅 빨려 들어갔다. 같은 작가의 『버스를 타고』 역시 혼자 읽을 때는 휘리릭 읽고 넘겼던 책이다. 다른 사람이 읽어주었을 때에야 비로소 버스를 기다리지 못하고 무작정 짐을 짊어진 채 걷기 시작하는 성질 급한 내가 보였다. 또 기다림을 견딜 만하게 해주던 라디오가 눈에 들어왔다. 나의 라디오는 무엇일까, 곰곰이 생각해보게 되면서 이 책에 새롭게 눈을 뜨게 되었다.

마음 돌봄의 자리

그림책을 함께 읽는 모임에서는 낭독에 그치지 않고, 그림책에 각자의 마음을 비추어 본다. 같은 그림책이라도 각자 반응하는 장면이 다르고 같은 장면에 반응하더라도 이유가 각각 다르다. 우리는 모두 타고난 기질이 다르고 환경이 다르고 가치관이 다르기 때문이다. '평론'의 차원에서 본다면 좋은 책을 고르는 객관적인 기준과 분석이 중요하겠지만, '감상'의 영역에서는 그림책이 나와 얼마나 긴밀히 소통하느냐가 더욱 중요하다. 그림책을 통해 우리는 내 마음을 들여다보고, 안녕한지를 가만히 물어본다.

종종 입에 올리는 '그림책 테라피'의 의미를 되새겨본다. 테라피는 본래 '치유' '치료'를 의미한다. 그렇다면 그림책이 다친 마음을 치유할 수 있을까? 처방전이나 약처럼 기능할 수 있을까? 하지만 내가 그림책 모임에서 추구하는 것은 일반적인 의미의 치유나 치료와는 거리가 있다. 마음에 깊은 상처를 안고 살아가는 이들은 전문가의 상담을 받는 것이 절실하다.

사실 책이, 그림책이 나를 치유할 수는 없다고 생각한다. 그림책이 해주는 일은 살아가는 나와 읽는 나, 치유하는 나와 치유받는 나 사이에 좁은 다리를 놓아주는 일이다. 그림책은 이런 길도 있고 저런 다리도 있다고 알려주며, 빼꼼 문을 열고는 내 앞에 서서 내 마음이 흘러가기를 기다려준다. 길을 걷고 다리를 건너고 문을 열며 마음을 도닥거리는 것은 결국 자신의 몫이다.

그러니 내가 그림책 모임에서 추구하는 것은 '마음을 미리 돌보는 온도계' 역할을 하는 그림책이다. 그림책마다 품고 있는 온도가 있다. 물론 사람 체온(36.5도)처럼 딱 정해져 있지는 않지만, 내가 어떤 책에 부여하는 온도가 있게 마련이다. 차가워 보이지만 펄펄 끓는 별 같은 책도 있고, 여름에서 가을로 넘어가는 한 줄기 바람처럼 시원한 책도 있다. 『흰 눈』은 10도, 『리디아의 정원』은 25도, 『수박 수영장』은 36도…… 그런데 내 마음에 열이 나거나 저체온증이 오면 그림책 온도가 완전히 다르게 느껴진다. 열이 펄펄 나면 오히려 몸이 벌벌 떨리며 오한이 느껴지는 것처럼 말이다. 그림책은 내밀하게 내 살에 맞닿으면서, 세상에 단 하나뿐인 온도계가 된다. 마음속 화와 질투와 기쁨과 슬픔의 온도가 그림책과 맞닿으면서 구체적인 수치로 드러난다. 내 마음이 지금 몇 도인지, 내가 견디고 있는 계절의 기온이 몇 도인지, 그림책은 미묘한 온도 변화를 감지하면서 나의 상태를 일러주는 것이다.

그래서 그림책 모임은 지금 나의 상태가 어떤지 미리 돌아보고 간수할 수 있도록 도와주는 장이다. 크게 아프기 전에 미리 열을 재고 예방주사를 맞으며 마음을 섬세히 돌보는 것이다. 찢긴 마음을 온전히 꿰매어줄 수는 없지만, 몇 땀의 위로는 건넬 수 있다. 남편, 시댁,

자식, 이웃 같은 남의 이야기가 아니라, 내 이야기에 집중하고 솔직히 표현할 수 있도록 그림책은 든든한 지지대가 되어준다. 그런 의미에서, 조심스럽게 그림책 뒤에 테라피라는 단어를 붙여보는 것이다.

소통의 기쁨

그림책을 다른 사람과 함께 읽는 가운데 마음 돌봄의 효과는 배가 된다. 그림책 주인공들이 겪는 위기와 갈등은 대부분 누구나 겪는 일이다. 그래서 참석자들은 자신의 경험에 비추어 주인공이 맞닥뜨리는 위기와 갈등을 재해석한다. 다르면서도 비슷한 경험을 나누며 우리는 안도한다. 인생에서 휘청거리는 것은 나만이 아니라고, 누구나 시련을 견디는 법이라고, 그림책은 물론이고 함께 읽는 이들이 말해주는 것이다. 우리는 그림책 모임에서 일상의 힘겨움을 나누고 이상과 괴리된 현실의 어려움을 토로하며, 어디에서도 받을 수 없는 정서적 지지를 받는다.

게다가 참석자들은 세대도 직업도 결혼 여부도 처한 상황도 모두 다르다. 내가 진행하는 그림책 모임의 경우 30~40대 엄마 비중이 높기는 하지만, 모두가 그런 것은 아니다. 이렇게 처지가 서로 다른 사람들이 한 자리에 모여 평등하게 이야기를 나눌 수 있는 모임이 몇이

나 될까? 그림책 모임이 시작되는 순간 어리다고 무시하고, 늙었다고 꼰대 취급 하고, 결혼 안 했다고 애 취급하고, 맘충이라고 욕하는 세상과는 잠시 단절한다. 늘 같은 상황에 놓인 이들끼리만 뭉치면 공감은 깊을지 모르나 세계를 확장하기는 어렵다. 다른 상황에 처한 사람들이 건네는 위로와 공감은 나의 세계를 넓히고 따뜻하게 한다. 그리고 내가 건네는 작은 눈길과 미소가, 전혀 다른 처지에 놓인 누군가에게 격려와 위안이 될 수 있음에 감격한다. 살면서 지나왔던 길, 앞으로 걸어가야 하는 길들을 한데 펼쳐놓고, 그림책 모임에서 우리는 인생의 지도를 함께 그려본다. 혼자일 때는 한두 개밖에 보이지 않던 길이, 사실 수십 수백 갈래일 수도 있다는 것을 배워간다.

서로 다른 사람들도 어울려 소통의 기쁨을 누릴 수 있음을 배워가면서, 나를 힘들게 했던 이런저런 관계에도 생각이 미친다. 부모님, 자식, 친구, 형제자매 등 거리는 가깝지만 오히려 다정하고 솔직하기 어려운 관계들을 돌아본다. 소중한 이들에게 한 발 더 다가갈 방도를 그림책과 사람에 기대어 찾아보고 싶어진다. 바로 이것이 그림책 함께 읽기가 일으키는, 오직 만남 속에서만 일어나는 마법이다.

1부 그림책이 나에게 묻다

1 나에게 걸어가는 길

『오리건의 여행』
라스칼 글·루이 조스 그림,
곽노경 옮김, 미래아이

서커스단 광대인 난쟁이 듀크는 재주 부리는 곰 오리건으로부터 숲에 데려가 달라는 부탁을 받는다. 듀크와 오리건은 서커스단을 나와 미국 서부 오리건으로 향한다. 두 발로 걷고 약자들의 차를 얻어 타며 오리건으로 가는 과정을 통해, 오리건과 듀크는 낮고 좁은 세상에서 벗어나 본연의 모습을 되찾아간다. 마침내 듀크는 빨강 코를 벗어 던지고 자신만의 여행을 새로이 시작한다.

"왜 아직 빨강 코에 분칠을 하고 있소? 이제 서커스 무대에 서지도 않는데."
"살에 붙어버려서요. 난쟁이로 사는 게 쉽지 않아요……"

나는 '설명'을 찾는 사람이다. 이 영화가 어떤 이야기를 들려주는지, 내가 왜 이 책에 감동받았는지, 그림의 어떤 부분에 마음이 움직였는지 애써 이유를 찾고 말과 글로 표현하려고 노력한다. 그런데 그림이든 음악이든 소설이든 간혹 그렇게 설명하기가 어려운 작품이 있다. 마치 무장해제되듯, 순식간에 울컥하면서 눈물이 줄줄 흐른다. 이때 솟아나는 감정은 정체 모를 액체 괴물 덩어리 같다고 할까, 분석하거나 설명하기가 참 어렵다. 2017년 여름 한성옥 선생님 강연에서 『오리건의 여행』을 처음 만났을 때, 앞에서 인용한 대화를 듣는 순간부터 눈물이 그치지 않았다. 항상 머리를 쓰느라 바쁜 나에게는 흔치 않은, 머리가 텅 비는 경험이었다.

당시에는 내가 왜 그리 울었는지 설명할 수가 없어 불안했다. 몸은 아픈데 의사는 아무 문제 없다고 하는 경우처럼, 어디 고장난 듯

눈물은 쏟아지는데 어디가 잘못되었는지 알 수가 없었다. 한참이 지난 후에야 마음에 걸리는 한 장면을 떠올릴 수 있었다. 2015년 둘째를 낳은 후 휴직을 하는 동안 회사를 계속 다닐지 그만둘지, 그만두면 무얼 할지 고민하고 있었다. 놀이터에서 아이 친구 엄마들을 만날 때, 은행에서 일을 볼 때, 어린이집 선생님과 마주칠 때, 나도 모르게 자꾸만 위축되었다. 스스로 일해서 가정경제에 기여하는 것이 내게는 큰 의미가 있다. 그런데 휴직을 하고 경제활동을 못하고 있으니, 나라는 존재의 크기가 한없이 작아져 있었다. 아무도 묻지 않았는데 "지금 휴직 중이고 곧 복직할 거예요"라는 말을 자꾸만 덧붙이던 내가 듀크의 빨강 코에 겹쳐져 보였다. 『오리건의 여행』은 일을 시작하고 한참 후에 읽은 책이지만, 앞서 언급한 장면은 복직과 퇴직의 기로에서 깊은 불안에 휩싸여 있던 나를 다시 불러낸다.

오리건으로 가는 오리건

서커스단 광대인 난쟁이 듀크는 같은 서커스단에서 재주 부리는 곰 오리건에게 숲으로 데려가 달라는 부탁을 받는다. 여행을 시작할 때만 해도, 듀크는 오리건을 도우려는 마음과 막연한 기대감 정도를 품고 있었을 뿐 자기 욕망에 충실하진 않았다. 여행길에서 처음 차를 태워준 운전수 스파이크가 왜 아직도 빨강 코에 분칠을 하고 있느냐고 묻자 듀크는 난쟁이로 살기가 쉽지 않다고 말한다. 이 대답은 칼날처럼 나를 찔러왔다. 이렇다 할 일도 하지 않고 아는 것도 별로 없는 맨 얼굴을 보였다가는, 사람들에게 무시당하거나 외면당할지 모른다 싶어 두려워하는 나 자신이 보였던 것이다. 사람마다 몸을 일으켜 행동하게 만드는 기제가 다양하지만, 나를 움직이는 원동력은 대부분 '불안'이었다. 존재를 인정받지 못할지도 모른다는 불안 말이다. 불안해서 노력하고 불안해서 최악을 상정하고 불안해서 일부러 웃는다. 사랑받고 싶어서, 인정받고 싶어서, 소통하고 싶어서 빨강 코를 붙이고 분칠을 하는 행동이 적나라하게 드러나 들켜버린 날, 나는 한참을 울었다.

하지만 듀크의 불안은 여행이 계속될수록 조금씩 잦아들고 달라진다. 보랏빛 하늘 아래 금빛 밀밭에 길을 내며 나아가던 오리건은, 듀크를 등에 태우고 함께 아주 먼 곳을 바라본다. 그들이 걸어온 자국이 밀밭에 선명하게 드러나 있고, 듀크와 오리건의 시선이 향하는 지점 역시 분명하다. 그들은 앞으로도 오랫동안 먼 길을 걸어야 하는 것이다. 보통 그림책에서 주인공의 여정은 왼쪽에서 오른쪽으로 진행되게 마련인데, 이 장면에서 주인공들은 오른쪽에서 왼쪽을 바라보고 있다. 이 역행은 과거를 향한다기보다, 오리건이 오리건에게 돌아가는 '자기로의 회귀'를 의미한다. 곰이 곰답게 살기 위해 온 몸을 움직여 걸어보는 것이다. 끝없는 수평선 위에 두 사람이 빚어낸 이 수직선은 작지만 견고해 보인다. 저 가없는 지평 너머 어디든 갈 수 있을 것만 같다. 난쟁이 신세로 언제나 낮은 곳에 시선을 두며 살아왔을 듀크와 서커스단 철창이라는 좁디좁은 세계에 갇혀 살아야 했을 오리건. 그렇게 항상 낮고 좁은 방식으로만 살아오던 두 친구는 광활한 세상 속에서 점점 자신의 본질을 인식해간다. 밀밭의 촉감, 향기, 황금빛 색채, 바람에 버석거리는 소리, 바람의 밀도, 이 모든 것을 온몸으로 느끼면서 말이다.

나의 빨강 코를 떼어내기까지

나는 오래도록 책을 좋아했고 대학에서는 문학을 전공했다. 하지만 10년간 일한 회사는 전공과는 무관한 통신 회사였다. 직장인 중에 자기 성향에 맞는 일을 하는 사람이 얼마나 될까. 전공을 살릴 수는 없었지만 새로운 분야에서 다양한 사람들을 만났던 직장 생활은 훌륭한 경험이었다. 프레젠테이션 자료 작성도, 조별 과제도, 각종 수치 해석도 해본 적 없이 입사했으니 이래저래 배워야 할 것이 많았다. 팀의 일원으로 일하는 법, 우선순위를 설정하는 법, 근성 있게 업무하는 법 등 일을 대하는 자세도 많이 배웠다. 하지만 내가 본래 편안하게 느끼고 탐구하던 영역과는 꽤 달랐기에 늘상 '잘할 수 있을까' 하는 불안감이 떠나지 않았다.

이 회사를 나와 새 일을 한다면 내가 본래 좋아하고 잘하던 분야에서 일하고 싶었다. 오리건으로 향하는 오리건처럼, 나 역시 책과 문학의 세계로 향하고 싶었다. 막막하긴 하지만 그쪽이라면 견디며 나아갈 수 있을 것 같았다. 그러던 어느 날 눈에 들어온 것이 '그림책으로 시작하는 번역'이라는 강의였다. 번역의 기본 원칙을 재미있는 그림책을 통해 배워보는 시간이었다. 강의를 듣기 시작한 지 3주 만에 결심했다. 이 길을 가야겠다. 얼마나 많은 돈을 버느냐가 아니라, 앞으로 무엇을 하며 오래 걸을 수 있느냐가 중요하다고 생각했다.

오리건과 듀크는 여행 내내 거의 두 발로 걷는다. 자동차, 비행기 같은 이동 수단을 이용하면 오로지 목표만 보고 가지만, 걸어서 나아가면 목표와 더불어 과정을 되새기게 된다. 내가 육체와 영혼을 가진 존재임을 시시각각 인식하고, 한 걸음 한 걸음의 의미를 되새기며, 걸어야 할 때와 쉬어야 할 때를 스스로 판단하게 된다. 다른 이의 속도나 시간표에 맞추지 못할까 걱정할 필요도 없다. 눈을 들어 한껏 풍경을 마음에 담으면 될 일이다. 단순히 오리건을 오리건에 '배달'하는 일이 중요한 게 아니라, 서커스단에서 잃어버렸던 자신을 찾아가는 한 걸음 한 걸음이, 포기하지 않는 의지가 더 중요하다.

오리건이 오리건에 가고 싶다고 말했을 때처럼, 듀크가 밀밭에서 오리건의 여행을 자신의 여행으로 받아들였을 때처럼, "무엇을 하고 싶다"는 열망이 확실해지자 그다음은 조금 수월해졌다. 목표에 이르는 과정에 집중하게 되었다. 출판계에 인맥이 있거나 번역을 해본 적도 없었고 출판 과정을 잘 아는 것도 아니었다. 가진 것이 별로 없었기에 두 발로 오랫동안 걸어가는 수밖에 없음을 잘 알면서도, 불안 대신 근거 없는 자신감이 솟았다.

마침내 오리건에 도착한 오리건은 더 이상 두 발로 걷지 않는다. 언제 자신이 서커스단에 갇혀 있었냐는 듯이 네 발로 자유로이 산을 오르며 곰의 본성을 되찾는다. 아무런 근심 걱정도 없다는 듯이 뛰고 먹고 잠든다. 곁에서 하얗게 밤을 지새운 듀크 역시 빨강 코를 떼고 홀로 길을 떠난다. 빨강 코가 떨어진 새하얀 눈밭에서 사박사박, 눈 내리는 소리와 눈 밟는 소리가 함께 들리는 듯하다. 오래 헤매었으나 마침내 자신을 찾을 용기를 얻은 것이 오리건만은 아닌 것이다. 이 여행은 이제 전적으로 듀크의 여행이 된다. 마치 방황하던 내가 불안을 의미하는 빨강 코를 한번 떼어보겠노라고 결심했던 것처럼 말이다. 책을 덮으면서 이야기는 다시금 시작된다.

그림책 함께 읽기
너의 길을 응원할게

    그림책 읽는 모임에서 이 책을 읽으면, 빨강 코를 뗀 듀크의 여행은 어디로 이어질까를 함께 상상해본다. 누군가는 난쟁이들이 모여 사는 마을로 갔을 거라고, 다른 누군가는 도시로 나아가 새로운 일에 도전해보았을 거라고 한다. 본래 태어난 고향으로 돌아가거나 여행을 계속할 거라는 의견도 나온다. 그런가 하면 원래 몸담았던 서커스단 혹은 다른 서커스단에 들어갔을 거라는 이도 있다. 어디로든 가서 맨 얼굴로 세상과 마주하겠지만, 그런 삶이 순탄하리라고 생각하는 사람은 아무도 없었다. 인생이 흔한 할리우드 영화처럼 해피엔딩으로 끝나지 않으리라는 것을 우리는 이미 잘 알고 있다.

    그렇지만 이렇게 떠나본 이상 어디로든 가야만 하는 것이다. 서커스단으로 돌아간다 해도, 떠나기 전의 듀크와는 완전히 다른 존재가 되어 있을 것이다. 그래서 길을 떠나고 헤매는 경험을 하는 것은 꼭 어딘가에 도달하지 않더라도 의미가 있다. 빨강 코를 뗀 듀크에게 각자 건넨 한마디는, 길을 떠날까 말까 늘 망설이고 길 위에서 서성이는 우리 자신에게 건네는 응원이 아닐까 싶다.

    "괜찮니?"

    "너를 마중 갈게."

"너를 믿고 가."

"넌 너야, 어떤 모습이든."

"또 다른 코를 붙이지는 마."

늘 주변인으로만 존재하던 난쟁이 광대 듀크가 당당하고 주체적인 존재로 거듭나 첫발을 뗀 순간, 나는 아주 오래도록 그 순간을 기억하며 열렬히 응원할 것이다.

"쉽지 않을 거야. 그래도 가, 가봐."

함께 읽으면 좋을 책
#길 #여행 #나다움 #용기 #자유

『숲 속에서』
클레어 A. 니볼라 글 그림, 김기택 옮김, 비룡소

이유 모르게 숲을 두려워하던 생쥐가 온몸으로 숲을 경험하고 돌아오는 이야기. 익숙한 마을을 떠나 먼 길을 걸어 도달한 숲에서, 두려움을 떨치고 해방감을 만끽하게 된다. 자신의 무의식 속으로 걸어 들어가는 이야기로 해석할 수도 있다. 작가 아버지의 고향 마을을 그린 『아버지의 마을 오라니』와 함께 읽으면 이 책의 배경을 이해하는 데 도움이 된다.

『뛰어라 메뚜기』
다시마 세이조 글 그림, 정근 옮김, 보림

천적들에게 잡아먹힐까봐 웅크리고만 있던 메뚜기가 더 이상 안달복달하기 싫어 바위 위에 앉아 햇볕을 쬔다. 위험이 도처에 도사리고 있지만, 메뚜기는 날개를 활짝 펴고 멀리 날아간다. 용기를 내어 세상 밖으로 나가 자유를 찾는 메뚜기의 용기가 빛나는 그림책. 다시마 세이조의 역동적인 그림체가 돋보인다.

『보물』
유리 슐레비츠 글 그림, 최순희 옮김, 시공주니어

꿈이 보여준 대로 보물을 찾아 먼 길을 떠난 노인 이삭. 결국 보물은 자신의 집 아궁이 밑에 있었지만, 길을 떠나 보초대장을 만나지 않았다면 보물이 어디 있는지는 알 수 없었을 것이다. 길 위에 서보아야 비로소 발견할 수 있는 보물의 의미를 생각해보게 하는 작품. 칼데콧명예상 수상작이다.

2

비밀은
나의
힘

『조금만 더』
짐 라마르크 글 그림,
김재원 옮김, 봄봄출판사

아직 어리다는 이유로 고기잡이에 나설 수 없던 소년 다니엘에게, 물건을 위로 들어 올릴 수 있는 놀라운 능력이 생긴다. 이를 비밀에 부친 채 연습을 거듭하던 소년은 모래밭에 밀려와 꿈쩍도 않던 고래를 들어 올려 바다로 보내준다. 소년의 성장을 눈치챈 아버지는 소년의 승선을 허락한다. 짐 라마르크의 부드럽고 서정적인 그림이 독자의 마음을 움직인다.

어른들을 위한 그림책 수업의 첫 주제는 '자존감'이었다. 자기 스스로를 사랑하고 존중할 줄 아는 마음은 세상과 건강한 관계를 맺기 위한 토양과 같기에, 무척 중요한 화두라고 여겼다. 단독 수업은 아니었고, 예술심리교육센터 마인드플로우의 대표인 예술심리상담가 선생님과 함께 꾸린 콜라보 수업이었다. 한 사람은 심리이론 혹은 동작을 통해, 다른 한 사람은 그림책을 통해 마음을 돌보도록 돕는 시간을 꾸려보고자 했다.

　대주제는 자존감으로 하되 세부 주제는 각자의 방식대로 잡기로 했다. 자기 자신을 사랑하고 존중하기 위해 가장 필요한 것이 무엇일까. 오래 고민하지 않고도 '비밀은 나의 힘'이라는 주제를 떠올렸다. 물론 이 주제를 잡은 후에도 강점 발견하기, 약점 껴안기, 마음 돌봄 등 다양한 주제를 고심했다. 하지만 결국은 원점으로 돌아갔다. 혼자만의 시공간에서 키워낸 비밀이야말로 내가 나다울 수 있게 하는 인생의 열쇠라는 내용으로『조금만 더』『비밀의 집 볼뤼빌리스』『슬픔을 치료해주는 비밀 책』세 권을 엮어 읽었다. 그리고 나의 자존감을 높이는 비밀 처방전을 써보는 것으로 떨리는 첫 모임을 진행했다.

나를 나답게
만들어주는 것은

    짐 라마르크의 『조금만 더』에는 가족들에게 아직 꼬맹이라고 불리는 소년 다니엘이 등장한다. 아버지와 형은 바다에 나가 고기잡이를 하지만, 다니엘은 아직 어리다는 이유로 배에 탈 수 없다. 놀려대는 형 때문에 불퉁해진 다니엘은 어느 날 놀라운 능력을 발견한다. 손을 대지 않고도 사물을 약간 들어 올릴 수 있는 초능력이 생긴 것이다. 다니엘은 날마다 연습한 끝에 어느새 단추나 숟가락 같은 가벼운 것에서부터 소파, 배처럼 무거운 물건까지 들어 올릴 수 있게 된다. 다니엘은 누구에게도 자신의 비밀을 이야기하지 않는다. '이런 특별한 힘은 어디에 쓸모가 있을까?'라고 자신에게 물으며 답을 기다린다. 그리고 오직 집중, 집중하여 자신의 능력을 최대치까지 끌어올린다.

    어느 날 모래밭에 밀려온 고래가 꿈쩍도 하지 않은 채로 죽어가고 있다. 형을 포함한 어른들 여럿이 고래를 바다로 돌려보내기 위해 애써봤지만 아무 소용이 없다. 다니엘이 돕겠다고 나서자 모두 비웃지만, 아빠만은 웃지 않는다. 아빠는 소년의 비밀을 눈치챈 것일까? 다니엘은 고래 가까이 다가가 온 마음을 집중한다. 물의 출렁임, 동물들의 소리, 손가락에 닿는 고래 피부의 감촉…… 마치 다니엘과 고래가 한 몸이 된 것처럼 느껴지는 순간, 거대한 고래의 몸이 약간 위로

들린다. 사람들의 도움에 힘입어 고래는 바다로 다시 헤엄쳐 나간다. 먼먼 바다로 돌아가는 고래를 바라보며, 아빠는 다니엘에게 새벽 항해를 허락한다.

숨길 비, 깊숙할 밀, 비밀(秘密). 사전을 찾아보면, 비밀에 대한 첫 번째 정의에서부터 부정적 느낌이 물씬 풍긴다. '숨기거나 남에게 알리지 말아야 할 일.' 영화〈겨울왕국〉의 엘사가 얼음바람이 나오는 손을 뒤로 감춘 것처럼, '높으신 분들'이 '모른다' 혹은 '기억이 나지 않는다'라는 변명 뒤에 진실을 숨기는 것처럼 비밀이라는 단어에는 결점, 죄악, 살아남기 위해 해야 하는 선택, 음침한 사건이나 분위기가 한데 얽혀 있다.

하지만 비밀이 정말 나쁘기만 한 걸까? 요즘 세상은 점점 비밀이 없어진다. 사람들은 어떻게든 자신을 보여주려고 애를 쓴다. 어디에 가고 무엇을 먹고 어떻게 입고 누구와 함께 있는지 일거수일투족을 찍어 SNS에 올리고 댓글을 기다린다. 사진으로 모자라 24시간 자신의 일상을 영상으로 공유하기까지 한다. 아무도 글을 읽지 않고 영상을 보지 않고 내가 얼마나 멋지게 살고 있는지 알아주지 않으면 왠지 속상하고 울적하다. 보이지 않는 그물에 걸린 채 자발적으로 스스로를 전시한다. 나는 '속속들이 밝혀짐으로써' 존재한다. 그러나 그 과정에서 '내가 좋아하는 것'은 흐릿해지고 '남이 좋아하는 것'만이 또렷이 남는다.

만약 다니엘이 금세 떠벌리고 다녔다면, 비밀의 능력이 오래 유지될 수 있었을까? 약간의 눈요깃거리, 오락거리가 되어 입길에 오르다가 이내 시들해졌을 가능성이 높다. 스스로 성장해가는 과정의 행복보다는 남에게 인정받고 싶은 욕구가 앞서기 때문에, 자신에게 집중하여 능력을 키울 틈이 없다.

시리얼 하나 간신히 들어 올리던 작은 소년이, 고래를 구출할 수 있는 어마어마한 힘을 얻기까지 얼마나 많은 연습을 거듭했을까 싶어 책장을 다시 넘겨본다. 뾰로통하던 아이의 얼굴이 비밀을 품은 이후 얼마나 생기에 넘치는지를 바라본다. 그렇게까지 집중하고 행복할 수 있었던 이유는, 자신의 능력이 간절히 필요해지는 순간까지 다니엘이 말없이 기다렸기 때문이다.

비밀은 타인의 눈에는 보이지 않아 존재하지 않는 것 같지만 사실 나를 강력하게 지지해주는 축이다. 오뚝이를 오뚝이답게 만드는 것은 8자 모양의 외관이 아니다. 바로 오뚝이 안에 들어 있는 묵직한 추다. 밖에서는 보이지 않지만 분명 존재하는 추 덕분에, 오뚝이는 넘어져도 다시 일어나는 오뚝이가 된다. 비밀을 비밀로 남겨 자신만의 특별한 힘으로 삼은 소년과, 그걸 알아보고 지켜준 아버지의 사랑이 있어 소년은 어른이 될 준비를 할 수 있었다.

나를 키워준 꽃밭, 비밀

당시에는 이유를 몰랐지만, 내가 첫 그림책 모임 주제를 '비밀은 나의 힘'으로 고른 데는 분명 이유가 있을 것이라는 생각이 들었다. 사실 이 주제는 이때 처음 떠올린 것이 아니었다. 모임 한 해 전에 오랜 책 친구인 남동생이 재미있는 제안을 해왔다. 월간 문화 잡지를 만들고 개인들의 글을 실으려 하는데 글을 써줄 수 있겠냐고 말이다. 글을 꾸준히 쓸 수 있는 지면이 간절히 필요하던 터라 두말없이 동의했다. 그림책을 주제별로 엮어 소개하는 글을 쓰기로 했고 첫 달에는 「그림책을 왜 읽는가」, 둘째 달에는 「시 그림책의 즐거움」, 셋째 달에는 「비밀은 나의 힘」이라는 글을 실었다. 초창기부터 비밀이라는 주제에 골몰한 셈이다.

나는 왜 자존감을 비밀에서 찾고 싶었을까? 자존감과 비밀은 얼핏 거리가 멀어 보인다. 자존감은 자신을 인정하는 마음이고 비밀은 숨기려 드는 마음 같아 보이니까. 어릴 때부터 나는 늘 비밀이 많았다. 엄마에게 "어떨 땐 참 딸 같지 않다"는 말을 들을 정도로, 속내를 부모에게 잘 털어놓는 아이는 아니었다. 그만큼 감정을 솔직히 드러내거나 결정을 내리기 전에 의논하고 조언을 구하는 일이 드물었다. 대부분 나 자신이 찾아보고 생각하고 결정해왔다. 그런 에너지는 모두 일기장 속에 숨겨져 있었다. 중고등학교 시절은 물론이거니와 대학 시절까지도 일기장은 나의 가장 친한 친구였다. 서툴게 써본 노래 가사, 치기 어린 분노, 십대의 낭만이 가득한 편지글, 마음에 새긴 책의 한 구절 등이 손바닥만 한 일기장에 가득 담겨 있었다. 일기 쓰기 외에도, 혼자 연극놀이를 하며 숨겨둔 마음을 토해내던 것이 오래된 습관이었다.

누구에게 보여주거나 들려줄 수 없던 날것의 꿈과 감정이 묵직한 추가 되어 내 안에 자리 잡게 되었다. 10년이 넘게 일기를 쓰던 힘으로 글쓰기의 힘을 키웠다. 혼자 중얼거리며 감정을 털어놓던 연극놀이 덕에 그림책에 나오는 인물들의 감정에 쉽게 이입하고 적절한 어조로 그림책을 읽어주게 되었다. 그림책 모임의 첫 주제로 '비밀'을 선정한 이유는, 오랫동안 확인해온 믿음을 공유하고 타인에게 인정받고 싶어서가 아니었을까? 다른 이에게 내 이야기를 잘 하지 않는 까닭은 내가 이상한 사람이기 때문이 아니고, 비밀이야말로 나를 키워준 꽃밭이라는 것을 말이다.

그래서 나는 쉼 없이 비밀에 가닿으려 한다. 마음속 작은 돌멩이들이 묵직한 추가 될 때까지 기다리고 보듬어주려 한다. 이 작은 비밀이 언젠가 거대한 고래를 한 뼘 높이로 들어 올리는 그날까지. 고래가 바다로 나아가 내게 지느러미를 흔들며 은밀한 인사를 건넬 때까지.

그림책 함께 읽기

나를 규정하는
비밀 찾아내기

'비밀은 나의 힘'이라는 주제로 그림책 모임을 할 때는 『비밀의 집 볼뤼빌리스』나 『작은 당나귀』 『슬픔을 치료해주는 비밀 책』을 함께 읽는다. 그후 오롯이 나 자신에게 몰입할 수 있는 비밀 장소를 그려보거나, 자존감을 회복하는 나만의 비밀 처방전 만들어보기 활동을 한다. 보통의 모임에서는 내면을 표현한 작품을 타인과 나누지만, 이 모임에서는 상세한 설명을 생략한다. 비밀의 힘과 무게를 마음속에 품고 돌아가기를 바라기 때문이다. 대신 모임 말미에 이문재 시인의 「밖에 더 많다」를 읽어준다.

내 안에도 많지만
바깥에도 많다

현금보다 카드가 더 많은 지갑도 나다.
삼 년 전 포스터가 들어 있는 가죽가방도 나다.
이사할 때 테이프로 봉해둔 책상 맨 아래 서랍
패스트푸드가 썩고 있는 냉장고 속도 다 나다.

바깥에 내가 더 많다.

― 이문재, 「밖에 더 많다」(『지금 여기가 맨 앞』, 문학동네, 2014)에서

이 시는 '마음 돌봄' '그림책으로 발견하는 나' 등 다양한 주제를 다룰 때도 함께 읽기에 좋다. 참석자들은 나를 규정하는 여러 문장들을 써보며, 도처에서 발견되는 수많은 낯선 나에 대해 생각해본다. 가고 싶은 여행지, 하고 싶은 일, 나에게 버려진 무언가, 나도 모르게 자꾸만 사게 되는 물건 등 나만의 「밖에 더 많다」를 써내려가 본다. 시에 등장하는 지갑, 가방, 서랍, 냉장고 모두 나라는 존재 바깥에 존재한다. 하지만 타인이 쉽게 손댈 수는 없는 지극히 사적인 물건이다. 남의 지갑을, 서랍을 함부로 열어볼 수는 없는 노릇이다. 그렇게 남에게 드러내지 않는 비밀의 배열들이 나를 규정한다는 것을, 한 줄 한 줄 써내려가며 되새긴다.

함께 읽으면 좋을 책
#비밀 #내면의힘 #집중 #자존감

『비밀의 집 볼뤼빌리스』
막스 뒤코스 글 그림, 길미향 옮김,
국민서관

프랑스 어린이들이 직접 선정하는 아동청소년문학상 '앵코륍티블상'을 세 차례나 받은 막스 뒤코스의 작품. 한 소녀가 자신의 집, 볼뤼빌리스에 숨겨진 비밀을 찾아가는 모험담. 마침내 찾아낸 비밀 정원에서 아이는 달콤한 휴식과 몰입을 경험한다. 볼뤼빌리스 곳곳에 배치된 명품 가구, 명화를 감상하는 즐거움도 쏠쏠하다.

『작은 당나귀』
김예인 글 그림, 느림보

기형도 시인의 시 「숲으로 된 성벽」에서 모티브를 딴 그림책으로, 2008년 CJ 그림책축제 '일러스트레이션상' 수상작이다. 당나귀 머리를 한 소녀가 비밀 성벽을 마음에 품은 이후, 도시의 번잡함 속에서 평화롭게 자신을 지켜내는 이야기를 담고 있다.

『슬픔을 치료해주는 비밀 책』
카린 케이츠 글·
웬디 앤더슨 홀퍼린 그림,
조국현 옮김, 봄봄출판사

부모님과 잠시 떨어져 외로워하는 롤리에게 제인 이모가 슬픔을 극복하는 비법을 일러준다. 사과 주스의 맛을 음미하며 마시기, 좋은 땅에 씨앗 심기 등 일곱 가지 과제를 완수하며 롤리는 조금씩 슬픔을 극복해간다.

『검은 새』
이수지 글 그림, 길벗어린이

부모의 다툼 때문에 슬픈 소녀는 집 바깥으로 나와 검은 새를 만난다. 거대해진 검은 새는 소녀를 등에 태우고 한껏 날아오르고, 한순간 아이는 검은 새의 등에서 일어나 혼자 하늘을 난다. 누구에게도 말해주지 않을 비밀스러운 상상 세계를 통해 한 뼘씩 성장하는 아이의 모습을 그려낸 그림책이다. 흑백 석판화가 강렬함을 더한다.

3 나를 탐구하는 시간

『나의 영원한 세 친구』
헬메 하이네 글 그림, 황영숙 옮김, 혜문서관

사람이 태어나면 머리 교수님(이성), 사랑마음 아주머니(감성), 뚱보배 아저씨(본능)라는 세 명의 친구가 생긴다. 세 친구는 죽을 때까지 힘을 발휘하고 합치면서 삶을 이끌어간다. 타고난 기질의 조화가 중요하다는 것을 일러주며, 죽은 후에도 이성과 감성은 다음 세대로 전수된다는 교훈과 따뜻한 위로를 건넨다.

『우리 딸은 어디 있을까?』
이보나 흐미엘레프스카 글 그림, 이지원 옮김, 논장

다양한 천을 콜라주하여 바느질한 그림이 인상적인 작품이다. 하루에도 수십 번씩 변하는 아이의 다면성을 다양한 동물의 특성에 비유하여 표현하고 있다. 예쁘고 뚜렷하고 밝은 앞면과 칙칙하고 흐릿하고 어두운 뒷면의 공존을 잘 보여준다.

아이를 낳아 키우다 보면 '타고나
는 특성'에 대해 깊이 생각해보게 된다. 같은 부모 아래 태어나 유사
한 방식으로 양육되지만 성격이 판이하게 다른 형제자매를 볼 때 특
히 그렇다. 우리 집 자매들도 생긴 것부터 성격까지 닮은 구석이 많지
않다. 첫째는 마음이 너그럽고 낙천적이고 조화를 잘 이루는 편이다.
반면 둘째는 밝고 호불호가 분명하고 집중력이 강하다. 첫째는 배가
부르고 신나게 뛰어야 마음이 편안하고, 둘째는 자기 세계가 지켜져
야 마음이 편안하다. 둘째는 "아빠 엄마 사랑해"라는 말을 밥 먹듯
하고 스킨십도 좋아하지만, 첫째는 쑥스러워하며 그런 말이나 행동
을 먼저 하기를 어려워한다. 첫째 둘째라는 서열이나, 몇 년 사이 부
모의 육아 방식이 바뀐 것도 분명 영향을 미쳤을 것이다. 하지만 타고
난 기질이 아니라면 이 정도의 극명한 차이를 설명할 방법이 없다.

타고난 기질의 조화

헬메 하이네의 『나의 영원한 세 친구』를 읽으며 '타고나는 특성'에 대해 생각해본다. 사람이 태어나면 즉시 친구 셋이 생긴다고 한다. 머리 교수님, 사랑마음 아주머니, 그리고 뚱보배 아저씨. 머리 교수님은 뇌에서 우리가 보고 듣고 말하고 기억하는 모든 것을 담당한다. 사랑마음 아주머니는 가슴께에 머물며 기쁘고 슬픈 감정들을 잘 갈무리하여 간직해준다. 뚱보배 아저씨는 우리 몸이 편안하도록 배 속에서 소화시켜주는 일을 한다. 이성, 감성, 본능이라는 개념을 의인화한 것이다. 세 친구는 우리가 살아가는 동안 내내 앞서거니 뒤서거니 함께 한다. 학교에서 공부할 때는 머리 교수님이 앞서 일을 하고, 사랑하는 사람을 만날 때는 사랑마음 아주머니가 주로 일하고, 술 한잔을 하고 싶을 때는 뚱보배 아저씨가 나서주는 식이다.

세 친구는 평상시 균형을 이룬다고 하지만, 사람마다 타고난 이성과 감성과 본능의 크기는 다 다르다. 유난히 이성이 발달해 논리적으로 따지는 사람이 있고, 소위 '느낌'이 와야 움직이는 사람이 있는가 하면, 몸과 마음의 편안함이 우선인 본능적인 사람이 있다. 평소에는 이를 특별하게 생각하지 않고, 자주 사용하는 기능으로 세상을 인식하고 자신의 존재 가치를 입증한다. 타고난 대로 생각하고 행동한다는 것이다. 따라서 균형이란 이성, 감성, 본능이 똑같은 비율로 배합된 상태라기보다는, 타고난 세 가지 기질이 조화를 이룬 상태라고 할 수 있을 것이다. 그렇게 보면 사람마다 균형에 이르는 기질의 비중은 다 다를 터다.

한데 이 균형이 과하게 깨지면 문제가 생긴다. 나는 이성과 감성은 비중이 비슷하고 조화롭게 사용하는 편이지만, 본능이 그리 강하지 않아 이를 충족시킬 방법을 잘 모르는 사람인 것 같다. 끼니 제대로 안 챙겨 먹고, 운동 안 하고, 잠도 푹 자지 못하고 몸 쓰는 것은 귀찮아하는……. 뚱보배 아저씨를 늘 내팽개쳐두며 살아온 셈이다. 언젠가 목이 좀 아파 이비인후과에 갔더니 의사에게 "목젖 끝이 터졌는데 이제껏 안 아팠어요?"라는 말을 들었다. 무리한 스케줄을 소화한 뒤에 잇몸이 잔뜩 부어 치과에 가보면 "이 정도면 이전에도 분명 부었을 텐데요"라는 말이 들려와 머쓱해진다.

주변에서도 미디어에서도 '건강이 제일이다' '몸을 챙겨라'라고 아우성친다. 건강이 중요하다는 것을 알면서도 고개만 끄덕일 뿐 막상 마음이 움직이지를 않았다. 이 책을 읽고 내가 무슨 기질을 타고나 어떻게 살아왔는지를 떠올려본 후에야, 균형을 잡기 위해 갖추어야 할 덕목을 진지하게 생각해보게 되었다. 여전히 몸과 본능보다는 이성과 감성에 치우친 삶을 살긴 하지만, 아주 사소한 노력들을 삶에 덧붙였다. 끼니 챙겨 먹기, 단 음식 줄이기, 계단 걸어 올라가기, 매일

동네 두세 바퀴 뛰기. '좋은 결과에 대한 기대감'이나 '나빠지는 건강 수치'가 아닌, '내가 어떤 사람인가'를 묻고 돌아보는 성찰에서 비롯됐기에 이 작은 변화를 지속할 수 있었다. 끌고 갈 힘이 내 안에 있기 때문이다.

나의 앞면과 뒷면

그림책 모임에서는 『나의 영원한 세 친구』와 이보나 흐미엘레프스카의 『우리 딸은 어디 있을까?』를 엮어 함께 읽는다. 흐미엘레프스카의 작품을 처음 접하면 신선한 상상력으로 가득 찬 그림에 놀라게 된다. 작가는 한 가지 사물 혹은 개념을 변주하여 보여주는 데 탁월한 능력을 발휘한다. 『우리 딸은 어디 있을까?』도 얼핏 보면 어린 딸과 엄마가 숨바꼭질하는 내용으로 읽힌다. 우리 딸은 토끼처럼 얌전하기도 하지만 악어처럼 거칠기도 하다. 물고기처럼 조용하다가 수탉처럼 시끄럽기도 하다. 순간순간 변하는 아이의 다면성을 떠올려 보면, 두 동물에 빗대어 비교 대조하는 것이 결코 무리가 아니다. 초콜릿을 못 먹어 세상이 끝날 것처럼 울었다가 아무 일 없다는 듯이 엄마 볼에 뽀뽀하는 아이, 수줍어서 인사도 제대로 못하다가 무대에만 올라가면 눈빛부터 달라지는 아이, 평소에는 조용하지만 자신이 좋아하는 분야 이야기가 나오면 쉴 새 없이 떠들 수 있는 아이.

작가는 아이들에게 내재된 다면성을 '바느질 천'이라는 소재를 이용해 상징적으로 표현한다. 바느질을 한 천 앞면은 무늬가 또렷하고 아름다우며 정갈한 바느질 땀만 보인다. 뒷면은 전혀 다르다. 무늬가 흐릿하고 색이 잘 드러나지 않고, 바느질이 고르지 못하며, 실을 묶거나 다른 땀에 꿴 흔적이 다 드러나는 것이다. 작가는 바느질의 특성을 '남에게 보이는 앞면'과 '숨겨져 있는 뒷면' 두 가지로 보여준다. 앞면에서 연회색 사자 머리인 이미지가 뒷면에서는 진한 고동색의 양 엉덩이가 된다. 하마의 머리가 다람쥐의 오동통한 꼬리가 되는가 하면 뱀의 머리는 아기 거북의 연약한 다리가 되기도 한다. 아이가 어느 순간 내게 보여주는 특정한 모습은, 마음속에 전혀 다른 그림자를 드리우고 있는 것이다.

아이들뿐만 아니라 어른들의 마음에도 이런 양면성이 다 숨겨져 있다. 이 극단적인 양면성 때문에 자신을 이해하는 일은 세상에서 제일 풀기 어려운 숙제이기도 하다. 어떤 날은 한없이 관대한 엄마가 어떤 날은 눈물 찔끔 뺄 정도로 단호한 엄마로 바뀐다. 서른 명이 넘는 사람 앞에서도 크게 떨지 않고 수업을 하지만, 모르는 사람 서너 명 앞에서는 어떤 말을 꺼내야 할지 몰라 쩔쩔맨다. 이런 양면성에 가장 당혹스러운 사람은 바로 나 자신이다. 하지만 바느질 땀이 정갈한 앞면과 삐뚤빼뚤 제멋대로인 뒷면이 공존하는 것처럼, 강점과 약점, 장점과 단점, 미와 추 같은 상반된 양면을 모두 가지고 있는 것이 나라는 사람이다. 내 그림자까지도 끌어안아주지 않으면 내가 살면서 저지르는 수많은 실수와 상처를 용서하지 못할뿐더러 상처를 치유하지도 못한다.

자신을 바라보는 관용의 시선은 자기 안에서 멈추면 안 된다. 반드시 타인에게 확장되어야 한다. 그런 의미에서 이 책의 압권은 바로 마지막 장에 있다. 이렇게 다채로운 면모를 지닌 우리 딸이 휠체어를 탄 모습으로 등장한다. 예상치 못했던 모습이다. 어찌 보면 장애는 가장 쉽게 드러나는 약점일 수 있다. 그래서 장애인을 보면 흔히 사람이 아닌 장애가 먼저 보인다. 그렇지만 장애인 역시 비장애인과 마찬가지로 기질과 특성이 다양하다. 타인의 '다름'이 유난히 눈에 띈다고 해도 사람 자체를 바라보기 위해 들이는 노력. 타인을 대하는 건강한 태도는 여기에서 출발할 것이다.

그림책 함께 읽기
'나 탐구생활'

두 권의 그림책을 함께 읽는 이유는, 나라는 사람이 어떻게 구성되어 있는지 '나 탐구생활'을 해보기 위해서다. 이 활동을 할 때는 아무것도 그려져 있지 않은 종이 인형과, 거기에 입힐 종이 옷본을 만들어둔다. 먼저 『나의 영원한 세 친구』를 읽고 종이 인형 위에 그림 활동을 해본다. 머리-가슴-배, 즉 이성-감성-본능의 크기를 염두에 두고, 자신을 종이인형 위에 표현해보는 것이다. 책에서는 이성-감성-본능을 각각 남성-여성-남성으로 표현했지만 성별을 바꾸거나 무성으로 표현해도 좋다. 어떤 모양인지, 크기나 색깔은 어떠한지, 얼마나 연결되어 있는지 등에도 관심을 기울여보라고 권한다. "저는 생각을 깊이 하지 않고 즐거움을 추구하는 편이에요"라고 한 이는, 배에는 천진한 아이를 그리고 머리와 가슴은 단순하게 색칠했다. 감정 과잉이라고 한 이는 몸 전체를 덮는 하트를 그렸다. 반대로 "저는 생각이 너무 많아요"라고 한 이는 머리는 다양한 색깔로 채우고 가슴과 배에는 거의 색을 쓰지 않기도 했다.

 시간이 허락될 때는 머리와 가슴과 배의 균형을 맞추기 위해 자신이 해야 할 일들이 무엇인지 생각해본다. 본능과 이성은 강하지만 감성이 약하다고 자기 진단을 내린 이는, 감정 처리가 서투른 점이 아이에게 전이되지 않도록 가슴을 키우려 노력하는 중이라고 했다. 본래 감성과 본능에 충실한 사람인데 타인의 시선 때문에 억누르며 살다가, 그림책 덕분에 오랜 억압에서 벗어나고 있다고 털어놓은 이도 있었다.

이어 『우리 딸은 어디에 있을까?』를 읽고는 입히고 벗길 수 있는 옷 위에 그림 활동을 해본다. 한쪽 면에는 남들에게 흔히 보이는 나, 다른 쪽 면에는 잘 드러나지 않는 내면의 나를 그려보는 것이다. "외부에 보이는 나는 잔잔하지만 안에는 수많은 생각들로 이뤄져 있어요." "밖은 화사한 꽃밭이지만, 사실 내 안에는 구멍도 많고 열도 많고 화도 많아요." "밖에서 보는 나는 낯가림도 심하고 엉성해 보이겠지만, 내면의 나는 확신을 갖고 한 계단 한 계단을 오르고 있어요." 겉으로 보기엔 온화하고 조용한 이들이, 내면에는 심하게 요동치는 선과 붉은 불, 총상을 숨기고 있어서 동질감마저 느끼게 된다.

한 사람씩 자신이 그린 종이 인형을 소개하면서 우리가 얼마나 다르게 태어났는지 새삼 놀란다. 이성-감성-본능의 타고난 비중도, 균형을 잡으려 노력하는 방식도, 남에게 보이는 면과 숨기는 면도 참 많이 다르다. 또 이렇게 다른 종이 인형들이 손잡고 있는 모습이 얼마나 예쁜지를 깨닫고 다시 한 번 놀란다. 이 세상은 그렇게나 다른 이들이 모여 만들어가는 것이다. 나 탐구생활은 혼자 할 때도 의미가 있지만, 함께 하면 훨씬 더 폭넓게 '다름'을 이해하게 된다. 나를 탐구하는 것은 결국 다른 이들과 조화롭게 어울려 살고 싶다는 의지가 피워 올린 첫 잎인 것이다.

함께 읽으면 좋을 책
#나 #기질 #타고남 #앞면과뒷면 #특별함

『이게 정말 나일까?』
요시타케 신스케 글 그림,
김소연 옮김, 주니어김영사

하기 싫은 일에서 벗어나기 위해 '가짜 나 만들기 대작전'에 돌입한 아이. 로봇에게 자신을 설명하는 것은 생각보다 어렵다. 이름, 외모, 가족 관계, 취향 등으로 나라는 존재를 완벽하게 설명할 수 있을까? 나를 구성하는 다양한 요소에 대해 재미있는 만화로 생각해보게 하는 책. 『이게 정말 사과일까?』『이게 정말 천국일까?』와 함께 보면 더욱 재미있게 즐길 수 있다.

『세상에서 하나뿐인 특별한 나』
모리 에도 글·스기야마 가나요 그림,
박숙경 옮김, 주니어김영사

형제자매, 가족, 친구, 학교, 사회 등으로 범위를 확장하면서 자신만의 특별한 점을 찾아보는 평범한 아이 요타의 이야기를 담고 있다. 특별히 외모가 빼어나거나 능력이 훌륭하지 않아도, 나만의 사소한 특성이 모여 세상의 모든 존재를 특별하게 만들어준다는 이야기.

『중요한 사실』
마거릿 와이즈 브라운 글·
최재은 그림, 최재숙 옮김, 보림

숟가락, 사과, 비와 같은 사물의 중요한 특징을 간결하고 시적인 언어로 일러주는 그림책이다. 너에 관해 가장 중요한 사실은 '네가 바로 너라는 것'이라는 말을 통해, 존재 자체의 특별함과 중요함을 일깨워준다. 초현실적인 그림이 생각의 지평을 확장시켜주는 그림책이다.

4 질문하는 삶

『첫 번째 질문』
오사다 히로시 글·
이세 히데코 그림,
김소연 옮김, 천개의바람

일본의 유명 시인 오사다 히로시의 「첫 번째 질문」에 이세 히데코의 그림을 더한 시 그림책이다. 쉽게 대답할 수 없는 서른 개의 질문만으로 이루어져 있어, 독자들은 잠시 멈추어 나만의 답을 구하게 된다. 이세 히데코의 아련한 수채화가 독자의 마음속 깊이 스며든다.

여덟 살, 다섯 살인 아이들은 종일 시시콜콜한 질문을 한다. 온갖 질문을 하면서 시공간이 무한대로 확장되는 경험을 하기도 한다. "엄마, 달은 왜 나를 쫓아와?" "엄마, 매미가 죽으면 하늘나라에는 어떻게 가는 거야?" "엄마, 낮에 별은 뭐해?" 몸 움직이는 데는 영 게으른 엄마이지만, 아이들 질문에는 최선을 다해 대답해준다. 주고받는 대화 속에서 나의 생각 주머니도 커지고 풍성해지기 때문이다.

답이 늘 과학적으로 옳을 필요는 없다. 상상이든 사실이든 질문을 던지며 자유롭게 노닐 수 있으면 충분하다. 끝없이 질문이 이어지다 보면 뭐 이런 거까지 물어보나 싶어 지치기도 하지만, 이 작은 아이들의 머릿속이 경이롭게 느껴진다. 이렇게 궁금증을 가득 안고 산다는 것은 얼마나 심장이 뛰는 일일까?

우리의 삶을
환기시켜주는 질문들

　그림책 『첫 번째 질문』은 어느새 잊어버리고 또 잃어버린 질문들로 가득한 책이다. 표지에는 한 아이가 노란 장화를 신고 웅덩이 위에 서 있다. 하늘에 떠 있는 구름들이 웅덩이에 비쳐서 마치 아이가 구름을 밟고 서 있는 것 같아 신비로운 느낌이 든다. 아이는 하늘 한가운데 홀로 서서 무엇을 바라보고 있는 걸까? 맑갛고 깨끗한 표지를 넘기면 첫 행부터 마음에 턱 걸린다.

　"오늘 하늘을 보았나요?"

　"하늘은 멀었나요, 가까웠나요?"

　하늘을 보았냐고? 내가 하늘을 제대로 올려다본 게 언제였더라? 유별날 정도로 하늘이 파랗거나 구름이 조화를 부리는 날이 아닌 이상은 하늘에 관심이나 가졌던가? 최근 들어서는 비가 오는지 미세먼지가 얼마나 많은지를 확인하고 싶을 때나 하늘을 바라보았던 것 같다. 하늘이 머리 위에서 시시각각으로 변하고 구름이 저마다 특유의 질감으로 흩어져간다는 것을 느껴본 지가 얼마나 되었는지…… 이편에서 저편까지 구름이 흘러가는 것을 눈으로 좇고, 남색에서 먹빛으로 물들어가는 아스라한 저녁 하늘을 올려다보던 시절도 먼 기억 너머에는 있다. 그렇게 자유롭고 제멋대로이던 시절에서 참 멀리 떨어져 여기 있구나. 오래 잊고 묻어두었던 기억들이 시 한 구절을 통해 불쑥 올라온다.

어른이 되면서 질문은 점점 마음속에서 멀어진다. 어떤 상황인지, 왜 이런 상황에 처했는지를 묻기보다는 주어진 상황에 최대한 잘 적응하며 앞으로 나아가는 삶을 택하기 십상이다. 그렇기에 우리가 일상에서 주고받는 대부분의 질문은 답이 명확하다. 가족끼리 대화를 하면 점심에 뭐 먹었냐, 숙제는 했냐, 왜 안 했냐, 학교에서 뭘 배웠냐 등을 묻는다. 회사에서는 일이 어느 정도 진척되었느냐, 보고서 언제까지 쓸 거냐, 영업이익이 얼마나 하락했느냐 등 주로 수치를 들먹이며 대답할 수 있는 질문들을 던진다. 생각의 지평을 넓혀주는 데는 큰 관심이 없고, 그저 확인을 거듭할 뿐이다. 방점이 언제나 과거 혹은 미래에 찍혀 있다.

반면 『첫 번째 질문』에 나오는 질문들은 바로 '이 순간'에 집중해야만 답을 할 수 있는 것들이다. 바람은 어떤 냄새인지, 침묵에서는 어떤 소리가 들리는지. 지금 여기에 생생히 살아 있지 않으면 알아차리기 힘들다. 천천히 생각하도록 만들어주는 질문들 역시 가득하다. 잘 나이 들어갈 수 있을지, 인생의 재료는 무엇인지, 행복이란 무엇이고 우리란 대체 무엇인지…… 무엇 하나 쉬이 대답할 수 없다. 이런 질문과 대답에는 목표도 계획도 없을 뿐 아니라 마감기한도 없다. 이는 시간을 내고 공을 들여 질문과 마주하려고 노력해야 만날 수 있는 세계이다. 살면서 이런 세계를 만나기란 쉽지 않다. 신선한 질문을 통해 삶을 새롭게 환기시켜주는 것은 훌륭한 예술의 몫이다.

글의 감성을 전하는 그림의 몫

이세 히데코의 그림은 특유의 맑은 수채화 느낌이 깊은 인상을 남겨 단박에 알아차릴 수 있다. 작가는 서른여덟 살에 망막박리로 한쪽 눈 수술을 받았고 이후 사물이 흐릿하게 보이게 되었다. 화가로서는 치명적인 약점이다. 하지만 오히려 보이는 대로가 아닌 받은 인상대로 그리는 방식으로 화풍을 바꾸어 독자적인 세계를 구축해간다. 느끼는 대로 그린다고 하지만 실제 히데코는 빼어난 관찰력을 바탕으로 정밀한 묘사를 한다. 정확한 관찰, 세밀한 묘사가 기본이 되어 있기 때문에 자신만의 인상으로 발전해나갈 수 있는 것이다. 정확성과 예술성 두 가지를 다 갖춘 작가라고 생각한다.

히데코의 그림은 오사다 히로시의 시에 깃든 모호함을 극대화한다. 맑고 투명한 수채화는 분명하게 말해주는 것이 하나도 없다. 한 화면에 놓인 시와 그림이 서로 호응하지도 않는다. 글이 워낙 추상적이다 보니, 내용을 그림으로 그대로 옮기는 것이 불가능해 보인다. 물

번짐이 심한 아련한 화풍이 시에서 언뜻 느껴지는 '정서'를 실어나를 뿐이다. 작가가 좋아하는 소재이자 사람과 무척 닮은 존재인 나무, 그리고 나직하지만 멀리 은은하게 퍼져나가는 소리를 내는 종(鐘)이라는 소재를 그림에서 반복 활용해 시적인 효과를 자아낸다. 다만 아름다움만이 답을 찾는 길이라고 말하는 걸까? 히데코의 그림은 가슴이 저미도록 아름답다. 글도 그림도 친절하지 않은 책 속에서, 독자는 한참을 더듬고 헤매며 나만의 답을 찾아가야 한다.

그림책 함께 읽기
질문을 고르고
답을 구하는 과정

그림책 모임에서는 『첫 번째 질문』을 함께 읽고 자신의 질문을 선택해 답을 찾아보는 활동을 한다. 기억에 남는 질문과 답이 워낙 많다. 마흔 살이 된 한 참석자가 "몇 살 때의 자신을 좋아하나요?"라는 질문을 선택했다. 이 질문을 택하는 이가 제법 많은데, 다수가 현재 자신의 나이를 꼽고 이십대 청춘 시절을 꼽는 이가 간혹 있다. 그는 올해 마흔 살이 되었다고 일부러 여기저기 말하고 다니고 있다고, 그런데 자신이 아직 인정하지 못하기 때문인 듯하다고 말했다. 지금 이 나이의 나를 조금 더 아껴주겠노라는 단단한 말 끝에 옅은 웃음이 매달려 있었다. 아이와 아침에 싸우고 나왔다는 한 참석자는 "오늘 고마워!라고 말한 적이 있나요?"라는 질문을 골랐다. 예전에는 아이가 처음 하는 일에 칭찬하고 감사하는 경우가 많았는데, 언젠가부터 그런 마음을 잃은 것 같다고 했다. 아이가 유치원에서 돌아오면 잘 다녀와줘서 고맙다고 해주겠다 말했다. 이 말 끝에 가는 떨림이 배어 나왔다. 짧은 한두 줄의 질문이, 직진하던 삶에 잠깐 제동을 걸며 깊은 감정을 끌어낸다.

제각기 다른 질문을 골라서 재미있지만, 같은 질문을 사람마다 다르게 받아들이는 것 역시 흥미를 끈다. 예를 들면 "세상은 말을 가볍게 여기지요. 당신은 말을 믿나요?"라는 마지막 질문을 이해하는 방식이 각기 달랐다. 이 책을 함께 읽었던 동생은 "말은 글과 달리 내뱉는 순간 날아가버릴 수 있지만, 그래도 말에 담긴 선의를 존중하느냐는 질문인 것 같다"고 해석했다. "말을 가볍게 여기는 세태에 상처받은 적이 있느냐"라는 뜻이 담긴 듯하다고 해석한 사람도 있었다. 반면 나는 우리가 말을 통해 세상, 사람들과 소통하기 때문에 "관계에서 말이 얼마나 중요한 비중을 차지하느냐"라는 뜻으로 이해했다. 이런 질문은 한 방향의 답을 상정하고 던진 것이 아니다. 질문에 대한 해석 자체가, 세계를 보고 해석하는 하나의 입각점이 될 수 있는 것이다.

많은 이들이 답을 구하기 꽤 어려운 질문을 택한다. "인생의 재료는 무엇일까요?" "행복이란 무엇일까요?" "잘 나이 들어갈 수 있을까요?" "나에게 '우리'는 누구인가요?" 같은 추상적인 질문이 많다. 그래서 주어진 시간 내에 답을 찾기보다는, 질문을 선택한 이유를 나누는 경우가 더 많다. 답 자체가 중요하다기보다, 답을 찾아가는 과정에서 멈추어 머뭇거리게 하는 질문의 힘이 중요하다. 이런 머뭇거림이야말로 삶에 의미와 여백, 쉼표를 부여한다. 또 이런 질문들이야말로 진짜 사람의 가슴을 뛰게 하고 피를 돌게 하는 것이다. 매번 확인하고 캐물으며 당장 답을 내놓으라 윽박지르는 질문이 아니라, 나의 과거와 현재와 미래를 놓고 온 힘을 다해 답을 구해야 하는 질문 말이다. 이 시의 제목인 '첫 번째 질문'은 인생에서 무엇보다 먼저 물어야 하는, 그래서 지금 이 순간 가장 중요한 질문이라는 뜻일 것이다. 이 질문에 답을 구하기 위해 머뭇거릴 때, 우리는 비로소 진심을 다해 살아가게 된다.

함께 읽으면 좋을 책
#질문 #머무름 #멈춤 #대답

『아이는 웃는다』
오사다 히로시 글·이세 히데코 그림, 황진희 옮김, 천개의바람

오사다 히로시의 시에 이세 히데코가 그림을 그린 또 다른 작품으로, 웃음을 잃은 어른들을 위한 그림책이다. 말은 할 수 없지만 진심을 다해 웃을 수 있던 어린아이 시절의 행복을 되돌아보도록 한다.

『세 가지 질문』
레프 톨스토이 원작, 존 무스 글 그림, 김연수 옮김, 달리

좋은 사람이 되기 위해서는 가장 중요한 때, 가장 중요한 사람, 가장 중요한 일이라는 세 가지 질문에 대한 답을 알아야 한다. 답을 찾아가는 주인공의 여정을 따르며, 독자 역시 자신만의 답을 구해볼 수 있다.

『바람은 보이지 않아』
안 에르보 글 그림, 김벼리 옮김, 한울림어린이

앞을 볼 수 없는 소년이 눈에 보이지 않는 바람의 색을 찾아 떠나는 이야기. 바람은 무슨 색이냐고 묻는 소년에게 각자 대답을 들려준다. 세상에 하나뿐인 정답은 없고, 자신만의 답을 구하는 것이 중요함을 일깨워주는 그림책. 표지에 표시된 손가락 자리에 손을 대고, 책장을 휘리릭 넘기며 직접 바람을 느껴볼 수 있다.

5 오롯한 나의 공간

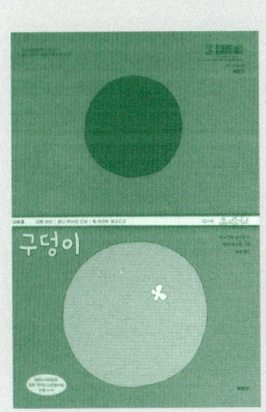

『구덩이』
다니카와 슌타로 글·
와다 마코토 그림,
김숙 옮김, 북뱅크

일본의 유명 시인 다니카와 슌타로가 글을 쓰고, 『우리는 친구』로 호흡을 맞췄던 와다 마코토가 그림을 그렸다. 목표 없이 구덩이를 파 내려갔다 다시 올라오는 이야기를 담고 있다. 단순하지만 깊이 있는 글과 그림의 조화가 인상적이다. 국내에는 2017년 출간되었지만, 일본에서는 40년 넘게 사랑받고 있는 고전이다.

봄이 되면 마음이 설레 씨앗과 식물을 집에 들이고, 여름이나 가을쯤 되면 나무나 꽃이 죽은 화분을 내다버린 것이 한두 번이 아니다. 너무 관심을 쏟지 말되 그렇다고 너무 무심하지도 말 것, 식물을 키우는 이 한 가지 원칙을 지키기가 왜 그리도 어려운지. 그런데도 봄바람이 불면 또 어김없이 씨앗을 사서 화분에 심고 물을 준다. 아파트 베란다가 좁아서 올해는 놀이터 앞 빈 화단에 씨앗을 심어보기로 했다. 모종삽과 물뿌리개를 하나씩 손에 쥔 아이들은 신이 나서 땅을 파기 시작했다. 돌을 골라내고 나팔꽃, 봉선화, 채송화 꽃씨를 찬찬히 심고 조심조심 흙을 덮어준 뒤 물을 뿌려주니 몇 십 분이 훌쩍 지났다.

　"다 했다, 이제 놀이터 가서 놀아도 돼!"

　그런데 아이들은 내 말을 못 들은 것처럼 계속 땅을 헤집었다. 심을 씨앗이 더 없다고 해도 아랑곳하지 않았다. 오직 땅과 삽과 자신만이 존재하는 것처럼 말이다. 아이 둘이 열심히 땅을 파고 있으니 지나가던 아이들이 궁금하여 쳐다보았다. "그냥 땅 파는 거야. 너도 해볼래?" 하며 모래놀이 삽 하나를 줬더니 일곱 살 꼬마가 쭈뼛거리며 땅을 판다. 우리 아이들을 비롯해 다들 흙 놀이 경험이 별로 없는 아이들이라는 게 티가 났다. 손에 묻은 흙을 자꾸 털어내려 하고, 땅이 딱딱해서 안 파진다고 투덜대는가 하면 개미가 지나간다고 소리를 지르기도 했다. 하지만 그것도 잠시뿐, 조금 지나니 아이들 모두 땅을 파는 데 정신이 팔렸다. 누가 시키지도 않았는데 왜 모두들 자기 구덩이를 파는 데 몰두해 있는 걸까. 놀이터에 낯선 고요가 찾아왔다.

히로는 왜 구덩이를 파내려갔을까

『구덩이』는 처음 읽으면 간이 덜 된 반찬처럼 심심하다. 별다른 갈등이나 위기 상황도 없고, 그림체 역시 단순하고 덤덤하기 때문이다. 주인공 히로는 어느 일요일 아무 할 일이 없어서 구덩이를 판다. 엄마, 여동생, 친구, 아빠가 히로에게 찾아와 무얼 하느냐, 어디에 쓸 거냐 묻지만 히로는 묵묵히 구덩이를 팔 뿐이다. 어떤 목적이나 쓸모가 있어서 하는 행동이 아니다. 히로의 머릿속은 구덩이를 파야겠다는 생각만으로 가득하다. 손바닥에 물집이 잡혀 아프고, 땀이 뻘뻘 나지만 상관없다. 어느 순간에 이르자 히로는 삽질을 멈추고 가만히 앉아 구덩이를 살펴본다. 자신이 낸 삽 자국을 만져보고 흙냄새도 맡아

보며 "이건 내 구덩이야"라고 중얼거린다. 너무 작지도 크지도 않은, 히로에게 꼭 맞는 구덩이이다. 구덩이에 웅크려 앉아 위를 올려다보니 파란 하늘에 하얀 나비 한 마리가 팔랑팔랑 날아간다. 한참 동안 구덩이에 머물던 히로는 해방감과 충족감을 느끼며 다시 구덩이를 메운다.

  상철 방식으로 제본된 책장을 아래에서 위로 넘기며 읽다 보면, 내가 히로와 함께 구덩이를 파내려가고 있는 느낌을 받는다. 히로는 대체 왜 구덩이를 파기 시작했을까? 아무 할 일이 없다면 그냥 쉬어도 되고 친구들과 뛰어 놀아도 될 일이다. 구덩이를 판 후에도, 왜 구덩이로 아무것도 하지 않았을까? 게다가 구덩이를 다시 메워버린 이유는 무엇일까? '아무 할 일이 없어서' 구덩이를 팠다고 하지만, 분명 소리내 말할 수 없는 이유가 있을 것이다. 그렇지 않고서야 제 키를 훌쩍 넘길 정도로 깊이, 손에 생채기를 내면서까지 구덩이를 팠을 리가 없다. 얼마나 깊게 파야 하는지 처음에는 히로도 알 수 없다. 하지만 아래에서 기어 나온 애벌레를 만났을 때에야 비로소 구덩이 파기를 멈춘다. 그 지점이야말로 나의 바닥임을 확인이라도 하듯이 말이다.

  히로가 땅을 파내려가 바닥에 머무르고 다시 올라와 흙을 메우는 작업은, 마음속 상처의 근원을 더듬어 내려가 바닥을 확인하는 일에 대한 은유라고 볼 수도 있다. 나도 모르게 마음이 어그러지고 비뚤어진 말이 튀어나오는 데는 다 이유가 있다. 그런 마음과 말의 씨앗은 땅속 깊이 묻혀 있거나 더 이상 상처받기 싫어 일부러 묻어둔 것들이다. 히로의 상처가 무엇인지 알 수는 없다. 우리는 다만 히로의 구덩이에 우리의 상처를 비추어볼 뿐이다. 히로는 마침내 땅을 파내려 갔고, 바닥에서 충분히 자신을 돌아보고 땅이 아닌 하늘을 올려다볼 수 있게 되었다. 우리 역시 글을 쓰면서, 명상을 하면서, 혹은 그림을 그리면서 히로처럼 마음의 구덩이를 파내려갈 수 있다. 겉으로 보기에는 아무 변화가 없더라도, 나의 내면은 구덩이를 파고 메우는 경험을 반복하면서 훨씬 고르고 탄탄한 땅으로 변해간다.

혹은 아이들이 씨앗이 없는데도 열심히 땅을 헤집었던 것처럼, 히로의 구덩이는 고요한 몰입을 상징하는지도 모른다. 과거의 후회도 미래의 쓸모도 여기에서는 중요하지 않다. 그저 땅을 파고 있다는 행위 자체가 중요한 것이다. 요즘 아이들에게는 몰입할 수 있는 기회가 많지 않다. 텔레비전이나 스마트폰으로 빨려 들어가는 거짓 몰입 말고, 자신이 지금 하고 싶은 일을 제한 없이 마음껏 해보는 참된 몰입 말이다. 이 세상에 오직 흙과 나만 존재한다는 듯이 깊이 몰입함으로써, 아이들은 전 존재를 다 던져보는 경험을 소소하게나마 시작해볼 수 있다.

오롯이 혼자일 수 있는 휴식처

하지만 어른들과 그림책을 함께 읽을 때에는 조금 다른 각도에서 이 책을 소개한다. 그날 모인 낯선 사람들에게 오래 묵은 '상처'를 털어놓고 함께 나누기가 쉽지 않기 때문이다. 그래서 히로가 이 구덩이 안에 '홀로 충만하게 존재한다는 사실'에 집중하여 그림책을 읽는다. 히로는 구덩이 안에 가족도 친한 친구도 초대하지 않는다. 오직 혼자서 고요히 머무를 뿐이다. 시각뿐만이 아니라 촉각, 후각이 은은하게 깨어나는 경험도, 홀로 존재하는 순간에 머물고 있기에 가능한 것이다. 그래서 구덩이는 내면의 상처를 더듬어가는 탐구의 과정이나 몰입의 순간을 의미하기도 하지만, 오롯이 혼자일 수 있는 안온한 휴식처의 은유이기도 하다. 히로는 '이건 내 구덩이야'라고 거듭 말하는데, 나만의 자유와 고독이 그만큼 절박하다는 의미이다.

모든 시공간을 금전으로 환산하는 데 최적화된 도시에서, 나를 돌보는 시간과 나를 품어주는 공간을 가지고 살기란 무척 어렵다. 당장 내가 쓰고 있는 공간만 해도 그렇다. 공유 사무실이기 때문에 모르는 사람들과 한 책상을 나누어 쓴다. 월세도 저렴하고 사무 작업에 최적화되어 있지만, 나를 편안하게 해주는 공간은 아니다. 집 역시 남편, 아이들과 함께 쓰니 나만을 위한 공간은 없다시피 한다. 밥 먹는 식탁 한구석이 일하는 공간이고 안방 침대가 책 읽는 공간이다. 남편의 은근한 압박에도 안방 협탁 위에 꽃과 화분과 그림책을 올려두는 이유는, 나만의 시각적 쉼터를 소유하고 싶기 때문이다. 그곳에 놓인 식물과 그림책이 내 마음의 조용한 구덩이가 되어주곤 하는 것이다.

그림책 함께 읽기
나만의 휴식처 그려보기

그림책 모임에서는 이 책을 읽고 '나만의 구덩이 그려보기'를 한다. 먼저 크래프트지와 백지를 붙여 『구덩이』 판형처럼 만들어서 나누어준다. 그리고 아래쪽(크래프트지)에는 내가 편안하게 느끼는 휴식처에 해당하는 구덩이를, 위쪽(백지)에는 구덩이 위에 펼쳐진 하늘을 그려본다. 구덩이의 깊이, 크기, 밝기, 내부 풍경, 입구의 모습, 구덩이에 들고 들어가고 싶은 것 등을 상세히 떠올려보도록 권한다. 그런 작은 요소들 하나하나가 나 자신을 반영하기 때문이다.

예컨대 나는 구덩이 입구가 드러나는 것은 싫지만 내부가 컴컴한 것도 싫다. 그래서 입구는 좁게 그리고 구덩이에 햇빛이 들도록 유리로 된 통로를 여러 개 그려둔다. 누군가를 쉽게 들이지는 못하지만 덩

그러니 혼자 떨어져 있기도 싫은 내가 보인다. 입구는 크게 만들되 나뭇잎으로 살짝 덮어두고 싶다는 이도 있었다. 가까운 이는 환영하지만 아무에게나 마음의 문을 열어주고 싶지는 않은 속내가 담겨 있었다. 타인이 들어올 수 있는 입구와 나만 아는 입구를 따로 만들겠다는 사람도 있었다. 나만의 공간을 철저히 지키고 싶은 마음일 것이다. 왜 그런 그림을 그렸을까 생각하다 보면 내가 어떤 사람인지, 혹은 지금 어떤 상태인지 조금 더 구체적으로 알아볼 수 있다.

그림 구덩이 안에서는 무엇을 하며 쉬고 싶을까? 여성 참석자들은 다양한 즐길 거리를 그려 넣는다. 기본적으로 책과 커피를 좋아하는 이가 많았고 차, 뜨개질, 정원 가꾸기, 라디오 듣기, 글쓰기 등을 즐기고 싶다고 했다. 그런데 남성 직장인들의 그림을 보고는 놀랐다. 대부분의 남성들이 구덩이 안에 소파와 텔레비전만을 그려놓았다. 아무것도 하고 싶지 않다, 그저 머리를 비우고 푹신한 자리에서 쉬고 싶다는 바람이 절실하게 다가왔다. 우리 일터가 얼마나 혹독한 곳인지를 아는지라 안쓰러웠고, 많은 남성들에게 일상의 고리에서 벗어날 수 있는 매개가 텔레비전뿐이라는 것이 안타깝기도 했다. 그래서 가능하다면 여성, 엄마 등 나와 가까운 영역에 있는 사람들뿐 아니라 직장인, 남성, 어르신 등 다양한 이들에게 그림책을 읽어주고 싶다. 그림책을 통해 자신을 지키고 돌볼 힘을 얻을 수 있도록 말이다.

함께 읽으면 좋을 책
#휴식 #안식처 #나만의공간 #자기돌봄

『소피가 화나면, 정말 정말 화나면』
몰리 뱅 글 그림, 박수현 옮김, 책읽는곰

언니와 엄마 때문에 화가 난 소피는, 숲속 너도밤나무에 올라 혼자만의 시간을 보내며 격해진 감정을 달랜다. 자신만의 시공간에서 고요히 침잠하는 경험을 간접 체험할 수 있는 그림책. 인물의 윤곽선 색깔을 다양하게 표현하여 직관적으로 아이의 감정 변화를 알아차릴 수 있다. 소피의 감정 수업 시리즈 첫 권으로 칼데콧명예상, 샬롯졸로토상 등을 수상한 작품.

『비밀의 방』
유리 슐레비츠 글 그림, 강무홍 옮김, 시공주니어

사막에서 임금은 지혜롭고 겸손한 노인을 만난다. 노인은 임금의 총애를 받지만, 권력에 취해 본 모습을 잃을까 염려해 홀로 빈 방에서 자신을 돌아보곤 한다. 온전히 나 자신이 되어 휴식하고 회복하는 공간이라는 방의 존재를 되새길 수 있다. 네 차례나 칼데콧상을 수상한 유리 슐레비츠의 작품.

『잃어버린 영혼』
올가 토카르축 글·요안나 콘세이요 그림, 이지원 옮김, 사계절

산더미 같은 일에 파묻혀 자신이 누구인지조차 잊었던 남자는, 영혼을 잃어버렸다는 진단을 받는다. 영혼과 육신의 어긋난 속도를 맞추기 위해 자신만의 공간에서 고요히 영혼을 기다리는 남자의 이야기. 육신을 찾아오는 영혼과, 영혼을 기다리는 육신의 이야기가 한 화면에 펼쳐진다. 라가치상 픽션 부문 수상작.

『샘과 데이브가 땅을 팠어요』
맥 바넷 글·존 클라센 그림, 서남희 옮김, 시공주니어

'어마어마하게 멋진 것'을 찾기 위해 땅을 파내려간 샘과 데이브. 비록 아슬아슬하게 땅속 다이아몬드를 비켜가게 되지만, 결과와 관계없이 '몰입의 경험'과 이를 통한 성장만으로도 기쁨을 누릴 줄 안다. 『애너벨과 신기한 털실』 『세모』 시리즈 등을 함께 작업한 맥 바넷과 존 클라센이 완성도 높은 협업을 보여준다.

6

나는 어떤 꽃일까

『나, 꽃으로 태어났어』
엠마 줄리아니 글 그림,
이세진 옮김, 비룡소

꽃의 일생을 다룬, 아름다운 팝업북이자 아코디언북이다. 독자가 직접 만지고 펼치면서 세련되고 감각적인 종이 공예를 경험하는 가운데, 꽃의 아름다움이 이내 사람의 아름다움으로 다가온다.

큰애가 갓난아기이던 시절 홀로 집에 틀어박혀 이야기 나눌 사람 하나 없을 때, 가끔 텔레비전의 '休채널'을 틀어놓았다. 잔잔한 클래식 음악을 배경으로 명화나 한적한 여행지 풍경을 느린 속도로 보여주는, 이름에 충실한 채널이었다. 아이의 반응 하나하나에 민감하던 시절이라 소리마저 한껏 줄여놓았는데, 어느 날 눈을 뗄 수 없는 장면을 만났다. 박종필 작가의 〈비트윈 더 프레시Between the Fresh〉라는 꽃 그림 연작이었다. 작품의 본래 의미는 뒷전, 그저 화면을 뚫고 나올 듯한 원색의 에너지가 텅 빈 마음에 넘치도록 흘러들었다. 그때부터 꽃은 내게 향기, 생명, 절정, 봄, 슬픔, 청춘이기 이전에 '강렬한 에너지'가 되었다. 이후 가끔 마음이 가라앉을 때 나는 꽃집에 들러 꽃 한 다발을 사오곤 했다. 몇 송이 꽃이 집 안 가득 봄을 들일 수 있다는 것은, 스스로 꽃을 골라본 사람만이 안다.

  3월의 꽃샘추위가 한풀 꺾이고 4월로 접어들면 겨울의 마지막 질투극마저 완전히 막을 내리고 만다. 완연한 봄이다. 고요하던 산과 들에서 연둣빛 싹이 트나 싶더니, 어느새 불이 번지듯 맹렬한 기세로 꽃망울들이 터져 나온다. 산수유, 개나리, 진달래, 목련, 벚꽃, 라일락, 조팝꽃, 제비꽃…… 시각과 후각을 오롯이 집중해 누릴 수 있는 짧으나 강렬한 호사다. 이때가 되면 모임에서 꽃과 관련된 그림책을 꼭 읽는다. 『노라의 장미』『리디아의 정원』『흰 눈』『미스 럼피우스』『꽃이 핀다』 같은 책이다. 꽃 그림과 이야기의 아름다움이야 언제고 나눌 수 있지만, 현실과 책 속 세계가 일치하여 안팎으로 꽃이 되는 귀한 경험을 놓치고 싶지 않다.

"나도 꽃으로 태어났어요."

꽃 그림책을 읽을 때 빠지지 않는 책이 바로 『나, 꽃으로 태어났어』이다. 이 책은 사랑받기 위한 모든 조건을 타고난 것처럼 생김새부터 퍽 아름답다. 모임에서 펼치면 먼저 "우와, 예쁘다!"라는 감탄사가 터져 나온다. 팝업북이자 조작북이자 길게 펼쳐지는 아코디언북이라, 눈으로 볼 뿐만 아니라 손으로 만지며 섬세하게 감상해야 한다. 종이 평면이라는 2차원 세계에서 3차원 세계를 열어 보이는 팝업북 형식은, 다양한 감각을 자극하는 '꽃'이라는 소재에 퍽 잘 어울린다. 꽃의 향기는 후각을, 꽃을 가꾸고 들고 꽂는 과정은 촉각을 불러일으킨다. 이 작은 팝업북을 내 손으로 직접 열고 만지고 돌리고 넘길 때마다, 진짜 꽃의 세계가 내 앞에 펼쳐지는 것만 같다. 협탁이나 선반에 진짜 꽃 한 송이 대신 올려놓아도 손색이 없을 정도로 근사하다. 실제로 나는 안방 협탁에 작은 화분들과 함께 이 책을 올려놓곤 한다. 화병에 매번 새로운 꽃을 꽂을 시간은 없어도, 한 뼘 정원 가꿀 여력은 없어도 집 안에 충분히 향기로운 공간을 마련할 수 있다.

책은 "나, 꽃으로 태어났어요"라는 문장으로 시작된다. 그리 크지도 않은 꽃봉오리의 첫 마디는 그야말로 당당하면서도 사랑스러운 자기 선언이다. 연분홍 작은 꽃봉오리를 열어보면 진한 붉은색 꽃잎 세 개가 활짝 피어나며 온 몸을 드러낸다. 아무래도 이 꽃은 자신이 꽃이라는 사실이 무한히 자랑스럽고 행복한 모양이다. 사람으로 치면 타고난 에너지가 밝고 긍정적이며 이런 표현에 인색하지 않은 사람인 셈이다. 감정과 느낌에는 전염성이 있는 것처럼, 이런 사람 곁에 있으면 나도 모르게 웃음이 난다. 다른 사람에게 상냥히 말을 건네는 여유도 막강한 무기이지만, 거기에 하나를 더 장착하면 대적할 재간이 없다. 자신을 한껏 인정하고 도닥여줄 수 있는 높은 자존감 말이다. 오직 남에게만 향하는 공허한 웃음이 아니라, 안팎으로 견고하고 충만한 이의 아름다운 웃음은 누구에게나 깊이 사랑받게 마련이다.

이렇게 사랑스러운 꽃으로 자라기 위해서는 무엇이 필요할까? 맨 먼저 따스한 햇살을 받아야 하고 다른 곤충들과 따뜻한 기운을 나누어야 한단다. 들판에 핀 서로 다른 꽃들과 어우러질 때 아름다움이 더해진단다. 사람도 그러하지 않은가? 갓 태어난 아가는 부모와 가족과 친척들의 사랑을 담뿍 받아야 한다. 아이들에게 부모는 햇살이자 물이고 공기이자 땅이다. 먹고 입고 자는 일이 모두 부모에게 달려 있으며, 세상만사를 받아들이는 방식 역시 부모에게 상당 부분 의존한다. 인간이 성장할수록 부모에게 덜 의존하고 관계의 지평도 조금씩 넓어진다. 친구, 선생님, 동네 주민 등 다양한 사람들을 만나며 자기 존재를 정립해간다. 꽃의 가능성을 품고 태어난 인간은 많은 시간과 경험과 관계를 양분으로 삼고, 마침내 꽃이 되어 세상을 다채롭게 만들어준다.

작고 연약한 존재이지만 꽃은 많은 일들을 해낸다. 사람과 사람 사이를 이어주고, 사랑과 행복을 전하며, 삶과 죽음의 순간에도 함께한다. 실제로 우리 삶의 많은 순간에 꽃이 함께한다. 입학식과 졸업식처럼 기념할 때, 생일이나 승진처럼 축하할 때, 돌아가신 분을 추모할 때, 어버이날과 스승의 날처럼 감사의 뜻을 전할 때……. 꽃의 아름다움은 비록 열흘 남짓 짧게 유지되지만 인생의 산꼭대기나 골짜기를 조금 더 수월하게 지나갈 수 있게 해준다. 책장마다 등장해 웃음을 자아내는, 행운을 상징하는 무당벌레처럼 꽃이 건네는 행운은 일생을 통틀어 유효하다.

사람의 쓰임도 그러하다면 얼마나 좋을까 생각한다. 홀로 활짝 피어보는 데 그치지 않고, 다른 꽃이나 사람에게 가닿아 한순간 환하게 밝혀줄 수 있다면. "무슨 일을 하시나요?"라는 질문에 답하기란 참 어렵지만, 내가 생각하는 나의 일은 '사이를 이어주는 일'이다. 번역 일을 통해 외서와 국내 독자를, 그림책 모임을 꾸리면서 그림책과 그림책을, 그리고 그림책과 사람들을 잇는 투명한 다리를 놓아주는 것이다. 그러다 보면 사람과 사람을 이어주는 예상치 못한 순간들도 찾아온다. 그럴 때 나는 '꽃'이 된다. '사이'를 연결해주며 충만한 시간을 선물해주는, 작지만 강력한 존재. 내 직업을 한 단어로 규정할 수는 없더라도, 내가 하는 일을 '꽃'과 같은 일이라고 자부하며 살고 싶다. 그래야 더 다양한 사이를 탐구하고 더 고운 꽃밭들을 찾아줄 수 있을 것 같다.

그림책 함께 읽기
당신의 마음 꽃밭

겉으로 보기에 우리는 '한 송이 꽃' 같지만, 막상 안을 들여다보면 한 사람의 마음속에도 얼마나 많은 꽃들이 피고 지고 흔들리는지 모른다. 바깥세상처럼 내 마음속 세상도 알록달록 꽃들과 어우러져 아름다운 풍경을 빚어낸다. 그래서 꽃을 주제로 한 그림책 모임에서는 나를 꽃으로 표현해보는 시간을 마련해본다. 자신을 조용히 들여다보고 아름다운 꽃으로 표현하면서 자존감을 회복하는 시간이다. 반으로 접은 종이 한쪽에는 미리 사람의 실루엣을 그려두고, '지금의 나는 무엇으로 채워져 있는지'를 꽃의 이미지를 활용해 표현해보도록 한다. 다른 한쪽에는 그런 나에게 선물하고 싶은 꽃을 그려보도록 한다. 꽃의 크기, 종류, 개수, 색깔, 꽃말, 위치 등 다양한 요소를 활용해보라고 권한다. 실제 존재하는 꽃인지 아닌지는 관계없다. 그림을 그리는 과정에서 자신이 무엇을 좋아하고 원하고 기다리고 있는지를 느껴보는 것이 중요하다고 강조한다.

이 활동을 처음 해보았던 2017년 여름, 나는 가슴에 연꽃 두 송이를 그리고, 머리에 작은 꽃봉오리들을 가득 그려 넣었다. 연자 돌림이라 연꽃자매라고 부르는 두 아이를 가슴에 깊이 품고, 시작을 기다리는 일들이 머릿속에 가득한 것을 표현했다. 다른 참석자들도 자신이 어떤 사람인가를 곰곰이 생각하며 그림 활동에 집중했다. 자신을 하얀 꽃으로 가득 채워 빛나는 존재로 표현한 이도 있었고, 색색의 꽃과 잎새가 어우러진 꽃다발로 표현한 이도 있었다. "하고 싶은 것들이 많은데 아직 생각에 그치고 있어요"라고 한 이는, 아주 작은 꽃들로 화관을 엮어 머리에 씌워두었다. 자신은 아직 꽃을 피우지 못한 것 같다며 작은 씨앗과 뿌리로 표현한 이도 보였다. 생각이 너무 많아 힘들다던 참석자는 "얽히고설킨 생각에서 벗어나보고 싶어요"라고 말하며 본인을 꽃 대신 덩굴로 표현했다.

반대편에 자기 자신에게 선물하고픈 꽃을 그려볼 때, 무지개색이나 노란색을 칠하는 사람이 유난히 많다. 무지개 같은 다채로운 에너지, 혹은 봄 햇살 같은 밝은 에너지에 힘입어 세상 속으로 한 발 더 내디디려는 의지가 눈에 띈다. 특히 프로젝트가 실패해 실망감이 크거나 회사 일에서 벗어나 마음을 다독이고픈 직원들을 위해 기업에서 강의를 의뢰했을 때, 이 책을 많이 읽어준다. 화사한 꽃 그림이 눈을 사로잡아, 참석자들의 얼굴에 환히 웃음이 번진다. 그림책을 접해본 적이 없는 중년 남성들마저 꽃잎 한 장 한 장을 넘겨보고 화관을 뒤집어보며 신기해하는 것을 보면, 이 그림책에는 사람을 무장해제시키는 힘이 있음을 실감하게 된다.

꽃은 모든 이들의 마음에 살랑살랑 봄바람이 불어오게 한다. 바쁘게 달리느라 지금껏 제 마음 들여다볼 시간이나 있었을까. 모두들 그 마음속 꽃밭을 아끼고 가꾸며, 무지갯빛 노란빛 꽃의 에너지를 담뿍 받아 활기차게 지내기를 간절히 바란다. 꽃 그림책을 함께 읽는 과정에서, 꽃이 내게 주었던 '강렬한 에너지'가 모두의 마음을 데워주기를 바란다.

함께 읽으면 좋을 책
#꽃 #자존감 #아름다움 #소중함 #마음

『미스 럼피우스』
바버러 쿠니 글 그림, 우미경 옮김, 시공주니어

조신한 아내, 훌륭한 엄마의 꿈을 이루는 대신 넓은 세상을 탐험하고 돌아온 미스 럼피우스. '이 세상을 좀 더 아름답게 만드는 일을 하라'는 할아버지의 말씀에 따라, 온 마을에 꽃씨를 뿌려 아름다운 풍경을 만들어낸다. 칼데콧상을 2회 수상한 작가의 작품으로, 『미스 럼피우스』로 전미도서상을 수상했다.

『민들레는 민들레』
김장성 글·오현경 그림, 이야기꽃

주변에서 흔하게 볼 수 있는 민들레의 한살이를 세밀하게 보여주면서, 언제 어디서 어떤 모습으로 있어도 너 자신은 특별하고 소중하다는 깨달음을 전해준다. 민들레 대신 자신의 이름을 넣어 읽어보면 더욱 아름답게 다가오는 책. 볼로냐 라가치상 논픽션 스페셜멘션 수상작이다.

『매일매일 피어나』
김주현 글·유진희 그림, 웅진주니어

열두 달 꽃과 열매에 탄생의 기쁨과 성장에 대한 염원을 담아낸 민화 그림책. 아기의 첫 생일을 축하하며, 세상 모든 사람이 자신만의 계절에 자신만의 꽃을 피워낼 수 있기를 바라는 마음을 담았다.

『튤립』
아라이 마키 글 그림, 사과나무 옮김, 크레용하우스

알뿌리에서 꽃이 피어나 다시 알뿌리를 얻을 때까지, 튤립의 한살이를 섬세하고 아름답게 그려낸 책. 세심한 관찰이 경이와 감탄을 낳을 수 있음을 보여준다. 식물 정밀화를 그리는 아라이 마키의 자연 그림책 시리즈로 이 책 외에 『나팔꽃』 『민들레』 『해바라기』가 있다.

7　약점 껴안기

『중요한 문제』
조원희 글 그림,
이야기꽃

500원짜리 동전 크기의 원형 탈모를 치료하기 위해 고군분투하는 네모 씨 이야기. '중요한 문제'를 해결하기 위해 노심초사하다가 인생의 행복을 차츰 잃어가는 네모 씨를 바라보며, 인생에서 진실로 중요한 문제가 무엇인지를 되돌아보게 하는 그림책이다.

『아나톨의 작은 냄비』
이자벨 카리에 글 그림,
권지현 옮김, 씨드북

눈에 잘 띄는 냄비 때문에 아나톨은 사람들과 쉽게 어울리기 어렵다. 화를 내다 결국 숨어버린 아나톨에게 다가온 다정한 손길. 장애와 결점을 작은 냄비로 은유, 누구에게나 있는 결점과 그것을 포용하는 마음에 대해 사유해보게 하는 그림책이다.

SNS에 떠도는 광고를 보고 있자면 나는 죄다 뜯어고쳐야 할 듯하다. 무엇 하나 결점 아닌 것이 없다. 3자 이마도, 동그란 콧망울도, 낮은 콧대도, 둥근 턱도, 여드름이 많이 나는 피부도, 까무잡잡한 피부도, 털이 많은 팔다리도. 이런 광고는 정형화된 미인상에서 조금이라도 벗어나면 큰일이나 날 것처럼 엄청나게 호들갑을 떨어댄다. 살을 빼고 시술을 해서 예뻐지면 인생이 달라진다고, 이건 인생에서 정말 중요한 문제라고. 타고난 신체 특성에 따라, 혹은 나이가 들어감에 따라 소위 '아름답지 않게 보이는' 부분은 계속 늘어나게 마련이다. 거울에 바짝 붙어 바라보면 문제는 더 크고 뚜렷해 보인다.

　『중요한 문제』 속 수영 강사 네모 씨에게 어느 날 갑자기 원형 탈모라는 문제가 찾아온다. 의사 선생님은 심각한 표정으로 '이건 정말 중요한 문제'라며 온갖 처방을 내린다. 땀이 나는 격렬한 운동 금지, 뜨거운 물로 목욕하기 금지, 목욕 후 시원한 맥주 한잔 금지, 반려견과 함께 자는 것도 금지, 심지어 커피와 초콜릿도 금지다. 하면 안 되는 것만큼이나 해야 할 것도 많다. 검은 빛이 도는 음식을 챙겨 먹고 하루 세 번 약을 먹고 두 시간마다 연고를 바르고 틈나는 대로 두피 마사지를 하고 일주일에 두 번 침까지 맞아야 하고! 무엇보다 중요한 것은 '스트레스를 받지 않는 것'이란다. 바짝 긴장한 네모 씨는 열심히 처방을 따르고 스트레스를 받지 않으려 애써봤지만, 탈모 증상은 좀처럼 나아질 기미가 보이지 않는다. 오히려 회원들의 웃음에 신경이 쓰이고, 탈모와 관련된 개그 프로나 아이들의 사소한 말 한마디에도 점점 더 의기소침해진다. 네모 씨는 다시 행복해질 수 있을까?

나를 멀리서 바라보는 시선

500원짜리 동전 크기만 한 작은 문제는 어느새 네모 씨의 온몸과 마음, 시간과 생각을 지배하는 커다란 문제가 된다. 약점에 한번 사로잡히면 뭘 해도 이 약점이 내 발목을 잡고 있는 것만 같다. 다른 무엇으로 생각을 돌릴 길이 보이지 않는다. 그래서 약점을 없애고 감추려는 과정에서 내가 좋아하는 것들, 원하는 것들, 그것이 주는 행복의 터전을 조금씩 잃어간다. 약점을 극복하는 과정에서 더 큰 희열을 맛보는 사람도 물론 있다. 하지만 내가 그런 사람이 아니라면, 약점에 얽매여 오히려 나의 행복을 갉아먹고만 있다면, 문제의 우선순위를 다시 설정해야 할 것이다.

네모 씨는 바로 그때, 해서는 안 되는 줄 알면서도 뜨거운 물에 온몸을 푹 담그는 목욕을 한다. '하고 싶다'는 욕망이 '하면 안 된다'는 강박을 이겨버린 것이다. 항공사진으로 보듯 멀리서 내려다본 네모 씨의 표정은, 좁은 욕조가 아니라 넓은 호수에 몸을 맡긴 양 편안하고 행복해 보인다. 시선이 멀어지니 네모 씨의 원형 탈모는 잘 보이지 않는다. 네모 씨는 머리를 깨끗이 밀어버려 약점을 아예 지워버리고 소소한 행복을 되찾는다. 절대 마시지 말라던 시원한 맥주의 목넘김을 한껏 즐기고 사랑스러운 반려견의 감촉을 다시 느꼈을 때, "스트레스가 가장 나쁩니다"라고 말하던 의사의 충고를 역설적으로 따를 수 있었던 것이다.

거리는 사람과 사람 사이에만 필요한 것이 아니다. 나를 바라보는 시점에도 필요하다. 그래서 우리는 중요하다고 생각되는 문제, 나를 괴롭힌다고 생각되는 결점에서 조금 떨어져보는 연습을 해야 한다. 손거울에 얼굴을 들이밀어 바라보기만 하지 말고, 조금 물러서서 전신 거울로 나라는 사람 전체를 바라보는 것이다. 그러면 약점이라고 여긴 부분이 사실은 나를 구성하는 수천 가지 요소 중 하나임을, '중요한 문제'가 사실은 '사소한 문제'일 수도 있음을 확인할 수 있다.

누구에게나
냄비는 있다

『중요한 문제』에서는 원형 탈모 문제를 다뤘지만, 약점이 외양에만 도사리고 있는 것은 아니다. 남들 눈에 잘 띄는 약점이 있는가 하면, 남들 모르는 데 자리 잡아 나만 아는 약점도 있다. 『아나톨의 작은 냄비』는 누구에게나 있는 약점을 '냄비'라는 사물에 빗대어 표현한다. 아나톨은 장점이 많은 사랑스러운 아이다. 그림도 잘 그리고, 사람이나 동물에게 애정 표현도 잘하고 상냥하다. 하지만 사람들은 자꾸 아나톨에게 매달린 냄비만 보고 피해 간다. 아나톨의 냄비는 크고 빨갛고 돌돌돌돌 소리도 나기 때문이다. 늘 냄비와 함께하는 생활은 쉽지 않기에 아나톨은 때로 화를 내고 욕도 하다가, 결국 냄비 안에 쏙 숨어버린다. 그때 아나톨에게 한 사람이 다정히 말을 걸어온다. 크기와 색깔이 다를 뿐 자신에게도 냄비가 있음을 알려준 사람, 냄비를 가지고도 살아가는 방법을 알려준 사람, 냄비를 넣을 가방을 만들어 준 사람, 아나톨이 잘하는 것을 알아보고 지지해준 사람. 덕분에 아나톨은 세상 밖으로 나와 냄비를 가지고도 충분히 씩씩하게 살아갈 힘을 얻는다.

작가 이자벨 카리에는 다운증후군 딸을 키운 경험을 바탕으로 이 책을 썼다. 아나톨의 커다란 냄비는 누구의 눈에나 잘 보이는 장애로 읽힌다. 이 냄비는 누구에게 언제 어디서 떨어질지 모른다. 사고나 질병이 사람을 골라 다가오는 것은 아니기 때문이다. 장애를 결점이나 약점으로 확장해 이해한다면, 냄비는 누구에게나 있다. 아나톨에게 말을 걸어준 이의 작은 초록색 냄비처럼 색깔과 크기와 모양이 조금 다를 뿐이다. 이런 냄비는 자꾸만 나의 앞길을 가로막는다. 외모 콤플렉스, 애정 결핍, 가난, 저학력, 불안과 강박. 타고난 이상, 한번 인식한 이상, 약점은 사라지지 않는다. 나는 다만 이 약점이란 녀석을 안고 살아갈 방법을 선택할 수 있을 뿐이다. 질질 끌려갈지, 달그락달그락 소리 내며 끌고 갈지, 혹은 가뿐히 등에 지고 갈지를 선택하는 것이다.

내가 단독으로 진행한 그림책 모임 두 번째 시간에 이 주제를 선택했을 때, 내가 그린 냄비 속에는 새카맣게 타고 있는 심장이 들어 있었다. 나의 냄비는 '잘해내지 못할 것 같아 생기는 불안'이었다. 앞으로 뚜벅뚜벅 걸어가야 할 때 언제나 이 불안이 나의 발목을 잡았다. 불안이라는 냄비를 잘 끌고 갈 수 있는 가방으로 선택한 것은 '시간'이었다. 준비하는 데 충분한 시간을 들여 나의 불안을 줄일 수 있을 것이라고 생각했기 때문이다.

하지만 지금 이 그림을 다시 그려보라고 한다면, 나는 시계 대신 양손을 커다랗게 그릴 것이다. 머리로 가늠하고 예단하는 대신 일단 무어라도 만들어보는 손을. 일단 컴퓨터 앞에 앉으면 손이 나를 글의 세계로 이끌어가듯, 일단 남들 앞에 서봐야 무엇을 더 준비해야 하는지 알 수 있다. 경험은 불안의 지도에 새로운 길을 내어준다. 이 가방이 생기고 나서 나는 불안에 걸려 넘어지는 횟수가 줄어들었다.

그림책 함께 읽기
나의 냄비는 무엇일까

『아나톨의 작은 냄비』를 읽은 후에는 자신의 냄비 안에 무엇이 들어 있는지를 생각해본다. 그리고 이 냄비를 가뿐히 들고 가는 데 필요한 가방도 그려본다. 나의 약점은 무엇인지, 무엇으로 그 약점을 껴안고 갈 수 있는지를 표현해보는 것이다. "저는 감정 변화를 주체할 수 없는 것이 약점이에요"라고 한 이는 냄비를 폭발 직전의 불덩이로 그렸다. 그리고 감정을 차분하게 다스리고 싶다는 마음을 담아, 가방을 얼음주머니로 표현하였다. 남의 시선을 많이 의식하는 것을 약점으로 꼽은 이는, 조금 못생기고 조금 욕을 먹어도 아랑곳하지 않는 모습으로 변신한 꼬마 공룡 아나톨을 그렸다. 감정을 꾹꾹 억눌러 도움을 청하지 못하는 것을 약점으로 꼽은 이도 있었다. 뚜껑을 활짝 열어놓은 냄비 그림 앞에서 그이는 보다 자유로워 보였다. "가족의 시선에 너무 예민해요"라고 말한 이는, 일단 첫걸음을 떼어보는 게 목표라는 말과 함께 가방에 뚜벅뚜벅 걸어가는 다리를 그렸다. 각자의 냄비가 다 다르듯 가방도 그렇다는 것을 새삼 느낀다.

그림책을 본 적이 거의 없는 어느 회사 직원들 앞에서 이 주제로 그림책을 읽은 적이 있었다. 그때 마지막 발표자가 자신의 냄비로 '남들 시선에 쉽게 갇히는 나'를 꼽았다. 자신을 드러내기보다는 남들을 돋보이게 하는 데 치중하며 살아왔다는 것이다. 그러면서 "오늘 이 시간을 통해 그림책이 저의 가방이 될 것 같아요. 그림책을 내 마음대로 읽고 이야기 나누면서 자유로움과 행복감을 느낄 수 있었거든요"라고 말했다. 그림책 모임을 통해 한 분이라도 앞으로 나갈 힘을 얻는다면, 그것이야말로 나의 보람이고 그림책의 기쁨이다.

함께 읽으면 좋을 책
#약점 #자존감 #위로 #자기긍정 #다름

『깃털 없는 기러기 보르카』
존 버닝햄 글 그림, 엄혜숙 옮김,
비룡소

깃털 없이 태어나 수영도 비행도 제대로 배우지 못한 기러기 보르카. 날 수 없어 가족도 없이 혼자 남겨졌지만, 배 위에서만은 자신의 몫을 훌륭하게 해낸다. 이상야릇한 새들이 가득한 큐 가든에서 마침내 안식처를 찾게 된다. 결점이 있어도 누구에게나 특별한 능력과 마땅한 자리가 있음을 일러주는 그림책이다. 케이트그린어웨이상 수상작.

『조금 부족해도 괜찮아』
베아트리체 알레마냐 글 그림,
길미향 옮김, 현북스

하나씩 부족한 점이 있지만 행복하게 살아가던 다섯 친구에게 흠 하나 없는 완벽한 친구가 찾아온다. 쓸모가 없다고 다그치는 말에 다섯 친구는 주눅이 들지만, 곰곰이 생각해보니 자신들의 부족한 점은 반대로 기쁨의 원천이 되기도 한다. 독특한 캐릭터가 웃음을 자아내면서, 약점이 오히려 개성이 될 수 있음을 일러주는 그림책이다.

『가스통은 달라요』
켈리 디푸치오 글·
크리스천 로빈슨 그림, 김혜진 옮김,
뜨인돌어린이

우아한 푸들 가족 사이에서 외모며 습성이 조금 다르긴 하지만, 가스통은 자신의 다름을 약점으로 생각하지 않는 낙천적인 강아지이다. 본래 불독 가족이었음을 알고 나서도 자신을 지켜내는 가스통. 자신의 다름을 인정하고 긍정하는 자세를 생각해보게 한다. 칼데콧명예상에 빛나는 크리스천 로빈슨의 그림이 사랑스럽다.

2부

나와
너를 잇는
다리

1 서로
다른 것을
잇는 눈

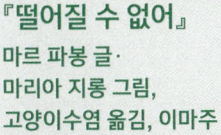

『떨어질 수 없어』
마르 파봉 글·
마리아 지롱 그림,
고양이수염 옮김, 이마주

완벽한 한 쌍이라 여겼던 파란 신발이 예기치 못한 사고로 떨어져 본래의 쓸모를 잃지만, 전혀 다른 것들과 또 다른 '우리'를 만들어 새로운 쓰임을 얻게 되는 이야기. 파란 신발 한 짝의 시점으로 전개되는 깔끔한 문장과, 부드러우면서도 간결한 그림이 잘 조화된 그림책이다.

『흰 눈』
공광규 글·주리 그림,
바우솔

공광규 시인의 시에 주리 작가의 그림이 어우러진 시 그림책이다. 겨울에 다 내리지 못한 눈이 봄과 초여름의 흰 꽃으로 이어져 내리다 마침내 할머니의 흰 머리에 가닿는 상상력이 돋보인다. 농촌 풍경과 할머니의 일상이 소박하고 정갈하게 펼쳐진다.

둘째는 어릴 때부터 호불호가 분명한 녀석이었다. 네 살 때부터는 입고 나갈 옷을 자기가 골랐고, 더 어린 세 살 때에도 양말만은 꼭 자기 손으로 골라 신었다. 문제는 짝이 맞는 양말을 신고 간 적이 거의 없다는 것이었다. 아이는 개어놓은 양말을 다 풀어헤쳐놓고 아침마다 새로운 짝을 골라 신고 갔다. 딱히 위험하거나 남에게 해를 끼치는 행동은 아니니 제지한 적은 없지만, 마음속으로는 도통 이해가 되지 않았다. '대체 왜 저런 수고를 들여 짝을 안 맞춘 양말을 신고 가는 거지? 그나마 짝짝이 신발이 아니라 다행이야.'

　　그날도 신중하게 양말을 골라 신은 아이가 가만히 자기 발을 내려다보더니 말을 걸었다. "엄마 이거 봐. 비가 와서 꽃이 피었어." 아이의 한쪽 발에는 하늘색 빗방울이 수놓인 하얀 양말이, 다른 쪽 발에는 분홍색 작은 꽃들이 수놓인 양말이 신겨져 있었다. 아, 네가 양말을 짝짝이로 골라 신는 이유가 있었구나. 너는 아침마다 이렇게 다른 존재를 이어 새로운 이야기를 만들고 있었구나. 내가 잃어버린 눈을, 어린 너는 간직하고 있었구나.

완벽한 우리의
완벽한 쓰임

『떨어질 수 없어』는 파란 신발 한 짝의 시점으로 이야기가 진행된다. 상점에서 파란 신발 한 켤레를 본 순간 소녀는 사랑에 빠져버린다. 소녀가 뛰고 달리고 춤을 추는 모든 순간에 신발 두 짝은 함께한다. 하지만 소녀가 나무에 오르다 한 짝이 찢어져버리면서 완벽한 조합에 금이 가고 만다. 소녀의 어머니는 한 짝만으로는 쓸모가 없다며 신발 두 짝을 모두 내다버린다. 그렇지만 어둡고 냄새나는 쓰레기통 속에서도, 버려진 것들의 무덤인 쓰레기장에서도 신발은 계속 괜찮다며 자신을 다독이고 안심시킨다. '우리'는 떨어지지 않고 함께 있으니 말이다.

그러나 '우리'에게 허락된 시간은 불행히도 길지 않았다. 재활용품을 수거하는 사람들이 쓰레기장에서 쓸 만한 물건들을 골라내면서, 성한 신발 한 짝은 자루에 담아 가고 찢어진 신발 한 짝만 남긴다. "아니요, 실수하는 거예요. 우리는 떨어질 수 없어요, 둘이 하나라고요." 한순간 '우리'에서 '나'가 되어버린 신발은 절망과 슬픔을 감추지 못한다. 이대로 어디론가 실려가 버려지겠거니 체념하고 있던 그때, 생각지도 못한 만남이 이루어진다. 할아버지가 초록 양말 한 짝과 파란 신발 한 짝을 깨끗이 빨아 고이 포장하는 것이다. 둘은 사고로 다리 한쪽을 잃은 소녀 리타에게 주는 선물이 된다. 양말과 신발은 사고의 악몽에서 채 벗어나지 못한 리타 곁을 밤새 지키며, 새로운 '우리'로 다시 태어난다.

　이 책은 '쓸모'에 대한 우리의 고정관념을 깨는 그림책이다. 양 발에 꼭 맞는 신발 한 켤레는 보기에도 쓰기에도 완벽하고 사랑스럽다. 그렇기에 신발 한 짝에 난 생채기는 한 짝의 결함에 그치지 않는다. 완벽한 신발이 가져야 할 덕목에 흠이 생겨버린 것이다. 완벽하지 못하면 쓸모를 잃고, 쓸모를 잃으면 버려져야 하는 것이 요즘 물건들의 운명. 많은 경우 사람의 운명도 그러하다. 세상이 정해놓은 '완벽한 쓰임새'를 갖추기 위해 노력하고, 벗어나면 혹시나 버려지지 않을까 두려워 전전긍긍하게 된다. 『떨어질 수 없어』는 한 짝의 신발이 다리가 하나인 소녀의 신발로 여전히 가치가 있음을 보여준다. 게다가 촘촘히 꿰매어져 어여쁜 꽃 화분으로 재탄생한 다른 한 짝을 마지막 장면에서 확인할 수 있다. 겉보기에 완벽하지 않아도 쓸모는 있고, 본래의 쓰임과 달라도 충분한 가치가 있음을 이 책은 독자에게 일러준다.

다른 것들이 만나
건네는 위로

　내가 이 책에서 '쓸모'보다 더 끌렸던 키워드는 '다른 것들의 만남'이었다. 파란 신발 한 켤레는 태어날 때부터 완벽한 짝꿍이다. 둘은 마치 서로를 위해 존재하는 것만 같다. 그림책 전반부에서 신발 주인 클라라는 한눈에 반한 파란 신발을 어디든 신고 다니지만, 실상 신발이 지칭하는 '우리'에는 클라라가 포함돼 있지 않다. 함께 뛰고, 함께 춤추고, 함께 잠드는 것은 신발 두 짝뿐이다. 완벽한 짝이 있을 때는 나와 다른 것에 별 관심이 없다. 자기 세계의 아름다움에 취해버리는 것이다. 실상 신발이 신발다울 수 있는 이유는 클라라가 있기 때문인데도 신발은 그것을 알지 못한다.

　똑같은, 그래서 완벽해 보이는 세계를 벗어나 나와 다른 상대와 어울려보았을 때에야 신발은 비로소 다른 것에 관심을 갖는다. 자신처럼 짝을 잃고 벌벌 떨고 있는 초록 양말의 두려움이 보이고, 사고로 한쪽 다리를 잃은 소녀 리타의 아픔이 보인다. "양말과 나는 리타 곁에서 아이의 밤을 지킵니다. 우리는 떨어질 수 없어요." 이때의 '우리'는 그림책 전반부에서 말하는 '우리'와는 결이 다르다. 오직 둘만으로 충분했던 신발 한 켤레의 작은 '우리'에서 벗어나, 양말과 신발과 소녀, 나아가 한쪽 목발까지도 포함된 커다란 '우리'로 다시 태어난 것이다. 설핏 어울리지 않아 보여도 누구보다 서로의 아픔을 잘 이해하고 위로할 수 있는 조합이다. 동류끼리 어울리는 안온한 만남에서는 도저히 보이지 않는, 캄캄해서 더욱 눈이 부신 세계를 이들은 이제 이해할 수 있다.

성한 신발 한 짝은 다른 존재와 만나 '신발'이라는 본래의 쓰임을 유지할 수 있었다. 그렇다면 찢어진 신발 한 짝은? 신발로는 더 이상 쓰이기 어렵지만, 나와 다른 존재와 만나 또 다른 쓸모가 생긴다. 옆구리에 상처 자국을 그대로 드러낸 신발이 새빨간 튤립을 만나리라고 몇 사람이나 상상할 수 있었을까? 눈 밝은 이를 만나, 각기 다르게 생긴 물뿌리개와 양동이와 신발 한 짝은 꽃을 품은 화분이 된다. 다른 것들이 모여 세상은 조금 덜 지루해지고 조금 덜 외로워진다. 비록 지금의 쓸모를 잃어버린다 해도, 언제고 누군가와 이어져 새롭게 쓰임을 얻고 기쁨을 누릴 수 있다고 생각하니 잔잔한 위로가 찾아든다.

언제 어디서건
우리는 이어질 수 있어

나 하나로 온전한 존재를 지향하는 사회에서, 쉽게 완제품을 구매하여 소비하는 사회에서 우리는 내가 다른 누군가와 연결되어 있다는 감각을 자주 잃어버린다. 나는 나, 너는 너, 신발은 신발, 꽃은 꽃. 내가 무언가와 이어져 있고 또한 언제고 이어질 수 있다는 감각을 일깨워주는 것은 다름 아닌 자연이다. 공광규 시인의 『흰 눈』은 다른 계절과 사물, 사람 사이에 그려진 투명한 선을 발견하는 시이다. 겨울에 다 내리지 못한 눈이 봄부터 초여름까지 피는 하얀 꽃들로 이어지는데 시인의 상상력이 기막히다. 눈은 매화나무, 벚나무, 조팝나무, 이팝나무로 이어지며 내린다. 거기에 다 못 내려앉으면 쥐똥나무, 산딸나무, 아까시나무, 찔레나무로 내려앉고, 마침내 할머니의 하얗게 센 머리 위에 내려앉는다.

그림 작가 주리는 이 시에 등장하는 꽃을 충실하게 재현해낸다. 동시에 시에는 나오지 않는 농촌 풍경, 할머니의 생활 공간과 일상을 상세히 묘사했다. 오래 쓴 농기구, 닭이나 고양이 같은 정겨운 동물 친구들, 화려한 무늬의 이불, 소박한 된장찌개 밥상, 장이 익어가는 장독대. 시에서 할머니는 말미에나 등장하지만, 그림책에서는 초반부터 조금씩 모습을 드러낸다. 봄꽃이 피어난 풍경 사이에서 다리나 뒷모습만 약간 보이다가, 흰 눈이 성긴 머리 위에 내려앉는 마지막 장면에서 비로소 얼굴이 나온다. 소리를 들으려는 듯 귓가에 가져다 댄 양손, 주름지고 검버섯 핀 얼굴에 번진 말간 미소, 여기에 짙푸른 밤 등불처럼 피어난 달맞이꽃까지. 할머니가 꽃나무 곁에서 꾸려온 삶의 풍경을 구체적으로 보아왔기에, 할머니와 꽃이 서로에게 스며든 마지막 장면의 환상성이 더욱 배가된다.

팔십대에도 정정하던 외할머니는 아흔을 넘기면서 크고 작은 수술을 받으셨다. 작은 시술을 받고 나온 작년 어느 날, 간병하는 엄마 곁에서 할머니를 바라보았다. 아흔이 다 되도록 흔한 검버섯 하나 없이 뽀얗던 할머니 얼굴이 상하고 찌든 흙빛으로 잠겨 있었다. 엄마를 도와 기저귀를 갈아드리면서, 처음으로 할머니의 두 다리 사이를 보았다. 나를 낳아준 엄마를 낳아주었을 두 다리 사이. 근육이라고는 거의 남아 있지 않은 비쩍 마른 허벅지, 듬성듬성한 털, 주글주글 말라버린 엉덩이…… 내 두 아이들의 기저귀를 갈며 보았던 동그랗고 말랑한 엉덩이가 자꾸만 겹쳐 보였다. 한쪽 언덕은 버석하게 마른 풀들조차 뿌리 뽑혀 있고, 다른 쪽 언덕은 물을 잔뜩 머금고 새 잎을 막 틔우고 있는 것만 같았다. 모두 내가 지나온 언덕이고, 지나갈 언덕이었다. 그날 나는 내 아이들의 해사한 생명력은 내가 준 것이 아니라, 내가 받은 것에서 비롯되었음을 똑똑히 보았다.

그러니 시인은 투박한 농촌 할머니에게서 봄꽃의 아름다움을 발견할 수 있었으리라. 봄이 가면 겨울이 오고, 겨울이 지나가야 봄이 온다. 눈이 그치면 꽃이 피고, 꽃이 지면 다시 눈 내리는 계절이 온다. 노년은 청춘이 있기에 가능하고, 누군가의 청춘 또한 노년이 있기에 가능하다. 인생은 그렇게 전혀 다른 것들이 계속 연결되며 굴러간다. 서로 연결하는 끈을 발견하는 눈이 있을 때 우리는 무엇과도 연을 맺으며 살아갈 것이고, 늘 새로운 '우리'가 탄생할 수 있다.

그림책 함께 읽기

달라도 우리는 이어져 있어

『흰 눈』은 이십대, 삼십대, 사십대가 함께 읽어도 꽃 그림의 아름다움에 탄성이 나오는 그림책이다. 하지만 사십대 후반 이상의 중년층에게 읽어주었을 때 반응이 더 좋았다. 어느 오십대 남성 회사원은 "애들 책인 줄 알았는데 참 좋네요. 돌아가신 할머니와 옛날 시골 생각이 많이 나요"라고 말했다. 할머니 그림에서 눈을 떼지 못하던 그의 표정이 기억난다. 노인복지 프로그램을 기획하고 있다는 여성 역시 노인들에게 용기를 줄 수 있는 책이라며 『흰 눈』을 그날의 책으로 꼽았다. 다른 도서관 모임에서 만난 육십대 여성은 눈을 감고 있는 할머니 표정이 마치 돌아가신 것 같다고, 그래서 달맞이꽃이 장례식장의 등불 같아 보인다고 말했다. "이 나이쯤 되면 모든 것에서 죽음이 보여요."

『흰 눈』을 읽으면서 '봄' 하면 어느 때가 떠오르는지 물어본다. "지금이 내 인생의 봄이다"라고 활기차게 대답하시는 분도 있지만 대부분은 생동하는 아이들, 자유분방한 청춘의 십대나 이십대를 떠올린다. 화사한 봄꽃의 계절은 이제 지나갔죠, 쓸쓸히 웃으면서 뛰어도 뛰어도 지치지 않는 파릇파릇한 아이들 이야기를 꺼낸다. 누군가는 이 책의 봄 풍경에서 청춘을 보고 누군가는 이 책의 할머니 모습에서 죽음을 본다. 그렇게 그림책 모임 한 자리에서 청춘과 노년, 생명력과 죽음이 하나의 이야기로 엮인다.

함께 읽으면 좋을 책
#연결 #잇다 #다름 #함께 #우리

『빨강 책』
바바라 리만 그림, 북극곰

우연히 주운 빨강 책으로 추운 도시에 사는 소녀와 더운 섬에 사는 소년이 이어지는 이야기. 한 번도 만난 적 없던 친구와도 이어질 수 있는 마법이 근사하게 펼쳐진다. 칼데콧명예상 수상작이며, 십수 년 만에 출간된 후속작 『다시 빨강책』과 함께 읽으면, 꼬리에 꼬리를 물고 연결되는 이야기의 즐거움에 빠져들게 된다.

『나는 죽음이에요』
**엘리자베스 헬란 라슨 글·
마린 슈나이더 그림, 장미경 옮김,
마루벌**

죽음이 1인칭으로 자신의 이야기를 덤덤히 풀어나가는 그림책. 사람들은 죽음이 두려워 피하려 들지만, 사실 죽음이 있어 생명의 자리가 새롭게 만들어진다는 것을 보여준다. 같은 작가들이 작업한 『나는 생명입니다』와 함께 읽기를 추천한다.

『잘 가, 작은 새』
**마거릿 와이즈 브라운 글·
크리스티안 로빈슨 그림, 이정훈 옮김,
북뱅크**

공원에서 죽은 새를 발견한 아이들이 새의 장례를 치러주는 이야기. 죽음과 슬픔의 세계와, 삶과 기쁨의 세계 간 경계를 무람없이 넘나드는 아이들을 바라보며, 삶과 붙어 있는 죽음에 대해 생각해보게 된다. 글과 그림 사이 약 80년의 간극이 있지만, 세련된 글과 그림이 조화롭게 만난다.

2 너의 씨앗을 보아주는 마음

『아주 작은 씨앗』
**잰 캐론 글·
로버트 갠트 스틸 그림,
최순희 옮김, 느림보**

정원 가꾸기를 사랑하는 아주머니가 작은 씨앗을 선물받는다. 땅에 심어진 씨앗은 봄기운을 느끼며 싹을 틔운다. 높은 울타리에 숨이 턱 막히기도 하고, 힘이 쭉 빠져 잠시 쉬기도 하고, 다른 꽃들이 만개하는 계절을 견디기도 하지만, 마침내 씨앗은 캄캄한 밤에 상앗빛 꽃을 피워 올린다.

둘째를 낳고 앞으로의 삶을 고민
하던 시절, '그림책으로 시작하는 번역'이라는 수업을 듣기 시작했다.
어린이 청소년책 번역가 입문, 심화 과정을 거치면서 한겨레어린이 청
소년 번역가 모임에 들어가기까지 마음을 졸이며 애를 썼다. 떼쟁이
첫째와 돌쟁이 둘째를 재운 후 새벽마다 번역 과제를 붙들고 씨름을
했다. 당시 머릿속에는 퇴사하기 전에 첫 번역 계약을 하고 싶다는 생
각뿐이었다. 그래서 번역기획서나 출간검토서를 쓸 기회가 올 때마다
거르지 않고 신청을 했다.
　그 시절 내가 아이들에게 성심을 다하여 해준 것은 그림책 읽어주
기가 전부였다. 다행히 읽어주기는 내게 가장 쉬운 육아법이었다. '바
바파파 시리즈'에 꽂힌 첫째 때문에 몇 달간 똑같은 책만 읽느라 입에
서 단내가 나기도 했다. 언니를 제치고 싶어 무조건 엉덩이부터 들이
밀며 제 책을 건네는 꼬꼬마 둘째를 말리느라 진땀을 빼기도 했다.
그래도, 그래도 힘들지 않고 다 좋기만 했다. 당시 그림책은 꼬물거리
는 아이들의 체온과 비눗방울처럼 터지는 웃음을 가장 가까이에서
느낄 수 있는 매개였고, 누군가와 이야기하고 싶은 욕망을 채워주는

창구였다.

한편으로는 온오프라인의 그림책 도반들과 어울려 독서 모임을 계속해나갔다. 아이들이 어린이집에 가면 집 앞 작은 도서관에 가서 그림책을 읽다 오곤 했는데, 그 모습이 도서관 관장님께 신기하게 보였던 모양이다. '어른들이 모여 그림책 읽는 모임을 해보고 싶은데 함께 하시겠느냐'고 슬쩍 말을 걸어왔다. 그렇게 시작된 '한그루(한 권의 그림책으로 여는 하루)' 모임은 지금껏 마음 편한 그림책 수다 시간으로 이어지고 있다. 온라인 카페 '그림책 읽어주는 엄마'에서도 한 그림책 파헤치기, 그림책 엮어 읽기, 독서 토론, 시집 함께 읽기 같은 활동을 하면서 그림책뿐 아니라 책 읽기의 기쁨을 되찾을 수 있었다.

너라는 사람을 믿어

혼자 그림책 읽고 아이에게 읽어주는 시간을 지나 어른들과 함께 읽는 시간을 거치면서 그림책이 이어주는 관계의 선이 점차 촘촘해졌다. 나와 아이가 이어지고, 동네의 마음 맞는 사람들과 이어지고, 나아가 얼굴 한 번 본 적 없는 가상공간 사람들과 이어지게 되는 것이다. 쉽게 접근할 수 있지만 안에 담긴 뜻만은 결코 가볍지 않은, 그림책의 힘이 마음밭을 꿈틀거리게 했다. 이렇게 좋은 걸 사람들과 나누어보고 싶다는 꿈의 씨앗이 심어진 것이다. '누구를 대상으로 어떤 방식으로 진행하겠다' 같은 구체적인 계획이 세워져 있지는 않았다. 다만 마흔 살쯤에는 어른들에게 그림책을 읽어주는 일을 한번 해보고 싶다고 생각했으니 그저 막연한 바람일 뿐이었다.

앞서도 언급했던 예술심리교육센터 마인드플로우의 대표는 학교와 회사에서 선후배로 만난 사이였다. 선배가 회사를 그만두고 동작 치유(movement therapy)를 전공한 다음 8년째 관련 일을 하다가 자기 사업을 시작했을 무렵, 나의 퇴사 결심을 알렸다. 선배는 내가 회사를 나오자마자 가장 든든한 조력자가 되었고, 퇴사 몇 달 후 재미있는 제안을 해왔다. 성인 대상의 예술 심리 수업을 하는데 그림책을 매개로 같이 해보면 어떻겠느냐는 것이었다. 나는 어안이 벙벙했다. 그림책을 좋아하고 꿈 씨앗을 품고 있기는 했지만, 내가 무슨 자격으로? 관련 분야의 석박사 학위나 별다른 자격증도 없고 남 앞에 서본 적도 없는 내가 어떻게?

"뭘 믿고 나한테 이런 일을 같이 해보자고 해?"

"너라는 사람을 믿고 제안하는 거야. 오래 봤잖아."

순간 내 안에 오므리고 있던 작은 씨앗의 껍질이 툭 깨져버리고 말았다. 외면할 수 없는 기회였다.

꽃을
발견해주는 눈

『아주 작은 씨앗』은 작은 씨앗에서 싱그러운 덩굴이 자라나 마침내 환한 꽃을 피워내는 긴긴 여정을 그려내고 있다. 싹을 틔우고 덩굴이 되고 꽃을 피우는 것은 씨앗이 스스로 해나가야 할 과업이다. 씨앗은 쓸모를 생각하고 싹을 틔우는 것이 아니다. 그저 몸에 새겨진 오랜 운명을 묵묵히 받아들일 뿐이다. 하지만 결실에 이르는 길은 결코 녹록하지 않다. 갈 길은 멀고 장애물은 높고 자신은 너무나 하찮게 느껴진다. 씨앗이 고비를 넘기며 이러한 쉽지 않은 도전을 이겨낼 수 있었던 것은, 씨앗의 성장을 도닥여주는 손길들이 있었기 때문이다. 아주머니는 미리 격자 울타리를 준비하고, 씨앗에 물을 주고, 기도하는 심정으로 기다려준다. 자기 자신의 가능성을 믿지 못했던 씨앗을 격려해준 것은, 씨앗을 품고 있던 땅이다. 첫 잎을 틔울 때, 까마득히 높은 데를 쳐다볼 때, 홀로 꽃을 피우지 못해 좌절할 때 땅은 매번 덩굴의 가능성을 북돋우고 지지해준다. 너는 향기로운 꽃이 될 거라고, 일단 시작해보라고, 너를 위한 때가 따로 있을 거라고……. 흔들리고 지칠 때 우리가 얼마나 간절히 원하는 말인지 모른다.

남과 비교하는 시선에 휘둘려 마음이 괴로워질 때 이런 말들이 특히 더 간절해진다. 덩굴이 되어 열심히 울타리를 오르던 씨앗이 사방을 둘러보니, 아주머니의 정원에는 온갖 꽃들이 화려하게 피어나고 있다. 하지만 자신의 꽃은 필 기미가 보이지 않는다. 이렇게 긴 여정을 왔는데, 모두들 꽃을 피우는데 왜 나만! 씨앗의 실망감을 우리도 살며 종종 느낀다. 여기까지 오느라 얼마나 고생했는데, 모두들 나름의 결실을 맺고 있는데 왜 나만 제자리일까? 누군가는 책을 써서 인기 작가가 되어 있고, 누군가는 사시사철 강의 의뢰가 넘쳐난다. 요즘처럼 SNS가 발전한 시대에는 남과 비교하지 않고 살기가 더 어렵다. 그 사람이 어디에서 출발했는지 어떤 속도로 달렸는지는 보지 못하고, 저 멀리 결승선에 도달한 모습만 보며 길 위에 철퍼덕 주저앉고만 싶어진다. 온 길을 다시 돌아보기는 싫고 갈 길은 까마득히 멀다. '과정이 중요하다'는 말도 큰 위안이 되지는 못한다. 성취가 주는 희열 역시 과정의 즐거움만큼이나 크고 중요하기 때문이다.

모두가 꽃피우는 결실의 계절에 꽃을 피우지 못하면 실패라고 불리기 쉽다. 대입에 성공하지 못한 십대는 실패, 취직에 성공하지 못한 이십대는 실패, 결혼에 성공하지 못한 삼십대는 실패…… 누구나 거쳐 가야 할 의례가 있고 그때를 놓치면 절대 안 된다고 생각하여 섣부르게 성공과 실패를 판단한다. 하지만 '꽃이 피었다'는 사실보다 더 중요한 것은 '언제 어떤 꽃이 피었다'는 사실이다. 내 꽃을 피우고, 내 속도에 맞춰 내가 원하는 방향으로 자라는 것. 모두가 장미꽃을 피우는 것도 아니고 모두가 봄에 혹은 낮에 꽃을 피우는 것도 아니다. 매화는 눈을 맞으며, 코스모스는 가을바람에 흔들리며 피고, 분꽃은 해가 저물어야 비로소 꽃을 피운다. 어떤 사람은 매화이고 어떤 사람은 코스모스이며 어떤 사람은 분꽃임을 알아보고 인정해주는 눈과 따뜻한 말이 필요하다.

서로가 서로의 꽃을 발견하기를

어른들의 냉혹한 세계에서 우리는 더 이상 서로의 씨앗을 보듬어주는 말을 잘 하지 않는다. 꽃이 피어나는 계절을 믿고 격려해주는 말은 더더욱 하지 않는다. 은근히 비난하는 말, 비웃는 말, 깎아내리는 말들이 뾰족하게 살갗을 찔러온다. 혀의 칼을 피해 걸으며 혼자 서기 버거워질 때, 가끔은 나도 믿지 못하는 내 작은 씨앗에서 먼 미래의 잎과 꽃을 미리 보아주는 시선들이 간절해지는 것이다. 돌이켜보면 10년 다니던 회사를 그만두고 그림책과 관련된 일을 하기까지, 그렇게 고운 시선들이 곳곳에서 나를 믿고 기다려주었다. 하고 싶은 일을 해보라고 내 결정을 바로 지지해준 남편과 부모님의 눈길이 있었다. 그림책을 오래 좋아해온 마음 하나 믿고 첫 그림책 모임을 열 수 있도록 도와준 지인의 눈길이 있었다. 그는 또 이만하면 혼자서도 충분히 할 수 있겠다며 네 브랜드를 내라고 등 두드려 격려해주었다. 호흡이 긴 강의를 맡기가 두려워 끝까지 망설이고 있던 내게 할 수 있다고 독려해준 이의 눈길도 있었다. 수많은 그림책 에세이에 내 이야기 하나를 얹기가 망설여진다고 하는 내게, 다들 자신만이 쓸 수 있는 글이 있다며 기다려준 눈길도 있었다.

일단 부딪쳐보자는 마음으로 사람들을 만나기까지, 이만큼이라도 뚜벅뚜벅 걸어오기까지 얼마나 많은 사람들이 나의 가능성을 먼저 보고 격려해주었는지 모른다. 땅 위를 덮었던 살얼음을 조금씩 녹여주는 말들이 오래 나를 지탱해주었다. 그러니 나도 눈을 크게 뜨고 채 피지 못한 잎과 꽃을 보아주는 사람이 되어야지, 다짐하게 되는 것이다. 작은 눈길이 때로는 아직 아무도 밟지 않은 눈 위에 길을 내어주는 법이다.

그림책 함께 읽기

서로에게 믿음의 반사판이 되어주는 그림책 모임

그림책 모임에 자주 오는 이들 중 심리상담사, 예술치료사, 언어치료사가 여럿 있다. 다른 이들의 마음을 돌보는 전문가들이다. 대체 이 모임에는 왜 오느냐 물어보니 "나도 숨통을 틔워야 하지 않겠느냐"고 한다. 남의 가능성을 보아주고 남의 마음을 어루만져주면서, 정작 자신의 씨앗은 보지 못하고 싹이 틀 가능성을 믿지 못하는 것이다. 숙련된 전문가들의 마음에도 불안은 있고, 홀로 불안을 잠재우기란 쉽지 않다.

심리독서치유 선생님이 "나도 자주 잊어버리지만 우리 자신이 생명이고 가능성이란 사실을 믿어야 해요"라고 말한 적이 있다. 그 말 한마디에 참석자 모두가 받았던 위로의 온도를 떠올려본다. 그날의 따뜻한 기운을 다른 이들에게도 고스란히 돌려주고 싶다. 아주머니가 씨앗의 가능성을 보고 격자 울타리를 준비해주었듯, 땅이 씨앗의 가능성을 북돋는 말을 계속 속삭여주었듯. 그림책 모임은 서로에게 믿음의 반사판이 되어준다. 함께하는 시간 속에서 우리는 서로의 가능성을 보아주고 믿음을 되돌려준다. 그런 모임을 오래도록 꾸려나가고 싶다.

함께 읽으면 좋을 책
#믿음 #때 #시선 #가능성 #씨앗

『고맙습니다, 선생님』
**패트리샤 폴라코 글 그림,
서애경 옮김, 아이세움**

패트리샤 폴라코의 자전적 이야기를 담은 그림책. 난독증으로 글을 읽지 못하는 트리샤는 폴커 선생님의 끝없는 애정과 신뢰 덕에 마침내 글을 읽게 된다. 아이의 가능성을 보아주고 기다리고 격려해주는 폴커 선생님은, 어른의 교본과도 같은 인물이다.

『에드와르도 세상에서 가장 못된 아이』
**존 버닝햄 글 그림, 조세현 옮김,
비룡소**

평범한 장난꾸러기 에드와르도는 어른들의 섣부른 비난 속에서 '세상에서 가장 못된 아이'가 되어간다. 소소한 칭찬에 에드와르도의 행동이 바뀌는 것을 보며, 긍정적인 면을 발견하고 격려해주는 일이야말로 어른의 역할임을 되새기게 된다.

『점』
**피터 레이놀즈 글 그림, 김지효 옮김,
문학동네**

그림을 못 그려 부루퉁해진 베티에게 무엇이든 그려보라고 격려해주는 선생님. 펜을 내리꽂아 생긴 작은 점 하나를, 선생님은 미술 작품으로 인정해준다. 거기에 사인을 하게 하고 액자에 끼워준 것이다. 아이를 지지하고 격려해주는 교사 덕에, 아이는 자신이 원하는 것을 마음껏 표현할 뿐 아니라 나아가 다른 이의 가능성을 북돋을 수 있게 된다.

3 서로가 서로의 인생 서점

『있으려나 서점』
요시타케 신스케 글 그림,
고향옥 옮김, 온다

기발한 상상력으로 남녀노소에게 두루 사랑받는 요시타케 신스케의 '책에 관한 책'이다. 책과 관련된 책을 추천해주는 서점을 배경으로, 책과 관련된 직업, 장소, 이벤트, 희귀한 책 등의 이야기를 유머와 감동을 담아 풀어내었다.

어린 시절 집에 금박 표지가 둘려 있던 명작 동화 전집이 있었다. 한 권에 축약된 이야기 서너 개가 들어가 있는 책이었는데, 책등의 위쪽은 금색, 아래쪽은 반짝이는 다른 색상으로 구분돼 있었다. 책이 많지 않았던 데다 그림책은 더더욱 귀했던 시절이었으니, 꽤 어릴 적부터 이 명작 동화 전집을 즐겨 읽었다. 『작은 아씨들』 『해저 2만리』 『15 소년 표류기』 『비밀의 화원』 『소공녀』 『몽테크리스토 백작』 등등 삽화 하나 없이 누런 종이에 까만 글씨만 빽빽하게 들어찬 책을 얼마나 읽고 또 읽었는지 모른다.

초등학교 4~5학년 때에는 추리소설에 정신이 팔렸다. 아이 걸음으로 제법 걸어가야 하는 언덕 위에 작은 도서관이 있었다. 애거서 크리스티의 작품들, 아르센 뤼팽과 셜록 홈즈의 활약담이 책장 한 칸을 가득 채우고 있었다. 요즘 아이들은 아이언맨과 슈퍼맨이 싸우면 누가 이길까를 궁금해하겠지만, 그때 나는 '뤼팽과 홈즈가 맞붙으면 누가 이길까'에 골몰해 있었다.

청소년이 되고 어른이 된 후에도 여전히 책을 좋아했지만, 그때처럼 책 속에 푹 젖어드는 경험은 드물어졌다. 책 속을 무람없이 드나들 수 있는 것도 어린 날의 축복인 모양이다. 놀이터에서, 집 앞 벤치에서, 심지어는 걸어가면서도 책을 펼쳐 보는 여덟 살 첫째를 보며 그 시절의 나를 겹쳐보곤 한다.

그때 읽었던 문장들이 머릿속에 마음속에 다 남아 있지는 않다. 어떤 내용이었는지 가물가물한 책도 있고, 다시 읽으면서 깜짝 놀라는 책도 있다. 기억이 완전히 왜곡되거나 변질된 것이다. 그렇다고 어린 시절의 독서가 어른이 된 지금의 나에게 다 소용없는 것일까?

어린 시절의 독서는 지식의 영역이 아니라 감각의 영역에 남는 것 같다. 책등이 금빛으로 반짝이는 책이 책장에 주루룩 꽂힌 모습을 바라보면서 흐뭇했던 기억, 책장을 넘길 때 나던 사르륵 소리, 침 묻힌 손가락을 통해 혀끝에 닿던 종이의 맛, 친한 친구와 각자 책을 읽을 때 방 안 가득 내려앉았던 고요의 무게, 『작은 아씨들』의 메그가 입었던 하늘색 드레스를 상상하며 황홀했던 순간, 뤼팽의 다음 이야기를 빨리 보고 싶어서 가파른 언덕을 마구 뛰어올라가며 숨이 찼던 기억, 얼른 읽고 싶어서 횡단보도 앞에서 책을 펼쳤다가 파란색 신호를 몇 번이고 놓쳤던 기억 같은 것……. 그런 기억들은 여전히 나의 심장을 뛰게 한다.

신뢰할 수 있는 책 추천자

책 앞에서 가슴 뛰는 경험을 해본 사람이라면, 책과 관련된 책 앞에서 자주 걸음을 멈추게 된다. 책에 대한 다른 이들의 애정을 엿보며 진한 동지애를 느끼기 때문이다. 요시타케 신스케의 『있으려나 서점』은 '책과 관련된 책'을 파는 서점을 배경으로 한다. "○○에 대한 책이 있나요?"라고 물으면 주인장이 "있다마다요!"라며 관련된 책을 흔쾌히 찾아준다. '조금 희귀한 책' '책과 관련된 일' '책과 관련된 이벤트' '책과 관련된 명소' '도서관, 서점에 대해' 같은 제목이 책을 좋아하는 이들의 관심을 끈다.

신스케만이 생각해낼 법한 희한한 팝업 그림책이나 책에 관련된 직업들을 보면서 낄낄 웃음을 터트리게 된다. '1년에 한 번만 열리는 무덤 속 책장'에 천국에서 읽을 법한 책 단 한 권을 꽂아준다면 어떤 책을 골라야 할까 골똘히 생각해보게 된다. 또한 내 책은 어떤 기발한 재료로 포장해볼까 상상하는 즐거움을 한껏 누려보는 것이다.

이 책에서 무엇보다 인상적이었던 것은 손님들의 다양한 주문에 주저없이 알맞은 책을 내밀 수 있는 서점 주인장의 기지와 지식의 폭이었다. 수많은 책이 매일같이 시장에 쏟아지는 요즘, 무슨 책을 읽어야 할지 혼란스러울 때가 종종 있다. 혼자 책을 고를 때는 '기존의 취향'이라는 울타리를 벗어나기가 힘들고, 흔한 마케팅 문구에 쉽게 현혹당하고 싶지는 않다. 스스로 책을 발견하는 즐거움도 무척 크지만, 내가 지금 원하는 책을 세련되게 추천해줄 사람이 필요해질 때도 있다. 전국에 작은 동네책방들이 늘어나고 눈 높은 독자들의 온라인 책 추천이 많아지면서, 이런 역할들을 하는 거점이 조금씩 늘어나고는 있다.

  나에게도 이런 주인장의 역할을 하는 사람들이 몇 있다. 마음이 허전할 때는 금호동의 카모메 그림책방에 들러 추천을 받고, 아이 때문에 고민될 때는 문래동 그림책방 노른자의 추천을 믿고 책을 본다. 두 살 아래 남동생은 평범한 직장인이지만 책읽기와 글쓰기를 무척 좋아해, 둘이서 매달 '나와 누나의 서재'라는 독서 모임을 진행하고 있다. 인문 예술 책에 조예가 깊어, 남동생이 추천하는 책이라면 믿고 집어 든다. 5년째 활동 중인 온라인 카페 '그림책 읽어주는 엄마'에 자주 추천되는 책도 눈여겨보게 된다. 신뢰할 수 있는 책 추천자가 있어 내 인생은 좀 더 풍요로워졌다.

나를 위해 골라준
단 한 권의 책

　책을 좋아하는 사람들은 많지만 서점을 열어 책을 권하고 파는 것은 쉬운 일이 아니다. 소비자 입장에서는 결이 잘 맞는 책방을 만나기 쉽지 않고, 만난다 해도 시간을 내어 매번 찾아가기 어렵다. 또 이런 일은 꽤나 미묘하고 예민해서, 누가 취향과 독서 이력을 고려해 추천해준 책도 막상 읽어보면 안 맞는 경우가 많다. 『있으려나 서점』을 읽다 문득 그런 생각이 들었다. 그렇다면 그림책을 좋아하는 사람들이 한데 모여 서로가 서로의 '있으려나 서점'이 되어보는 것은 어떨까? 누군가는 '이런 책 있나요?'라고 묻고, 누군가는 '이 책은 어떤가요?'라며 추천해주는 기회를 마련해보고 싶었다.

　그런 고민을 담아 '서로가 서로의 있으려나 서점' 모임을 열었고 정말 즐거운 시간을 보냈다. 나는 다양한 책이 진열되어 있는 그림책 카페에서 진행했는데, 추천받은 책을 구입할 수 있는 서점이라면 금상첨화이다. 일단 최근의 고민이나 취향을 담아 각자 추천받고 싶은 책 주문을 한다. 이는 퍽 다양하면서도 많은 이들이 인생의 여러 단계에서 내놓을 법한 보편적인 주문이기도 했다.

　"아이를 키우고 있는데 자존감과 자신감이 떨어져서 힘들어요. 나 잘하고 있는 걸까요?"

"마음이 평온해지는 책을 찾아요. 무슨 일이 닥쳐도 용기 내어 나아가고 싶어요."

"나만 멈추어 있는 느낌이 들어요. 실마리가 될 만한 책을 추천해주세요"

"집중할 때 집중할 수 있어야 하는데 그러지를 못하고 있어요."

"존재만으로 귀하다는, 내가 잘할 수 있다는 확신을 주고 힘이 될 만한 책을 읽고 싶어요."

참석자들이 무작위로 주문을 뽑는다. 여기저기서 탄식이 흘러온다. 어느 것 하나 쉬운 질문이 없다. 상대에 대한 정보가 거의 없는 상황에서 그림책을 고르기란 더욱 쉽지 않다. 약 30분 동안 그림책들을 훑어보며 상대에게 읽어주고 싶은 책을 고르고, 자리에 돌아와 서로 낭독해준다. 상대의 마음에 가닿기를 바라는 마음을 가득 담아, 책을 추천해준 이유까지 설명해준다. 그 책이 이미 알던 책인지 모르던 책인지는 상관없다. 때로는 내 취향에 맞지 않을 수도 있다.

하지만 누군가가 나를 위해 깊이 마음을 써 책을 고르고 읽어준다는 것이 커다란 위로가 된다. 온 마음을 담은 선물을 받아본 적이 언제였나. 나 역시 주문서를 꼼꼼히 읽으며 한 사람 한 사람을 위한 책을 고르고 소개한다. 희미하게 걸린 미소, 까르르 터지는 웃음, 반짝거리는 눈빛, 발갛게 젖어드는 눈가, 그런 선물들을 되돌려받을 수 있는 귀한 시간이었다.

『있으려나 서점』 속 기발한 책들을 만나며 독자로서 행복하기도 했지만, 책을 파는 이와 만드는 이들의 마음을 짐작할 수 있어서 참 좋았다. 좋은 책이 오래오래 살아남도록 얼마나 많은 이들이 분주하게 뛰어다니는지, 일반 독자일 때는 짐작하지 못했던 경우가 많다. 책을 번역하면서, 그림책을 추천하면서, 누군가에게 읽어주면서, 그림책에 글을 써보면서, 그리고 이제는 그림책에 내 마음을 얹은 글을 쓰면서, 이렇게 조금은 별난 독자가 되면서 그림책 한 권이 세상에 나와 독자에게 가닿기까지 거쳐야 하는 수많은 손길을 비로소 보게 된 것이다.

기획자, 편집자, 디자이너, 마케터, 글 작가, 그림 작가, 번역가, 서점 운영자······. 한 권의 책에는 여러 사람들의 마음의 결이 겹쳐져 있다. 그런 마음을 좀 더 세심히 살피는 적극적인 독자가 되어야겠다고 결심해본다. 많은 사람이 책을 만드는 이들의 목소리에 귀 기울여준다면, 그래서 서로가 서로의 있으려나 서점이 되어준다면, 더 많은 책들이 생명을 얻고 오래도록 사랑받을 수 있으리라 믿는다.

그림책 함께 읽기

여기가 바로
있으려나 서점

　'있으려나 서점' 모임 참석자들이 추천해준 책 가운데 두 권을 소개하고 싶다. 아이를 키우고 있는데 자존감과 자신감이 자꾸만 떨어진다고, 자존감을 높일 수 있는 책을 추천해달라는 주문에 한 참석자가 『엠마』를 골라왔다. 일흔두 살의 할머니가 뒤늦게 그림을 그리기 시작하면서 자신만의 오롯한 세계를 만들어나가는 이야기로, 많은 이들이 인생 책으로 꼽는 책이다. 자존감이란 누가 높여주는 것이 아니라 결국 내가 높이는 것이라는 말을 덧붙여주었다. 열정을 되찾고 싶다는 이에게 『엠마』를 추천해준 사람도 있었다. 그는 "열정은 거창한 것이 아니라 자신이 좋아하는 일을 꾸준히 할 수 있는 힘인 것 같아요"라는 말을 덧붙였다.

　또 기억에 남는 책은 앞서 소개했던 『나, 꽃으로 태어났어』이다. 직장을 옮기려는 이가 "존재만으로 귀하다고 말해주는 책을 읽고 싶다"고 했다. 이에 "우리 모두는 꽃처럼 귀한 존재예요"라는 말을 『나, 꽃으로 태어났어』에 얹어 건네준 이가 있었다. 다른 모임에서는 큰일을 앞두고 불면증에 시달리고 있는 이가 위안받을 만한 책을 골라달라고 했다. 주문을 받은 참석자는 '눈도 즐겁고 마음도 예뻐지는 책'이라며 이 책을 골라주었다. 서로 다른 사람에게 서로 다른 위안을 안겨주는 그림책, 좋은 그림책은 각자에게 맞는 처방을 내려주는 현명한 사람과 같다.

내가 추천한 책 중 가장 기억에 남는 것은 사노 요코의 『아저씨 우산』이었다. 주문 내용은 이러했다. "다 자란 아이들을 잘 떠나보내고 진짜 나로 돌아갈 수 있도록 응원해주세요." 『아저씨 우산』에 나오는 아저씨는 자신이 사랑하는 까만 우산이 젖지 않도록 온갖 노력을 다한다. 절대 펴지 않는 우산이라는 모티브가, '우산을 폈다가 무슨 일이 생기면 어떡하지'라는 마음, 여기에 숨겨진 두려움과 수줍음, 어색함 같은 감정으로 읽혔다. 그렇게 전전긍긍하던 아저씨가 아이들의 노랫소리에 이끌려 마침내 우산을 활짝 펴는 순간 내 마음의 우산도 활짝 펴지는 듯했다. 그 마음을 전해주고 싶었다. 부정적인 마음들을 떠나보내고 새롭게 우산을 펼치는 찬란한 순간을 자주 경험하기를 바랐다. 모임을 마친 후에도 그가 이 책을 좋아해서 들고 다니는 모습을 보았는데, 오래도록 청량한 빗소리가 들려오는 듯했다.

함께 읽으면 좋을 책
#책 #독서 #서점 #책추천

『산책』
이정호 글 그림, 상출판사

우리를 지금 있는 곳이 아닌 다른 어딘가로 걸어가도록 만드는 책과 책 경험에 관한 그림책. 비일상적인 사물의 크기와 배치, 몽환적인 색채를 통해 책이 전하는 독특한 감동과 위로를 표현한 수작이다. 월드일러스트레이션 어워즈 최고영예상 수상작.

『도서관』
**사라 스튜어트 글·
데이비드 스몰 그림, 지혜연 옮김,
시공주니어**

수줍은 소녀의 간절한 책 사랑이 인생의 공간, 인생의 동반자, 인생의 행복으로 이어지는 과정을 서정적으로 보여주는 그림책. 『리디아의 정원』『이사벨의 방』등을 함께 작업해 칼데콧명예상 등을 수상한 부부 작가의 작품이다.

『책의 아이』
**올리버 제퍼스·샘 윈스턴 글 그림,
이상희 옮김, 비룡소**

이야기 세상에서 온 책의 아이와 소년이 만나 아름다운 문학의 세계로 떠나는 여정을 담은 그림책. 『보물섬』『걸리버 이야기』『이상한 나라의 앨리스』를 비롯한 고전문학들이 독특한 타이포그래피로 재탄생되었다. 볼로냐 라가치상 수상작.

『브루노를 위한 책』
**니콜라우스 하이델바흐 글 그림,
김경연 옮김, 풀빛**

책읽기를 좋아하는 울라와 책에 심드렁한 브루노. 책은 시시하다고 말하는 브루노에게 울라는 책 속의 용 때문에 목에 상처가 났다고 말한다. 울라는 브루노에게 책을 읽어주고 둘은 서서히 책의 모험 속으로 빠져든다. 책 속 모험은 글 없는 그림으로 구성되어 몰입감을 더한다.

4 엄마와 마주한 시간

『나의 엄마』
강경수 글 그림, 그림책공작소

엄마와 딸의 특별한 관계를, 딸이 다시 엄마가 되는 인생의 과정을 '엄마'라는 한 단어에 기대어 풀어내고 있다. 엄마라는 단 한마디가 얼마나 다양한 감정을 불러일으키는지 실감할 수 있다. 『나의 아버지』와 짝을 이루는 그림책이다.

『메두사 엄마』
키티 크라우더 글 그림, 김영미 옮김, 논장

메두사 엄마는 딸 이리제를 정성껏 돌보며 세상 밖으로 내보내려 하지 않는다. 하지만 아이가 성장해가면서 아이를 평생 자기 품에 가둬둘 수 없음을 깨닫는다. 학교에 오지 말라는 딸의 말에 갈등하던 엄마의 마지막 선택이 인상적인 책.

강경수 작가의 『나의 엄마』는 '엄마'라는 한 낱말을 축으로 엄마와 딸의 인생 전체를 조망하는 그림책이다. 나이 든 엄마와 젊은 딸이 있는 표지에서 세로로 된 띠지를 벗기니, 젊은 엄마와 어린 딸이 나오는 구성이 신선했다. 그리고 "엄마!"라는 한 단어만으로 엄마와 딸의 관계 변화를 이야기하는 내용에 곧바로 끌려들어 갔다. 딸의 사춘기와 사회생활 시절을 지나 결혼식 장면에 이르렀을 때는 결국 눈물이 터졌다. '엄마'라는 글씨에까지 담겨 있는 수없이 많은 감정과 사건과 관계가 순식간에 살아나 나를 덮쳐왔다. 악몽에서 깨어나 불렀던 엄마는 커다랗게 떨리는 글씨로 쓰여 있어 아이의 두려움이 느껴졌고, 간섭이 싫어 소리치며 불렀던 엄마는 각지고 위협적인 글씨로 쓰여 있어 아이의 짜증이 엿보였다.

　세상에 나와 처음 만나는 소중하고 절실한 존재가 바로 엄마이다. 하지만 내가 성장할수록, 엄마와 함께하는 시간이 익숙해질수록, 신뢰만큼이나 불신과 원망이 자리를 넓혀간다. 시간이 아주 많이 흐른 뒤에야, 부모가 된 뒤에야, 결국 부모가 내 곁을 떠난 후에야 부모의 자리를 더듬더듬 짚어보게 되는 것이다.

'엄마' 하면
떠오르는 감정

어느 5월 '친정 엄마'를 주제로 한 그림책 모임을 열었다. 가정의 달이니만큼 가족 이야기를 하고 싶었는데, 누구나 말할 수 있는 보편적인 소재를 고르고 싶었다. 그래서 누구에게나 존재하는 부모님, 그중에서도 자라는 내내 함께 부대끼는 '엄마'라는 존재에 초점을 맞추었다. 함께 읽었던 책은 『나의 엄마』 『두 사람』 『파랑 오리』 그리고 『엄마의 초상화』였다. 선정했던 책과 진행 순서를 돌이켜보니, 내가 전하고 싶던 메시지는 어느 정도 정해져 있었다. '때로 상처를 주기도 하지만 우리를 위해 헌신해온 엄마를 이해해보자.'

하지만 첫 책이었던 『나의 엄마』를 함께 읽고 '엄마'라는 단어에서 떠오르는 감정을 나눠보는 시간에서 예상이 산산이 깨지고 말았다. '자식을 위해 희생해온 엄마, 고마운 엄마, 안쓰러운 엄마'라는, 우리 사회가 규정하는 흔한 이미지와는 전혀 다른 말들이 튀어나왔다. 자식들을 키우느라 자신의 삶을 거의 돌보지 못한 엄마를 안쓰러워한 이도 물론 있었다. 별다른 제약을 가하지 않고 자유와 즐거움을 허락한 엄마에게 고마워하는 이도 있었다. 하지만 "저는 어린 아이 키우느라 너무 힘든데, 엄마는 '나 때는 더 힘들었다'며 자유 시간을 즐겨요. 이해도 되지만 한편으로는 너무 서운해요"라는 의견도 있었다.

불안감이 커서, 딸인 자신을 있는 그대로 사랑해주지 못했던 엄마를 원망하는 사람도 있었다. 크면서는 엄마와 사이가 좋지 않았는데, 엄마가 손자를 예뻐하는 모습을 보며 마음이 조금 풀렸다는 고백도 나왔다. 엄마와의 관계는 '단 한 단어로 규정할 수 없다' '복잡하다'라는 반응을 보이며 참석자 대부분이 착잡한 표정을 짓고 있었다. 떨어지려야 떨어질 수 없는 엄마와 딸, 너무 가까워서 되레 상처를 주고받는 관계가 우리 앞에 놓여 있었다. 그 모임을 진행하면서, 내가 오래 품고 있던 뒤엉킨 감정이 떠올랐다.

엄마니까, 내 엄마니까

   스무 살 되던 해 어느 날 나는 생전 안 하던 일을 저질렀다. 대여섯 살 꼬마 시절부터 엄마에게 서운해하며 담아두었던 감정을 한꺼번에 쏟아냈던 것이다. 동생은 80점을 받아와도 칭찬해주는데 나는 100점을 받아와도 별다른 반응이 없었다고, 동생이 집 열쇠를 잃어버려 늦도록 함께 열쇠를 찾아다녔는데 나만 혼났었다고, 연산 문제지를 풀다 엄마가 화를 내서 무서웠다고. 돌이켜보면 아이를 키우는 어느 집에서나 매일 매 순간 일어날 수 있는 사소한 일이다. 지금 우리 집에서 나와 딸들 사이에 반복되고 있는 일상이기도 하다. 그러나 일상의 자잘한 슬픔과 화를 그때그때 풀 줄 몰랐던 어린 나는, 기어코 억울함을 커다란 폭탄으로 만들어 엄마에게 던지고야 말았다.

크면서 별다른 말대꾸나 반항을 하지 않았던 내가 봉인이 해제된 것처럼 울분을 쏟아내자 엄마는 크게 당황했다. "내가 너를 어떻게 키웠는데" "따뜻한 밥도 너부터 퍼줬는데" 같은 말들이 커다란 울음과 함께 흘러나왔다. 나도 알았다. 엄마는 항상 최선을 다해 나와 남동생을 키워주었다. 콧대 높은 커리어우먼이던 엄마는 나 때문에 회사를 그만두었다. 우리가 태어난 이후로는 공부를 가르쳐주는 선생님이었고 최고의 요리사였고 손재주가 좋아 뭐든 잘 만들고 고치는 재주꾼이었다. 집에 오면 늘 엄마가 있었기에 외로움이나 적막감을 느낄 일이 없었다. 그런데도 나는 자주 엄마가 무섭고 칭찬이 고팠다. 좀 미흡해도 다독여주고 잘하면 호들갑을 떨며 칭찬해주는, 심지어 생떼를 써도 넉넉하게 품어주는 그런 엄마를 바랐던 것 같다. '우리 엄마는 객관적으로 좋은 엄마인데 나는 왜 이렇게 힘들어할까' 하고 자책감에 휩싸이니 더 괴롭기도 했다.

돌이켜보면 그건 딸이 엄마에게 품는 환상 같은 것이다. 우리 엄마만은 나의 무엇이라도 이해해주었으면 하는, 이루어지지 않을 환상. 엄마는 나보다 어른이니까, 나보다 아는 것이 많을 테니까, 어린 시절을 다 겪었으니까. 다른 무엇도 아니고 내 엄마니까.

아이를 낳고 키우면서야 나는 그것이 얼마나 독한 환상인지 알았다. 엄마로서 아이를 전적으로 이해하고 품어준다는 것은 불가능한 꿈이었다. 나는 아이를 만나며 때로 행복하고 때로 실망하고 때로 분노하고 때로 충만했다. 최선을 다해 아이를 키우지만, 때로는 사랑을 주고 때로는 상처를 준다. 아이도 마찬가지이다. 엄마인 나를 사랑하지만 또한 답답할 테고 지금은 엄마가 좋지만 언젠가는 벗어나고만 싶어질 것이다. 원하든 원하지 않든 그런 일들은 내가 엄마인 이상, 그리고 그 아이들이 내 아이인 이상 계속해서 발생한다. 언젠가 이 아이가 무엇으로 나를 원망하고 무엇으로 나에게 감사할지는 알 수가 없다. 엄마이기에, 그리고 엄마의 아이이기에 우리는 서로 상처를 입히고 상처를 받는다.

모든 상처가 "어쩔 수 없었다"는 말로 정당화된다는 말은 결코 아니다. 아이를 사랑하지 않는 고약한 마음에서 비롯된 상처들까지 끌어안을 수는 없다. 다만 사람이기에 서로 맞지 않아 주는 상처가 있다. 엄마가 처음이기에 어쩔 수 없이 주는 상처가 있다. 자식도 어리고 미숙하기에 모르고 주는 상처가 있다. 엄마와 자식, 특히 엄마와 딸은 쉽게 서로를 동일시하고 감정이입하기 때문에 더욱 그렇다. '너만은 나처럼 살지 말아라.' '엄마처럼은 절대 안 살 거야'라는 말 속에는, 도망치거나 떼어놓을 수 없을 정도로 질긴 인연의 끈이 숨어 있다.

상처와 사랑을 꺼내
마주하는 시간

　키티 크라우더의 『메두사 엄마』는 아이와 연결된 끈을 어떻게든 놓지 않으려는 엄마를 그리고 있다. 메두사의 끈은 황금색으로 넘실거리는 길고 풍성한 '머리카락'이다. 메두사의 머리카락은 딸 이리제를 먹이고 안고 입히고 재우고 놀아주는, 그야말로 생명을 품고 키우는 존재이다. 그런데 이 머리카락은 아이를 키우는 생명력의 원천이면서 동시에 이 생명력을 가두는 역할을 한다. 두 발로 걸어 세상에 직접 나갈 수 있게 된 이후부터, 자연을 접하고 다른 사람을 만나고 새로운 것을 배우며 아이는 고차원의 생명력을 얻게 된다. 하지만 메두사는 이리제가 세상으로 직접 나가는 것을 막고, 아이가 오직 자신을 통해 세상과 교류하기를 원한다. 세상 그 무엇도 나와 아이 사이에 끼어드는 것을 원하지 않는다. 가까이서 들여다보면 메두사 엄마의 머리카락은 아이를 세상으로 내보내기 두려운 혹은 온전히 소유하고 싶은 엄마의 마음이라고 할 수 있다.

　그런데 조금 멀리 떨어져서 보면, 메두사의 머리카락은 아이를 잘 키우고 싶은 엄마의 욕망이 되레 아이에게 가하는 압박의 총체라고 볼 수 있다. 책에서는 이리제의 감정을 구체적으로 묘사하고 있지는 않지만, 이리제는 엄마에게 양가감정을 가졌을 것이 틀림없다. 엄마가 좋고 고맙고 함께 있으면 즐거우면서도, 동시에 부담스럽고 때로는 귀찮고 무서웠을 것이다. 그래서 메두사가 한껏 풀어헤친 머리카락의 힘으로 아이를 키울 때, 이리제는 계속 두건을 쓰고 자신의 머리카락을 가린다. 자신의 존재감을 세상으로 드러낼 수 없는 것이다. 엄마가 머리카락을 자르고 욕망과 압박에서 조금 자유로워졌을 때에야, 이리제 역시 두건을 벗고 바람에 흩날리는 머리카락의 감촉을 만끽한다. 엄마와 딸은 비로소 서로 얼굴을 마주보고 활짝 웃는다.

 엄마와 딸에게는 그런 순간들이 필요하다. 엄마의 노력을 인정하면서도 솔직하게 자신의 상처를 드러내는 딸의 순간. 잘 키우고 싶은 욕망 때문에 했던 일들로 오히려 딸이 상처 입었을 수도 있음을 인정하는 엄마의 순간, 그러나 결코 너를 사랑하지 않아서 한 일이 아님을 알려주는 순간까지. 스무 살의 나는 너무 미숙하여 엄마에게 세련되지 못한 방식으로 내 아픔만을 호소했다. 엄마의 황망함을 돌아볼 여력이 없었다. 아이를 낳고 키우면서 비로소 엄마란 어찌 키우든 한번은 아이에게 원망을 들을 수밖에 없는 존재라는 것을 어렴풋이 이해하였다. 내가 좀 더 성숙했다면 훨씬 다정하고 세련된 대화를 할 수 있지 않았을까 싶어서 마음이 아렸다. 결과적으로 그날의 대화 이후로 나와 엄마는 '잘 키워야 하고 잘해야 한다'는 일종의 압박에서 벗어나 훨씬 편안해진 것 같다. 각자 형편과 방식은 다르겠지만, 세상의 엄마와 딸이 좀 더 깊고 솔직하게 대화를 나누는 시간을 마련했으면 좋겠다. 그래서 서로의 상처와 그것의 근원인 사랑을 눈앞에 꺼내 직접 보았으면 한다. 그 힘으로 딸은 또한 엄마가 된다.

그림책 함께 읽기
엄마와 나만의 이야기

그림책 모임에서 『나의 엄마』를 읽어주면 몇몇 이들은 눈물을 흘린다. 짧지만 장면마다 다 다른 감정을 실어 "엄마"를 외쳐야 하기 때문에, 나로서도 읽기 쉬운 그림책은 아니다. 책을 읽은 후에는 엄마에 대한 감정을 각자 두서없이 나눈다. 그림책 모임에서 이토록 격렬하게 마음을 쏟아내는 경우를 거의 보지 못해, 친정엄마와 딸의 관계가 얼마나 복잡미묘한지 짐작할 수 있게 된다. 의외로 많은 이들이 엄마와 소통하기를 어려워했다. 가장 많은 이들이 공감한 소통이 어려운 이유는, 엄마와 자신은 너무 다른 존재인데 그것을 인정받지 못한다는 점이었다. 오래 지속된 이 관계가 너무 힘들어 아예 끊어버리고 싶다는 이도, 그러기보다는 관계를 새롭게 만들어보고 싶은데 방법을 잘 모르겠다는 이도 있었다. 부모 자식 간 곪은 상처를 터트려 보이는 시간이 필요하다는 데 동의하면서도, 그러다 아예 연이 끊길까 두려워했다.

자유롭게 각자의 엄마에 대해 털어놓은 이후, 이상적인 모녀 관계를 두고 생각을 나눈다. 이때는 흐미엘레프스카의 『두 사람』을 읽어주고 그중 이상적으로 생각하는 그림을 골라보도록 한다. 모녀라는 관계의 축이 한쪽으로만 쏠리는 것이 아니라, 모래가 다 쏟아져내리면 뒤집는 모래시계처럼 서로 번갈아가며 도움을 주었으면 좋겠다는 대답이 가장 많았다. 수종은 다르지만 뿌리가 얽혀 있는 나무처럼, 서로의 아름다움과 존재를 인정하며 살고 싶다는 대답도 있었다.

　책에 기대지 않고도, 엄마와의 관계를 회복하기 위해 노력한 이야기를 들려준 이도 있었다. 엄마의 오랜 꿈을 실현시켜드리려고 보컬 레슨을 등록해드렸다는, 이따가 엄마를 수업 장소까지 모셔다 드려야 한다는 어느 참석자에게 모두 마음 깊이 우러나오는 박수를 보냈다. 자신의 상처를 솔직하게 털어놓고 나아가 엄마의 상처도 보듬어주는 성숙한 관계를 소망한다. 많은 이들이 그림책에 기대어 '엄마와 나'의 관계를 똑바로 바라보고 관계의 성격을 바꾸는 실마리를 발견하기 바란다.

함께 읽으면 좋을 책
#엄마 #딸 #모녀 #사랑 #대화 #소통

『행복한 엄마 새』
미스 반 하우트 글 그림, 김희정 옮김, 보림

기다리고 보살피고 다독이고 때로는 나무라며, 엄마 새는 매 순간을 아기 새와 함께한다. 작가가 자신의 엄마에게 바친 이 책은 세상 모든 엄마에게 바치는 헌사라고 할 수 있다. 검은 배경에 수놓인 화려한 색채감이 돋보이는 그림책.

『엄마의 초상화』
유지연 글 그림, 이야기꽃

자기 이름을 내세우기보다는 주로 누군가의 아내, 엄마로 살아온 엄마의 이야기를 담고 있다. 작가의 엄마는 화가인 딸이 그려준 사실적인 초상화 대신 여행지에서 그려온 아름다운 초상화를 더 좋아한다. 엄마에게도 식지 않은 꿈과 열정과 인생이 있음을 돌아보게 해주는 그림책이다.

『엄마』
엘렌 델포르주 글·캉탱 그레방 그림, 권지현 옮김, 밝은미래

세계 여러 나라의, 배경이 서로 다른 서른 한 명의 엄마 이야기를 담은 그림책. 여자의 욕망과 엄마의 의무, 아이가 주는 행복과 일상의 고단함 사이에서 흔들리는 마음이 섬세하게 그려져 있다. 엄마가 짊어진 삶의 무게를 견디는 것은 결국 사랑임을 일러준다.

『파랑 오리』
릴리아 글 그림, 킨더랜드

우연한 만남으로 아기 악어의 엄마가 된 파랑 오리. 자라나는 악어를 보며 행복해하던 시간이 지나가고, 파랑 오리의 기억이 조금씩 사라진다. 악어는 서운해하는 대신 파랑 오리를 아기처럼 돌본다. 자식의 성장을 위해 헌신하던 부모, 자식과 맺는 관계가 역전되는 순간을 따뜻하게 그려내고 있다.

5　아이와 엄마의 건강한 거리

『똑, 딱』
에스텔 비용 스파뇰 글 그림,
최혜진 옮김, 여유당

태어날 때부터 늘 붙어 다니던 똑이와 딱이가 함께하는 삶에서 자신만의 세계를 발견해가는 이야기를 담고 있다. 물리적으로 분리되더라도 정서적으로 연결되어 충만해지는 관계를 생각해보게 한다. 흑백 드로잉에 주인공과 중심 사건을 강조하는 색채가 인상적이다.

첫째가 여덟 살이 다 되어갈 때,
나의 화두 중 하나는 아이의 읽기 독립이었다. 아이는 여섯 살에 더
듬더듬 한글을 읽을 줄 알게 되었고, 1년이 더 지나니 무리 없이 문장
을 읽을 수 있었다. 그런데도 아이는 계속 내게 그림책을 가져와 읽어
달라고 했다. 글자를 읽을 줄 안다고 내용을 술술 이해할 수 있는 것
은 아니란 사실은 잘 알고 있었다. 초등 고학년까지도 장편소설은 조
금씩 읽어줘야지 마음도 먹고 있었다. 그래도 마음속 한 켠에는 '얘가
언제까지고 책을 읽어달라 하고 저 스스로는 안 읽으려 들면 어쩌지'
하는 불안감이 자리 잡고 있었다. 부모님이 이제 한글 읽을 줄 아니
그만 읽어주라고 하실 때도, 아이가 원할 때까지 읽어줄 거라고 자신
있게 말하던 나는 어디 갔을까. 비슷한 이유로 고민하는 다른 엄마들
에게 걱정하지 말라고 도닥이던 나는 또 어디 갔을까. 남의 아이를 두
고 얘기할 때는 그렇게도 쉬운 일이, 왜 내 아이에게는 잘 적용이 되
지 않는지 모를 일이었다.

　그해 늦가을 두 아이를 데리고 집 앞 작은 도서관에 갔다. 도서관
에 같이 가는 것을 좋아하지만 엄마로서 쉽지만은 않은 일이다. 두

아이가 서로 자기가 읽고 싶은 책을 쉴 새 없이 들이밀기 때문이다. 그런데 그날은 도서관 유아방에 들어가자마자 첫째가 책을 고르더니 소파에 턱 앉아 읽기 시작했다. 처음에는 둘째에게 그림책을 읽어주느라 몰랐는데, 어느 순간 돌아보니 첫째가 혼자 책을 읽고 있는 것이었다. 순간 홀가분하면서 동시에 서운한 감정이 몰려들었다. '이 아이가 이제 내게서 떨어져나가기 시작했구나.' 그토록 바랐던 순간이었는데, 허전한 마음이 드는 것은 어쩔 수가 없었다. 그러자 내 옆에 나란히 앉아 책을 들여다보는 둘째를 괜히 내 무릎에 앉혀놓고 책을 읽어주게 된다. 보들보들한 손도 만져보고 머리 냄새도 킁킁 맡아본다. 너만은 조금 천천히 떠나가렴, 하는 때늦은 마음을 담아.

건강한 관계를 만드는 단계

에스텔 비용 스파뇰의 『똑, 딱』은 태어날 때부터 단짝이 된 똑이와 딱이의 이야기를 담고 있다. 언제 어디서 무엇을 하든 둘은 함께한다. 별것 아닌 사소한 농담도 둘 사이에서는 진지한 이야깃거리가 된다. 어느 날 아침 딱이가 보이지 않자, 똑이는 애타게 딱이를 찾아다닌다. 친구들에게 모두 물어보지만 딱이를 본 적이 없다는 대답만 돌아온다. 그런데 마침내 발견한 딱이는 다른 새들과 자유롭게 신나게 날갯짓을 하고 있었다. 나 없이도 딱이가 행복하다니! 충격에 휩싸인 똑이는 홀로 돌아와 뚝뚝 눈물을 흘린다. 하지만 똑이의 슬픔은 오래가지 않는다. 눈앞에서 피어난 화려한 꽃의 아름다움에 마음을 빼앗긴 것이다. 이제는 딱이가 똑이를 찾을 차례이다. 다시 만난 딱이와 똑이는 하늘을 나는 경험과 꽃을 관찰한 경험을 서로 나누며 즐거워한다. 그날 이후 둘은 자신만의 시간을 충분히 즐기면서도, 밤이 되면 함께 이야기를 나누고 잠이 든다. 늘 같은 곳을 바라보던 두 친구는 때로 다른 곳을 볼 수도 있음을, 그래도 여전히 단짝일 수 있음을 깨달은 것이다.

『똑, 딱』은 가까운 두 사람이 건강한 관계를 만들어가는 과정을 차례로 보여주고 있다. 다양한 시각으로 읽어낼 수 있겠지만, 나는 무엇보다 부모와 자식의 관계에 생각이 미쳤다. 부모가 자식을 멀리하여 방치하는 것도 문제지만, 조금도 거리를 두려 하지 않아도 문제가 된다. 사실 부모와 자식 사이는 물리적인 거리가 너무 가깝기 때문에 심리적인 거리를 유지하기가 어렵다. 매일 먹이고 씻기고 재우고 안아주던 작은 아이가 어느새 내 품을 떠나 스스로 생각하고 행동하는 것이 낯설고 서운하게 느껴지는 것이다.

하지만 건강한 부모 자식 관계에는 적절한 분리가 필요하다. 미리 가늠하여 모두 준비해주고, 스스로 생각할 수 있는 여지를 주지 않고, 속속들이 빠짐없이 알려고 드는 것, 애정이라는 이름으로 행하는 과한 보살핌이 오히려 아이의 숨통을 조이고 있지나 않은지 의심해보아야 한다. 게다가 아이와 부모 사이에 필요한 거리는 아이가 커 갈수록 계속 달라진다. 어느 정도 거리를 유지하는 것이 바람직한가를 지켜보고 결정하고 때에 따라 수정해주는 것이 부모의 역할이다.

  그런데 아이와 나를 분리하려면 그저 떨어져 있기만 하면 되는 것일까? 분리한다는 이유로 서로 문을 걸어 잠그고 담을 쌓고 등을 돌리는 것을 적절한 처신이라고 말하기는 어렵다. 분리를 시도할 때 필수적으로 거쳐야 하는 과정이 있다. 그래야 건강한 관계를 계속 유지할 수 있다. 우선 거리를 두기 전에 많은 시간을 함께 보내며 신뢰와 추억을 쌓는 것이 중요하다. 서로에 대한 믿음이 바탕에 깔려 있을 때 세상을 탐색하러 나갈 용기가 생기는 것이다. 또한 각자 자기만의 세계를 형성해나갈 때도 단절을 막기 위해서는 소통이 필요하다. 서로가 필요할 때 들여다보고 소중한 것들을 공유할 수 있는 애정이 필요하다. 뜨겁게 끌어당겨 사랑해본 이들만이 힘껏 서로를 밀어내어 둘 사이에 다리를 놓을 수 있다. 똑이와 딱이가 두려움 없이 세상 밖으로 나갈 수 있었던 이유도 두 친구가 서로의 집이 되어주었기 때문일 것이다. 신뢰, 분리, 공유, 이 3단계 과정은 관계를 건강하게 가꾸어가는 데 반드시 필요하다. 『똑, 딱』은 그 관계를 사랑스러운 그림과 함께 따뜻하게 풀어내고 있다.

부모와 자식의
거리

　어릴 적 나는 매일 일기를 쓰는 아이였다. 부모님 앞에서는 별다른 반항을 하지 않았지만, 마음속 깊은 데서 끓어오르는 말들은 모두 일기장에 써내려갔다. 일기장은 서랍 속에 넣어두었는데, 특별히 서랍을 잠그거나 물건 사이에 숨겨두지는 않았다. 엄마가 마음만 먹으면 얼마든지 일기를 볼 수 있는 상황이었다. 하지만 엄마는 절대 내 일기에 손을 대지 않았다. 엄마 스스로 그렇게 말씀하셨고, 나 역시 그 말을 믿는다. 이 이야기를 다른 사람에게 하면 "사실은 몰래 보셨을 거야"라고들 말한다. 하지만 나는 내 일기를 절대 보지 않았다는 엄마의 말을 믿는다. 우리 엄마는 자식을 위해 헌신하는 보통 엄마이긴 했지만, 자신을 위해 요리하여 예쁜 그릇에 음식을 담을 줄 알고, 꾸준히 그림 그리기를 배우는 사람이었다. 8시가 되면 우리 남매는 놀아도 되고 잠을 자도 되지만 방으로 들어가야 했다. 그때부터는 엄마의 시간이었던 것이다. 지켜야 하는 자신의 세계가 분명했던 만큼 엄마는 내 세계를 지켜주었다. 엄마에게 고민을 털어놓고 의존하는 아이는 아니었지만, 엄마가 내 세계를 존중해주었다는 것은 무엇보다 큰 신뢰감의 원천으로 남아 있다.
　우리 가족은 여행을 무척 많이 다녔다. 근사한 해외여행은 한 번도 못 했지만 전국 곳곳을 참 많이도 쏘다녔다. 일고여덟 살 무렵 쓴 그림일기를 보면, 저 멀리 경상도 전라도까지 얼마나 여행을 많이 다녔는지 모른다. 고3 시절만 빼고 대학생이 될 때까지, 아니 내가 결혼하기 전까지 1년에 단 한 번이라도 가족 여행을 꼭 갔다. 더위에 녹아내릴 듯한 한여름 부석사 앞에서 먹었던 달큰한 복숭아, 무령왕릉 내부에 들어갈 때 쭈뼛 서던 머리카락, 눈 내린 마이산에 층층이 쌓여 있던 돌탑의 능선, 차 안에서 웃고 떠들고 때로는 지루해 몸을 뒤틀거나 동생과 싸우던 기억들. 그런 흐릿한 기억들이 겹치고 겹쳐 내 인생의 무늬를 만들어주었다. 함께하는 시간은 함께 즐기고, 혼자만의 시간은 또 홀로 소중히 간직할 수 있도록 배려하기. 부모님께 배운 가장 소중한 교훈이고 아름다운 유산이라고 생각한다.

책으로 함께하고 홀로 서는 시간

나와 아이의 관계는 태어나 처음 구성하는 원가족과는 또 다른 방식으로 분리와 공유의 균형을 이룰 테고 그래야만 한다. 나와 아이들의 관계에서 중요한 역할을 하는 것이 '책'이다. 첫아이를 낳았을 때 혼자 아이를 돌보는 것도, 밥을 먹거나 화장실을 갈 새가 없던 것도,

쪽잠을 자던 것도, 모유 수유 때문에 몸무게가 5킬로그램이나 빠진 것도 다 힘이 들었다. 하지만 가장 힘든 것은 말을 할 대상이 없다는 것이었다. 오직 울음으로만 의사를 표현하는 갓난아기와 하루 종일 붙어 있으니, 종일 하는 말이라곤 "왜 그래, 기저귀 갈아줄까? 배고프구나" 같은 아이의 상태를 확인하는 말뿐이었다. 부서를 옮긴 남편은 매일 야근으로 눈이 시뻘게져 퇴근하던 터라 대화도 하소연도 하기 어려웠다. '나를 중심에 둔 말'이 미치도록 하고팠던 나는, 백일도 안 된 아이에게 그림책을 매개로 떠들기 시작했다. 무슨 책이냐가 중요한 것이 아니었다. 아무 책의 아무 장이고 펼쳐놓고 내용과 상관없이 그림을 두고 이야기하다 보면, 이야기는 풍선처럼 저 너머 어딘가로 날아가는 듯했다.

"이 책은 제목이 '사과가 쿵'이네. 이 빨간 게 사과야. 아직 사과 안 먹어봤지? 사과는 네가 몇 달 더 커야 먹을 수 있대. 엄청 달콤하고 먹을 때 사각사각 소리가 나. 나중에 먹어보면 깜짝 놀랄 거야. 엄마는 사과 좋아하는데 너도 좋아할까?"

처음에는 말을 하고 싶어 시작했지만, 솔직하고 자잘한 아이의 반응이 늘어나면서 책을 읽는 시간은 두 사람이 대화하는 시간이 되었다. 세상 누구도 내게 말을 걸어주지 않을 때, 세상 누구도 내 이야기를 들어주지 않을 때, 내 품의 작은 꼬마 아이가 그림책을 통해 말을 걸어준 것이다. 큰아이 역시 동생이 생기고 얼마 지나지 않아 스트레스가 심할 때 책을 핑계 삼아 내게 매달렸다. 엄마를 제 옆에 붙들어 두고 싶은 마음에 계속 책을 읽어달라고 투정을 부렸다. 갓난아기인 둘째를 등에 업고 한 시간이고 두 시간이고 두어 달 동안 첫째에게 책을 읽어주었다. 그제야 아이는 내 곁에서 조금 떨어질 줄 알게 되었다. 누군가에게 가닿고 싶은 절박한 심정을 우리는 함께 책을 읽으며 달랬던 것 같다.

그랬던 아이가 이제는 홀로 책을 고르고 홀로 책을 읽을 줄 안다. 내게 "엄마 이 책 재밌어, 읽어봐"라며 권해주기도 한다. 나 역시 "네가 좋아하는 작가가 새 책을 냈어, 읽어줄까?" 하고 호응을 해준다. 아이는 더 이상 내 무릎에서 내가 읽어주는 이야기를 듣지는 않지만, 그림책으로 쌓아온 오랜 신뢰감은 서로에게 다리가 되어준다. 그저 다른 존재로 각자도생하고 싶지도, 그렇다고 무엇이든 다 알려고 안달복달하고 싶지도 않다. 분리의 시간과 공유의 시간을 적절히 배치할 줄 아는 현명하고 균형 잡힌 부모로 성장하고 싶다. 그래서 "딱이가 없는 똑이는 똑이가 아니야"라고 말하는 사람들에게 말해주고 싶다. 딱이가 없어도 똑이는 충분히 멋진 똑이라고. 똑이가 없어도 딱이는 충분히 아름다운 딱이라고. 그렇지만 언제고 지치고 힘이 들 때 기댈 수 있는 짝이 있어 더욱 행복한 둘이라고. 우리 아이들에게 부모란 그런 존재로 각인되기를 바란다.

그림책 함께 읽기
다양한 관계 떠올리기

그림책 모임에서 이 책을 함께 읽으면 아이의 단짝 친구나 친정 부모님을 떠올리는 경우가 있다. 그런데 압도적으로 많이 떠올리는 대상은 놀랍게도 남편이었다. 연애 시절에는 뜨겁게 사랑하며 상대의 모든 것을 공유하고 싶어 한다. 하지만 결혼해서 살다 보면 각자 생활이 바빠 심리적인 거리가 멀어지게 된다. 자식이 태어나면 대부분의 에너지를 육아에 쏟고 부부가 함께하는 시간은 적어진다. "데이트 나갈 기회가 거의 없기도 하지만, 어쩌다 나가게 되면 어찌나 어색한지 모르겠어요. 둘만의 시간을 보내본 지가 너무 오래되다 보니 무슨 말을 해야 할지 모르겠더라고요." 건강한 거리를 유지하는 것이 아니라 그냥 멀어지는 것이다. 결혼생활을 오래 한 사람들끼리는 우스갯소리로 남편을 동거인, 하숙생, 육아 동지 등으로 부르기도 한다. 하지만 자식보다 더 오래 내 곁을 지켜주고 가장 멀리 함께 걸어갈 사람은 남편과 아내이다. 똑이와 딱이가 종일 있었던 일을 이야기하며 여전히 단짝 관계를 유지하듯, 하루를 정리하며 나누는 대화는 부부를 부부답게 만들어주는 강력한 힘이 된다. 『똑, 딱』은 그만큼 다양한 관계에 접목하여 읽을 책이다.

함께 읽으면 좋을 책
#관계 #분리 #사랑 #거리

『두 사람』
이보나 흐미엘레프스카 글 그림, 이지원 옮김, 사계절

아무리 가까운 사이라도 두 사람 사이에는 적정한 거리가 필요함을 일러주는 그림책. 나와 아이의 손이 다르게 생겼음을 인정하면서도 서로 손을 맞잡을 사랑과 의지가 있다고 말하는 것, 부모 자식 간의 건강한 관계는 여기에서 출발한다. 부모자식뿐 아니라 부부, 연인, 형제자매, 친구 같은 가까운 관계에 비추어서도 읽을 수 있는 책.

『빨간 늑대』
마가렛 섀넌 글 그림, 정해왕 옮김, 베틀북

세상은 위험하다는 아버지 때문에 높은 탑 꼭대기에 갇혀 지내야만 하는 공주 로젤루핀. 생일날 받은 마법 털실로 빨간 늑대 옷을 짠 공주는 진짜 늑대가 되어 자유로이 세상을 탐험한다. 부모의 억압을 받는 아이들에게 해방감을 선사해주는 그림책.

『우리는 언제나 다시 만나』
윤여림 글·안녕달 그림, 위즈덤하우스

아이가 성장하면서 겪는 분리불안을 다룬 그림책. 아이뿐만 아니라 부모 역시 건강하게 분리불안을 극복하고 각자의 세상을 살아나갈 수 있도록 돕는다. 잠시 떨어져도 언제나 그 자리에서 아이를 기다리며 꼭 안아주는 엄마는, 아이에게 세상 무엇보다 든든한 힘이 되어줄 것이다.

6 진심을 기울인다는 것

『알사탕』
백희나 글 그림, 책읽는곰

일상 속에서 벌어지는 마법의 순간을 포착해 내는 데 탁월한 재능을 보이는 백희나 작가의 작품. 항상 혼자 노는 아이 동동이에게 신기한 알사탕이 생긴다. 사탕을 입에 넣는 순간 누군가의 목소리가 들려오는 것이다! 소파, 강아지 구슬이, 아빠, 돌아가신 할머니, 그리고 가을 낙엽의 진짜 속마음을 차례로 듣게 된 동동이 마음에 나타나는 변화를 그린다.

『낱말 공장 나라』
아녜스 드 레스트라드 글 · 발레리아 도캄포 그림, 신윤경 옮김, 세용출판

부자들은 원하는 대로 마음껏 말하지만, 가난한 사람들은 그럴 수 없는 세상. 기껏해야 세 단어밖에 갖지 못한 가난한 소년은 어떻게 사랑을 고백해야 할까? 돈을 주고 낱말을 사서 삼켜야만 말을 할 수 있는 나라를 배경으로, 말과 진심에 대해 생각해보게 하는 그림책이다.

둘째는 엄마의 실수를 그냥 넘어가 주는 법이 없다. 어리다고 바쁘다고 대충 대답했다가는 확인 질문이 따박따박 날아온다. 왜 그랬는지까지 물어본다. 왜긴 왜야, 엄마가 제대로 안 들었으니까 그렇지. 엄마의 잘못을 꼭 그렇게까지 추궁해야겠냐! 싶어 얄미우면서도, 둘째를 생각하면 늘 미안해진다.

　첫째만 키울 때에는 온 정신을 아이에게 기울이고 있었다. 무언가를 물어오면 대답도 바로 해주고 대화도 오래 이어갔다. 그런데 아이가 둘이 되고, 나도 새로운 일을 시작하면서부터 둘째에게 기울이는 관심은 첫째의 반도 못 되는 듯하다. 아이도 그걸 알기에 꼭 내게 확인 질문을 하는 것만 같다. 엄마, 내 이야기에 좀 더 귀를 기울여줘. 엄마의 진심을 좀 더 보여줘 하고.

온 마음을 기울이는 것

『알사탕』은 친구와 어울릴 줄 모르는 아이 동동이의 독백으로 시작된다. 많은 아이들이 함께 왁자지껄하게 노는 놀이터라는 공간에서, 오직 동동이의 세계만은 분리돼 있는 양 고요하다. 아이는 혼자 노는 것도 괜찮다며 구슬치기를 하고 있다. 진심과 거짓이 반쯤 섞인 듯한 무심한 표정. 곁을 지키는 개 구슬이마저 동동이와 눈을 마주치지 않고 기운 없이 늘어져 있다.

동동이는 구슬을 더 사러 문방구에 갔다가 알록달록한 알사탕을 만나게 된다. 그런데 생각지도 못했던 일이 벌어진다. 알사탕을 입에 넣는 순간 누군가의 목소리가 들려온 것이다! 소파 무늬와 똑같은 체크무늬 알사탕을 먹자, 옆구리에 낀 리모컨을 빼달라는 소파의 하소연이 들려온다. 뒤이어 얼룩무늬 알사탕을 먹자 얼룩무늬 개 구슬이가 동동이에게 "네가 싫어서가 아니라 내가 너무 늙어서 함께 놀기가 힘들다"라고 말하는 소리가 들려온다. 아주 오랜만에 목줄을 풀고 구슬이와 동동이는 마주본 채 시간을 보낸다.

홀로 아이를 키우고 있는 아빠의 목소리("사랑해")가 들려오는 것도, 하늘나라에 간 할머니의 목소리가 들려오는 것도 다 알사탕의 마법 덕분이다. 그리고 동동이는 노란 알사탕을 먹고 들려오는 말소리를 따라 마침내 바깥세상으로 나간다. 가을의 절정, 분분히 떨어지는 은행잎이 "안녕, 안녕" 하고 마지막 인사를 건넨다.

동동이가 왜 혼자 있고 싶어 하는지는 모를 일이다. 하지만 원치 않는 왕따를 당했다기보다는, 동동이 자신이 누군가에게 가닿으려는 노력을 하지 않고 있는 것처럼 보인다. 이유를 알 수 없는 엄마의 부재, 키워준 할머니와의 이별과 남겨진 아이의 슬픔, 아빠와 소통이 어긋날 때의 반항심들이 겹쳐져 마음의 문을 점점 닫았을 것이라 짐작할 뿐이다. 귀를 기울이는 것은 온 마음을 기울이는 것과 같다. 그렇기 때문에 결코 쉽지 않은 일이다. 마음을 기울일 준비가 되어 있지 않은 동동이는 자신을 세상에서 고립시킨다. 그런데 알사탕은 동동이가 타인의 이야기를 들을 수밖에 없도록 만든다. 구슬이가 자신을 싫어한다고 생각했고, 아빠는 애정 없이 잔소리만 늘어놓는다고 생각했던 것이 사실은 얼마나 큰 오해였는지 알게 된다.

알사탕을 통해 주변 사람들의 마음을 알게 되면서 동동이는 자신이 혼자가 아니었음을, 자신을 둘러싼 사람과 세상이 사실은 계속 다정하게 말을 걸어주고 있었음을 깨닫는다. 심지어 나뭇잎마저도 짧고 고운 말들을 건네며 사라진다. 안녕, 안녕, 무수한 안녕 속에서 동동이와 나무는 서로를 자신만의 세계로 초대한다. 그들은 오랫동안 다정한 말들을 건넸지만 동동이 자신이 듣지 못했던 것이다. 마침내 귀 기울여 들어본 사람만이 타인의 마음을 미루어 짐작할 수 있다. 그리고 상대의 마음과 내 마음을 이을 수 있는 적절한 말을 건넬 수 있다. 그렇기에 동동이의 마지막 투명 사탕은 특정한 대상을 향하지 않는다. 빨아도 아무 소리가 들려오지 않아도 괜찮다. 상대의 마음을 헤아려 먼저 말을 걸어볼 수 있으니까. 세상에서 내게 건네는 무수한 말들을 귀 기울여 들을 줄 아는 힘, 이런 힘에 기대어 새로이 만난 친구에게 같이 놀자고 말을 건넬 수 있는 힘. 이야말로 알사탕이 동동이와 우리에게 전하는 마법의 힘이다.

말에 담긴
진심의 무게

『알사탕』이 '진심을 기울여 말을 듣는 이야기'라면, 『낱말 공장 나라』는 '진심을 기울여 말을 전하는 이야기'라고 할 수 있다. 그림책 모임에서는 두 책을 짝꿍처럼 읽어준다. 제목처럼 공장에서 만들어낸 낱말을 돈을 주고 사서 삼켜야만 말을 할 수 있는 나라가 배경이다. 독특한 말은 값이 비싸고 평범한 말은 값이 싸기 때문에, 부자들은 원하는 말을 마음대로 할 수 있지만 가난한 사람들은 "예" "아니요" 같은 말밖에는 할 수가 없다. 때로는 쓰레기통을 뒤지거나, 바람결에 실려 오는 낱말을 붙잡아두거나, 봄맞이 할인 행사를 할 때 별 쓸모가 없는 단어들을 사두기도 한다. 주인공 필레아스는 낱말을 살 돈이 없는 가난한 소년이다. 잠자리채로 공중에 날아다니는 낱말 세 개를 붙잡아두고, 사용하기에 적당한 기회만을 노리고 있다. 필레아스가 쥐고 있는 단어는 겨우 체리, 먼지, 의자뿐. 이 세 단어로 대체 무슨 말을 할 수 있단 말인가?

필레아스는 옆 집 소녀 시벨을 무척 사랑한다. 하지만 사랑한다는 낱말을 가지고 있지 않기 때문에 마음을 전할 수가 없다. 말 그대로 가난해서 사랑을 표현할 수 없는 것이다. 필레아스는 시벨의 생일을 축하해주러 갔지만, 바로 그때 부잣집 아들 오스카가 시벨을 향해 장황한 사랑의 고백을 늘어놓는다. "소중한 시벨, 나는 너를 진심으로 사랑해. 우리가 어른이 되면 분명 결혼하게 될 거야." 하지만 이 말이 시벨의 마음을 움직였을까? 오스카의 얼굴에서는 사랑에 빠진 소년의 열렬함이나 간절함은 눈곱만큼도 보이지 않는다. 시벨과 눈을 마주치지도 않는다. 오직 무미건조하게 값비싼 말들을 건넬 뿐이다.

필레아스는 그런 말 앞에서 무력함을 느끼지만 최선을 다한다. 소중하게 간직해온 "체리, 먼지, 의자……!" 세 단어에 사랑하는 마음을 담아 시벨에게 날려 보낸 것이다. 필레아스의 진심은 시벨에게 가닿을 수 있을까? 역시나 가난한 소녀 시벨은 필레아스에게 어떤 방법으로 받은 사랑을 돌려줄 수 있을까?

사람이 동물과 가장 다른 점은 언어로 소통할 수 있다는 것이다.

말을 통해 사실과 감정, 논리와 의견을 표현한다. 그러나 똑같은 문장이 늘 똑같은 의미로 전달되는 것은 아니다. "뭐 해?"라는 짧은 문장도 언제 어떤 상황에서 어떤 억양으로 말하느냐에 따라 의미가 완전히 달라질 수 있다. 정말 근황이 궁금해서 물어보는 말일 수도 있고, 쓸데없이 시간을 죽인다며 은근히 비난하는 말일 수도 있다. 글자라는 그릇에 어떤 마음을 담아두었느냐에 따라 말은 완전히 다른 빛깔을 띤다. 필레아스가 건넨 "체리, 먼지, 의자"에 담긴 마음을 헤아려보자. "너는 햇빛을 받은 체리처럼 반짝여. 네 마음의 먼지를 내가 다 닦아주고 싶어. 네가 힘들 때 앉을 수 있는 의자가 되어줄게"일 수도 있다. "너는 체리같이 붉은색이 참 잘 어울려. 먼지 한 점도 네게 가닿지 않게 해줄게. 너는 의자에 가만히 앉아만 있어도 돼"일 수도 있겠다.

시벨은 완성된 문장도 아닌 고작 세 개의 단어를 듣고 필레아스의 볼에 입을 맞춘다. 아마도 단어 뒤에 숨겨진 마음의 진동을 공유했기 때문일 것이다. 바쁜 일상에서 얄팍한 인간관계를 맺고 쉽게 흘리는 말들에, 우리는 얼마나 많은 마음들을 흘리며 사는 것일까. 사람과 사람이 주고받는 말은 결국 서로 주고받는 마음이어야 한다. 그렇게 생각해본다면 함부로 내뱉을 말도, 허투루 들을 말도 없다.

그림책 함께 읽기
잘 듣고 잘 말하기

'진심을 담아 이야기 나누기' 혹은 '귀를 기울이기'라는 주제는 특히 학생을 대하는 선생님들과 함께 그림책을 읽을 때 많이 선택한다. 선생님들 스스로 경청, 소통과 관련된 내용을 원하기도 하고, 학부모인 내 입장에서 선생님들에게 가장 많이 부탁하고 싶은 자세이기도 하기 때문이다. 유치원이나 어린이집 선생님들은 아이들에게 그림책을 자주 읽어주기 때문에 그림책을 접하는 경험이 많은 편이다. 그래도 자신이 아이들에게 그림책을 읽어주는 일과 누군가 읽어주는 그림책을 감상하는 일은 상당히 다름을 느끼고 놀라워한다. 여러 아이들을 대상으로 그림책을 읽어주다 보면 아무래도 그림 하나하나를 감상하는 재미를 느끼기보다는 글을 끝까지 읽어주는 데 초점을 맞추게 된다. 그래서 글이 아닌 그림에 이렇게 많은 이야기들이 숨겨져 있다는 것을 신기해한다. 아이들만큼이나 그림책도 진심을 다해 자세히 들여다보아야 하는 법이다.

모임 말미에는 '너의 이야기가 들리는 알사탕'을 만들어본다. 속마음을 알 수 없어 궁금한 누군가를 떠올리면서 주변의 가까운 사람들에게 잠시나마 머물러본다. 그리고 『알사탕』에서 사물이나 인물의 특징을 알사탕의 무늬로 표현했듯, 상대의 특징을 떠올리며 무늬를 그리고 듣고 싶은 이야기를 적어보는 것이다. 남편, 자신이 맡은 반 학생, 돌아가신 친정 부모님, 자식, 첫사랑 등 다양한 사람들의 속마음을 궁금해하며 이야기보따리를 펴놓는다. 가끔은 다른 누구도 아닌 자기 자신의 이야기를 듣고 싶다고 하는 이들도 있다. 내가 누군가의 이야기를 들어도 좋고 누군가가 내 이야기를 들어주어도 좋지만, 자신이 마음 깊이 원하는 바를 듣고 싶다는 것이다. 동동이가 다른 이들의 이야기에 진심으로 귀를 기울이면서 자신의 마음에 비로소 귀 기울이고 표현할 수 있었던 것처럼 말이다.

고등학교 3학년 수능을 마치고 비로소 마음이 홀가분해진 담임선생님들과도 이 주제로 그림책을 읽은 적이 있다. 영유아 어린이를 담당하는 선생님들과 달리 그림책을 접한 경험이 거의 없다시피 한 분들이었다. 그런데도 그림책의 매력을 금세 알아보고 반응해왔다. 한 남자 선생님이 『알사탕』을 두고 "어지간한 소설보다 더 감동적이다"라며 혼자 두 번 세 번 책장을 넘겨보던 모습이 눈에 선하다. 학생 수가 많고 입시가 지상 목표이다 보니, 늘 학생들 말에 제대로 귀 기울이지 못한 것 같다고 안타까워하신 선생님들에게, 그림책이 작은 지침서가 되어주었으면 한다.

선생님 모임에서는 『낱말 공장 나라』까지 함께 읽고, 중요하다고 생각하는 세 단어를 골라 소중한 사람에게 편지 쓰는 시간을 마련했다. 자신에게, 아들딸에게, 배우자에게 보내는 편지들을 정성스레 썼다. 신중하게 고른 단어와 단어 사이에 숨겨진 문장들까지 함께 나누며, 말 이면에 숨겨진 뜻에도 귀 기울일 줄 아는 자세에 대해 이야기했다. 교육 현장의 고충을 알면서도, 아이들의 바람에 진심으로 응답할 수 있는 선생님들이 많아지기를 바라는 마음을 담아. 물론 그런 선생님의 노력에 진심으로 감사할 줄 아는 것은 학부모의 몫이다.

함께 읽으면 좋을 책
#듣기 #귀기울이기 #소통 #진심 #대화

『나는 개다』
백희나 글 그림, 책읽는곰

『알사탕』의 프리퀄(원작에 선행하는 사건을 담은 속편) 작품. 구슬이가 동동이네 집에 처음 와서 가족이 되어가는 이야기를 담고 있다. 때론 쓸쓸하지만, 사랑하는 존재와 함께 살아가는 기쁨을 알고 있는 동동이의 이야기에 미소를 짓게 되는 그림책이다.

『가만히 들어주었어』
코리 도어펠드 글 그림, 신혜은 옮김, 북뱅크

슬프고 화가 난 테일러에게 동물 친구들이 각자의 방식으로 위로해준다. 하지만 조용히 다가와 테일러의 말에 귀 기울여주며 기다려준 토끼 덕에 테일러는 다시 일어설 힘을 얻는다. '기다리고, 따라가며, 반응하기'의 길을 일러주는 그림책.

『내 얘기를 들어주세요』
안 에르보 글 그림, 이경혜 옮김, 한울림어린이

브루는 고양이를 잃어버려 슬프지만, 누구도 브루의 이야기를 들어주지 않는다. 다들 자기 문제가 더 크다고 투덜거리거나 고양이를 새로 사라고 하는가 하면 말을 채 듣지도 않고 잠들어버린다. 다른 이들의 심각한 문제에 비하면 브루의 슬픔은 사소해 보이지만, 그렇다고 슬픔이 쉽게 사라질까? 타인의 이야기에 귀 기울일 때 생기는 따뜻한 변화를 묘사하는 그림책.

7 기억하는 한 우리는 연결되어 있어

『안녕, 나의 장갑나무』
자끄 골드스타인 글 그림,
예빈 옮김, 주니어김영사

홀로 있는 것을 좋아하는 소년과, 묵묵히 자리를 지키며 소년과 함께하는 나무 베르톨트의 특별한 관계를 그려낸 그림책이다. 유머와 철학이 있는 글과 부드러운 색연필로 그린 그림이 어우러져 우정, 기억, 죽음에 대해 생각해보게 한다.

사람마다 책마다 보는 방식이 다 다르다. 2018년부터 동생과 매달 한 권씩 시집을 읽고 있는데, 나의 경우 시집을 보는 방식은 특히 다른 책과 다르다. 맨 처음에는 후루룩 넘겨본다. 꼼꼼히 한 편 한 편 '읽는' 것이 아니라, 시집 전체를 훑 듯이 '본다'. 소개팅에서 몇 분 만에 상대방의 첫인상을 결정하듯, 이 시집이 나와 결이 맞나 안 맞나를 직관적으로 파악해보는 것이다. 그 후 다시 처음으로 돌아가 행을 읽고 행과 행 사이에 머물고 연과 연 사이를 뛰어넘는다. 시집 전체에 흐르는 키워드들을 찾아보기도 하고, 그걸로 시 몇 편을 새로이 엮어보기도 한다. 울기도 하고 감탄하기도 하고 찡그리기도 한다. 그림책도 그러하지만, 시는 딱 한 번 읽고 '읽었다'고 말하기 어려운 장르다.

   허수경 시인의 시집 『누구도 기억하지 않는 역에서』를 후루룩 넘겨 보던 2018년 10월의 첫머리, 나는 조금 울었다. 호평을 받은, 새롭고 독창적인 시도 좋지만, 나와 결이 맞는 시를 만날 때가 제일이다. 문장 사이에서 부는 바람이 가을바람의 온도와 썩 비슷해, 그 바람 사이를 오래도록 걷고만 싶었다. 그런데 시집을 덮고 딱 두 시간이 지났을 무렵, 잠자리에 들려고 누웠다가 시인의 부고를 접했다. 암투병을 하고 계신 줄은 알고 있었지만……. 이 시인을 만나자마자 이별이라니, 황망하고 안타까웠다. 시인의 마지막 시집 『누구도 기억하지 않는 역에서』는 그녀에게 이르는 출발역이자 종착역이 되어버렸다.

소중한 친구가 떠나갔다

이 시집을 읽으며 골랐던 그림책이 바로 『안녕, 나의 장갑나무』이다. 이 책의 주인공은 외톨이 소년이다. 요즘 아이들 말로 하자면 아싸(아웃사이더), 그중에서도 자발적 아싸라고 할 수 있다. 어느 날 아이가 장갑 한 짝을 잃어버린다. 하지만 이 아이는 짝이 달라도 상관없다고 생각하는, 조금은 별난 아이다. 사람들은 소년을 이상한 아이라고 쉽게 생각해버린다. 하지만 짝짝이가 참신하다고 느끼는 아이는, 사람들과 함께 어울릴 생각이 전혀 없다. 오히려 아이 눈에 비친 소위 '정상인'들이야말로 이상한 짓을 더 많이 한다. 일광욕하는 아주머니의 몸을 훔쳐보는 신부님, 남의 물건을 훔치는 할머니와 아이들, 사냥 금지 구역에 올가미를 놓는 아저씨……. 아이는 위선적인 사람들에게 별다른 기대도 관심도 갖지 않는다.

아이가 유일하게 관심과 애정을 주는 대상은 베르톨트, 500살은 족히 되어 보이는 커다란 나무이다. 베르톨트와 함께라면 소년은 혼자가 아니다. 아이는 이 나무의 구석구석을 탐험하고 이해하고 있다. 어디에 어떤 동물들이 있는지, 어디를 밟아야 안전하게 나무에 오를 수 있는지, 궂은 날씨에는 어디쯤에서 몸을 피해야 하는지. 베르톨트 안에서 소년은 안전하고 평온하다. 소년에게 베르톨트는 안식처, 휴식처, 친구, 구원 그 모든 것이다.

소년이 기다리던 봄이 왔지만, 베르톨트에는 아무런 변화가 없다. 다른 나무에는 잎이 나고 꽃이 피어났는데 말이다. 아이는 베르톨트에 새 잎이 돋기를 한참 기다리다가 문득 깨닫는다. 베르톨트가 죽었다는 것을. 아이가 말한다. 고양이가 죽거나 새들이 죽으면 금방 알아차리지만 나무가 죽으면 쉽게 알 수가 없다고. 만약 나무가 번개에 맞아서 불타거나 아예 톱에 베여 쓰러졌다면 금방 알아차렸을 거라고. 아이는 오랜 시간 베르톨트를 지켜보고 나서야 비로소 나무의 죽음을 인식하게 된다.

자신에게 깊은 휴식을 주던 존재가 떠나갔을 때, 우리는 어떻게 해야 할까? 아이는 눈물을 흘리는 대신 베르톨트와 자신을 위해 무엇을 할 수 있을지 고민한다. 아이는 학교 유실물 보관 센터로 달려가 짝 없는 장갑을 잔뜩 들고 나온다. 이어 나무 빨래집게까지 한가득 챙겨 베르톨트에게 간다. 그리고 고목의 말라붙은 가지에 빨래집게로

메멘토

나와 우리의 삶을 위한 지식교양
2013~2024

티스토리 블로그
mementopub.tistory.com

인스타그램
@memento_publishing_co

전자우편
memento@mementopub.kr

지적 삶을 위한 교양

철학자 김진영의 전복적 소설 읽기
김진영 지음

『아침의 피아노』의 철학자
김진영의 세계문학 강의록
★ 중소출판사 창작지원 선정도서

나의 첫 논어 공부
김태진 지음

초심자를 위해 『논어』를
차분하고 친절하게 풀어 설명한 책
★ 학교도서관저널, 서울시교육청 추천도서

한국사 영화관 －전근대
김정미 지음

18편의 영화로 삼국, 고려, 조선사의
주요 맥락을 살펴본 역사교양서
★ 국립중앙도서관 사서추천도서

한국사 영화관 －근현대
김정미 지음

근현대 배경 영화 18편을 중심으로
20세기 한국사를 읽어내다
★ 국립중앙도서관 사서추천도서

나를 위한 현대철학 사용법
다카다 아키노리 저
지비원 역

현대철학을 무기로 막돼먹은 세계에서
나를 온전히 지키는 법

길 위의 우리 철학
한국철학사상연구소 지음

열세 가지 삶으로 떠나는
한국 현대철학 기행
★ 중소출판사 창작지원 선정도서

논어(양장본)
황희경 옮기고 씀

고전학자 황희경이 인문적 교양의 깊이를
더해 내놓는 새로운 『논어』 읽기

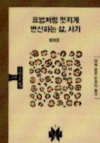

표범처럼 멋지게 변신하는 삶, 사기
황희경 지음

『사기열전』을 통해 '좋은 삶이란
무엇인가'를 사색한 고전 에세이

청소년과 함께 읽는 책 / '역사에서 걸어 나온 사람들' 시리즈

열네 살에 읽는 사기열전 (개정판)
전호근 지음

고전학자 전호근이 청소년의 눈높이로
번역, 해설한 『사기열전』
★ 국립어린이청소년도서관 추천도서

01 마지막 문장
안소영 지음

최치원이 해인사에서 보낸 말년,
구례 선비 황현의 마지막 삼 일
★ 책씨앗, 도깨비책방 선정도서

열일곱 살에 읽는 맹자
김태진 지음

나무의 성장에 빗대 설명한
'맹자'의 인성론, 수양론, 정치론
★ (출협)올해의청소년도서 ★ 세종도서 교양부문

02 당신에게로
안소영 지음

혼백이 되어 비로소
남편 이황에게 전하는 권씨 부인의 마음
★ 학교도서관저널, 아침독서 추천도서

정여울의 문학 멘토링 (개정증보판)
정여울 지음

상징, 아이러니, 시간, 공간, 트라우마 등
20가지 키워드로 문학 읽는 법
★ 서울시, 전라북도 교육청 추천도서

03 아버지의 특별한 딸
박정애 지음

혜경궁 홍씨의 일생과
18세기 조선사를 톺아본 역사교양서
★ 아침독서 추천도서

상상하면 더 재미있는 물리 이야기 (출간예정)
고타니 다로 감수, 지비원 역

공상과 몽상도 실현될까?
물리학으로 그 가능성을 살펴본다

04 폼나게 글 쓰는 법
설흔 지음

글을 잘 쓰고 싶었던 소년 만주가 벌인
우습고, 처절하고, 슬픈 일들
★ 아침독서, 인디고서원 추천도서

대표도서

한국 철학사 (보급판)
전호근 지음

한국 지성사를 관통하는 35인의 삶과
사상을 통해 한국 철학사를 재조명한 책

★ 교보문고/한경 대학생 권장도서
★ 문화일보 올해의책 ★ 우수편집도서상

회계는 어떻게 역사를 지배해왔는가
제이컵 솔 저
정해영 역

권력과 문명의 흥망성쇠에서
회계가 한 역할을 밝혀낸 역작

★ 조선일보 휴가철 추천도서
★ 인베스토피아 '최고의 경제학 책'

글쓰기의 최전선 (개정판)
은유 지음

'삶의 옹호로서 글쓰기'를 말하는
에세이스트 은유의 글쓰기론

★ 예스24, 〈시사IN〉, 조선일보 올해의저자

정상은 없다
로이 리처드 그린커 저
정해영 역

'정상성'의 논리를 격파하면서 정신질환과
장애에 대한 이해와 공감을 이끌어낸다

★ 조선, 경향, 문화, 동아일보 올해의책

그 많은 개념어는 누가 만들었을까
야마모토 다카미쓰 저
지비원 역

150여 년 전 '철학, 예술, 과학' 같은
근대어들이 만들어지는 과정 추적

★ 세종도서 학술부문
★ 한국출판문화상 번역부문 본상

손상된 행성에서 더 나은 파국을 상상하기
손희정 지음

지구 행성의 위기에 대한
문화평론가 손희정의 응답

산문의 매력

먹는 인간
헨미 요 저
박성민 역

'먹다'라는 주제로 '생(生)의 근원'을
탐구한 고품격 에세이

★ 예스24 올해의책
★ 국립중앙도서관 사서추천도서
★ 조선일보 여름휴가 권장도서

너는 나의 그림책
황유진 지음

그림책이 선사한 행복을
아이들과 오래오래 간직하는 법

★ 아침독서 추천도서

평균의 마음
이수은 지음

우리 시대의 키워드를 실마리 삼아
고전에서 인간의 마음, 보편성의 세계 탐구

★ 소설가 김영하 크리스마스 추천도서
★ 교보문고 올해의책 ★ 책씨앗 선정도서

이토록 명랑한 교실
주효림 지음

특수학급 아이들의 흐뭇한 성장 이야기

★ (출협)올해의청소년도서 ★ 책씨앗 선정도서
★ 아침독서, 어린이도서연구회 추천도서

사람의 씨앗
전호근 지음

고전학자 전호근이 쓴, 짧지만 깊은
여운을 주는 100여 편의 에세이

어른의 그림책
황유진 지음

그림책테라피스트가 다양한 어른들과
진행해온 '그림책 함께 읽기' 이야기

★ 아침독서 추천도서

열두 달, 흙을 먹다 (출간예정)
미즈카미 쓰토무 저, 지비원 역

『맛의 달인』, "이 책이야말로 읽을 가치가
있는 유일한 음식 관련 책이다."

나와 사회

미래를 먼저 경험했습니다
김영화 지음

울산에 정착한 아프간 난민 157명과
그들을 이웃으로 받아들인 사람들의 이야기
★ 문재인 전 대통령 추천도서

엄청나게 시끄럽고 지독하게 위태로운 나의 자궁
에비 노먼 저
이은경 역

'여성 질환'에 관한 편견에 맞서 벌인
한 여성의 사투

손쉬운 해결책
제시 싱걸 저
신해경 역

현대 심리학의 초대형 히트상품 8가지를
전방위적으로 비평한 책
★ 인디고서원 추천도서

여자는 체력
박은지 지음

나이와 체중, 통증에 관한 통념에
휘둘리지 않고 내 몸에 집중하는 법

생태 위기의 최전선에서(출간예정)
위고 클레망 저,
도미니크 메르무-뱅상 라발렉 그림

우리가 처한 생태 위기의 최전선을 찾다
(그래픽노블)

작고 소박한 나만의 생업 만들기
이토 히로시 저
지비원 역

한 청년의 생업 현장 보고이자
현대 자본주의 사회에서 살아남는 법

가난뱅이 자립 대작전
마쓰모토 하지메 저
장주원 역

『가난뱅이의 역습』의 마쓰모토 하지메가
20년간 갈고닦은 자립의 필살기

말과 글, 그리고 나를 위한 공부

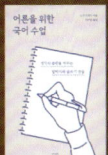

어른을 위한 국어 수업
노야 시게키 저
지비원 역

일상을 바꾸고 싶은 어른을 위한
언어생활 훈련서

★책씨앗 이달의주목신간

나의 외국어 학습기
김태완 지음

읽기와 번역을 위한
한문, 중국어, 일본어 공부법

독해력 수업
이누즈카 미와 저
지비원 역

독해력의 모든 것에 관해
아주 명쾌하게 설명한 책

★경상남도교육청 추천도서

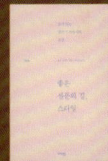

좋은 산문의 길, 스타일
F. L. 루카스 저
이은경 역

언어학자 F. L. 루카스가 쓴
글쓰기 분야의 고전

편집의 정석
제럴드 그로스 편집
정해영·이은경 역

도서 편집 과정의
불변의 진리를 담은 고전

★이동진의 빨간책방 추천도서

일단, 오늘 1시간만 공부해봅시다
양승진 지음

시작이 어려운 이들을 위한
1일 공부 실천법

★출판문화산업진흥원 추천도서
★강릉시립도서관 추천도서

메멘토문고/나의독법

저자의 관점과 시각이 뚜렷이 드러나는 인문, 사회, 예술 에세이 시리즈로 분야별 논쟁적인 주제, 정전 혹은 고전 다시 읽기를 다룹니다.

01
왜 읽을 수 없는가
지비원 지음

인문학자들의 문장을 돌아보며 독자와
연구자를 잇는 좋은 글의 예를 제시

04
로맨스 영화를 읽다
김호빈 지음

영화사에 빛나는 로맨스 작품
19편으로 읽는 사랑의 인문학

02
현대 한국어로 철학하기
신우승·김은정·이승택 지음

철학적 개념들을 현대 한국어로
좀 더 적확하게 담기 위한 시도

★ 한국출판문화진흥원, 국립중앙도서관 추천도서
★ 책씨앗 이달의주목신간

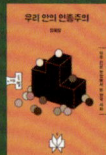

05
우리 안의 인종주의
정혜실 지음

이주 인권 현장에서 목격한
한국 사회의 인종, 젠더, 계급 차별 이야기

03
여자에게 어울리는 장르, 추리소설
김용언 지음

19세기 말부터 1970년대까지
여성의 관점에서 새롭게 읽은
추리소설 독서록

06
손상된 행성에서 더 나은 파국을 상상하기
손희정 지음

페미니스트 인식론과 '조각보'처럼
이어진 사유의 목록들과 대안의 상상력

색색의 장갑을 하나하나 달아준다. 멀리서 보면 마치 새 잎이 나고 꽃이 핀 것처럼 보이도록. 베르톨트는 그렇게 되살아난다.

누군가 기억하는 한, 나무는 자신의 시간을 살아간다

포도나무의 시간은 포도나무가 생기기 전에도 있었습니까
그 시간을 우리는 포도나무가 생기기 전의 시간이라고 부릅니까

지금 타들어가는 포도나무의 시간은 무엇으로 불립니까
정거장에서 이별을 하던 두 별 사이에도 죽음과 삶만이 있습니까
지금 타오르는 저 불길은 무덤입니까 술 없는 음복입니까
— 허수경, 「포도나무를 태우며」(『누구도 기억하지 않는 역에서』, 문학과지성사, 2016)에서

죽은 포도나무 앞에서 시인은 나무의 시간에 대해 생각하고 있다. 하나의 존재에게 시간이 흐른다고 할 때 이는 언제부터 언제까지를 의미하는 것일까? 오직 포도나무가 태어나고 죽는 순간까지만 포도

나무가 품고 있는 시간일까? 아니면 포도나무가 존재하기 이전에 땅과 씨앗이 품고 있던 것들의 시간, 햇살과 물이 씨앗에 가닿으려 몸부림하던 시간, 결국 불길에 탄 포도나무가 재로 변해 또 다른 생명을 위한 거름으로 쓰이기까지 흐르는 시간, 또 누군가 포도나무를 기억하는 시간 모두 포도나무의 시간이라고 할 수 있을까? 「포도나무를 태우며」는 이런 질문을 던지는 시이자, 부디 그랬으면 좋겠다는 시인의 간절한 마음이 담겨 있는 시이다. 누군가 포도의 맛을 기억하는 한, 포도나무의 마지막 순간을 기억하는 한, 포도나무가 불탈 때의 향을 기억하는 한 포도나무의 시간이 계속 흘러가기를. 포도나무에 나를, 시인을, 육신을 대입해보면 이런 마음이 더욱 간절해진다.

다른 사람은 곧 잊을지 몰라도 소년만은 베르톨트를 잊지 않을 것이다. 봄날이면 어김없이 솟아나던 연둣빛 잎새를, 안온하게 자신을 지켜주던 굵은 둥치를, 베르톨트에 보금자리를 마련한 작은 동물들과의 만남을. 헤어짐은 슬프지만 소년은 베르톨트가 주었던 조용한 위로와 배려를 마음에 품고 살아갈 것이다. 매일 매순간 베르톨트 생각에만 잠겨 있지는 않겠지만 삶의 아릿한 길목마다 베르톨트를 소환할 테고, 나무는 그렇게 자신의 시간을 살아갈 수 있다.

시인이 돌아가신 후 많은 문인과 독자들이 슬픔을 토로했다. 소년이 베르톨트를 추도하는 방식과 시인에 대한 사람들의 애도가 꼭 닮아 있다. 너라는 나무 덕에 오래 행복했다는 소년과 시인의 시에서 깊은 위안을 받았다는 독자들. 오래도록 잊지 않으려는, 남겨진 자들의 마음이 엿보이는 책 앞에서 오래 서성거렸다. 떠나간 사람들이나 장소, 사물을 때로 떠올리면, 흐려지고 찢겨도 여전히 살아 있는 나의 흙 동산, 나의 부석사, 나의 외갓집, 나의 할아버지, 나의……. 수많은 '나의 어딘가와 나의 누군가'가 내 안에서 제각기 다른 속도로 흘러가는 삶을 누리고 있다. 그것을 우리는 기억이라 부른다.

그림책 함께 읽기

기억 속에서 아름다움은 계속된다

그림책 모임에서는 '짝 없는 것'에 주목하여 이 그림책을 엮어 읽었다. 소년은 베르톨트의 죽음을 '짝짝이 장갑'을 활용해 적극적으로 추모한다. 장갑 한 짝은 사실 별 쓸모가 없다. 외롭고 쓸모없는 존재, 한 짝이 없이 남겨진 장갑 한 짝은 이 외톨이 소년하고도 닮아 있다. 하지만 그렇게 버려지고 외로운 것들이 모여 활짝 피어난 봄날의 꽃처럼 아름다운 풍경을 빚어낸다. "소외된 것들이 자기들만의 아름다움을 만들어내는 것 같아 감동적이었어요."

동생과 이 그림책을 함께 읽었던 순간이 특히 기억에 남는다. 허수경 시인의 시집을 읽기로 한 지 3일 만에 시인이 돌아가셨다. "이 책을 읽으니 이전에 같이 읽었던 『강물이 흘러가도록』이 생각나요. 존재하지 않는 것에 얽매이지 말고 부재를 인정하라는 뜻으로 이해했는데요. 『안녕, 장갑나무』는 적극적인 방식으로 기억하려 애쓰는 태도에 초점을 맞추고 있는 것 같아요." 시인의 죽음은 우리를 황망하게 하지만 그는 시를 통해 많은 사람들에게 기억될 테고, 그렇다면 미래의 시간 속에서도 계속 살아 있을 것이라는 이야기를 나누었다. 우리같이 평범한 사람은? 모두가 뛰어난 글, 그림, 이름, 재산처럼 뚜렷한 무언가를 남기지는 못한다. 그래도 생이 다한 후 가까운 사람이 나를 간간이 기억해준다면 나름 운이 좋은 편 아닐까. 동생과 내가 더 이상 책 이야기를 나누지 못하는 날이 오더라도, '우리 그런 젊은 날이 있었지'라며 서로를 추억하는 한 남매독서단의 시간은 삐걱 소리를 내고는 다시 흐를 것이다.

함께 읽으면 좋을 책
#기억 #추억 #친구 #짝 #외로움 #소외

『할아버지의 바닷속 집』
**히라타 겐야 글·가토 구니오 그림,
김인호 옮김, 바다어린이**

바닷물이 차올라 주변 사람들은 모두 마을을 떠났지만, 가족의 추억을 잊지 못한 할아버지는 한 층 한 층 집을 쌓아올리며 삶을 이어나간다. 물속에 빠뜨린 연장을 찾으러 물 밑으로 내려갔다가, 집집마다 남아 있는 소중한 추억을 떠올리는 이야기. 미국 아카데미 단편 애니메이션상을 비롯해 여러 상을 받은 애니메이션을 원작으로 한 그림책이다.

『다시 그곳에』
**나탈리아 체르니셰바 그림,
J티재능교육**

오랜만에 옛 기억 속 시골집을 찾아간 여자. 훌쩍 커버린 여자 앞에 시골집은 너무나 작아 보이지만, 할머니의 음식 앞에서 순식간에 여자는 작은 소녀로 돌아가 버린다. KROK 국제 애니메이션 영화제 수상작을 원작으로 한 그림책이다.

『강물이 흘러가도록』
**제인 욜런 글·바버러 쿠니 그림,
이상희 옮김, 시공주니어**

미국 보스턴에 물을 댈 댐을 건설하는 과정에서 물에 잠겨버린 마을을 소재로 한 그림책. 오래전 사라진 마을을 기억하고 잊지 않으려는 마음이 아름다운 이야기로 남았다. 미국의 안데르센이라 불리는 제인 욜런과 칼데콧상 수상자 바버러 쿠니가 함께 작업한 작품이다.

『잃어버린 것』
**숀 탠 글 그림, 엄혜숙 옮김,
사계절**

바닷가에서 병뚜껑을 수집하다가 '버려진 것'을 만난 숀. 그 자리에 썩 어울리지 않는 이 물체는 이상하고 슬프고 버림받은 모습을 하고 있다. '버려진 것'들이 만나 이루어진 유토피아 이미지가 묘한 위안과 감동을 전한다. 이 그림책을 바탕으로 만든 애니메이션으로 오스카상을 수상했다.

3부 세상으로 나가는 문

1

당신의
아침이
아름답기를

『아침에 창문을 열면』
아라이 료지 글 그림,
김난주 옮김, 시공주니어

화사한 파스텔 색감과 꽃이 조화를 이룬 표지를 보자마자 활력이 전해지는 그림책. 세계 각지에서 맞이하는 아침 풍경이 아름답게 펼쳐지면서 생명력을 가득 불어넣어준다. 지금 이곳에 있어 한껏 맛볼 수 있는 행복의 의미를 되새기게 한다.

이 글을 쓰고 있는 오늘 아침 풍경으로 잠깐 돌아가 본다. 8시가 조금 못 돼 일어나 출근 준비를 하고 있으니 아이들이 하나둘 일어나 안방으로 온다. 간밤에는 남편이 아이들을 데리고 자준 덕에 오늘은 다른 날보다 여유 있게 시작할 수 있다. 아이들에게 옷을 골라 입으라 하고는 어제 저녁 남편이 해둔 카레를 꺼내 아침밥을 차린다. "카레 싫은데" 투덜대는 둘째 입에 한 숟갈을 밀어 넣고, "난 카레 좋은데" 동생에게 대꾸하는 첫째 엉덩이를 한번 툭툭 쳐준다. 아이들 가방을 싸면서 제대로 먹고 있는지 들여다보고, 건드리지 말라는 둥 투닥거리는 아이들에게 도끼눈도 뜬다. 남은 화장을 마저 하고 아이들을 데리고 첫째 학교로 향한다.

친구를 만나 신이 난 첫째와 서둘러 작별 인사를 하고, 둘째를 어린이집으로 데려다준다. 어린이집 가는 길은 가깝다면 가깝고 멀다면 달나라만큼 멀다. 하루가 다르게 피어나는 꽃들에 아이는 하나하나 인사를 한다. 잠시 장단을 맞추며 놀아주다 보면 30분이 금방 지나간다. 둘째까지 어린이집에 들여보내고 사무실에 앉아서야 커피 한 잔을 하며 숨을 돌린다. 비로소 찾아온 나의 아침. 시간대와 동선이 조금씩 달라지지만, 대부분 매일 비슷하게 반복되는 아침 일상이다.

현대 도시에 사는 이들의 아침은 제법 분주하다. 게다가 도시의 불은 워낙 늦게 꺼지기 때문에 아침이라고 특별히 생명력과 활기가 더 넘치는 것도 아니다. 오히려 푹 잠들지 못해 찌뿌둥한 몸을 일으켜 간신히 등교 혹은 출근할 준비를 한다. 어른 아이 할 것 없이 해야 할 일이 있고 가야 할 곳이 있다. 시계를 계속 보면서 '아직 늦지 않았음'을 계속 확인한다. 하품을 하며 세수와 양치를 하고, 식사라고 하기 뭐한 먹을거리를 대충 입에 우겨넣고, 옷을 꿰어 입으면 어느새 집을 나설 시간. 아침의 소리, 온도, 색상을 느낄 만한 여유가 있을 리 없다. 날씨를 확인하기 위해 창 밖에 몇 초 정도 시선이 머물 뿐이다.

마음이 흘러가는 대로

아라이 료지의 『아침에 창문을 열면』은 그림책 모임에서 자주 읽어주는 책 중 하나이다. 특히 수업을 여는 책으로 손이 많이 간다. 모임이나 도서관 수업이 대부분 오전에 열리기 때문에, 한바탕 일상 전쟁을 치르고 헐레벌떡 달려온 이들이 많다. 그런 분들께 아침의 아름다움을 즐길 기회를 주고 싶어서 이 책을 선택한다. 실제로 책장을 넘기는 순간부터 감탄사가 터져 나온다. 표지와 면지를 지나 첫 장을 열면 책 속 작은 방에 초대를 받는다. 편안한 의자에 앉아 가볍게 하늘거리는 꽃무늬 커튼을 열어젖히면, 여기저기 눈부시게 아름다운 아침 풍경이 등장한다. 산속 깊이 자리 잡은 집, 산 아래 오순도순 모여 있는 마을, 자박자박 소리 내 밟고 싶은 모래사장, 꽃으로 둘러싸인 낮은 집, 반짝이는 분홍빛 도시, 다정하게 마을을 품고 멀리 흘러가는 강물, 눈에 거슬리는 것 하나 없는 너른 바다. 창문을 활짝 열고 저 햇살과 공기를 폐에 가득 한껏 들이마시고 싶어진다. 우리가 매일 맞는 아침이 이토록 생생히 살아 있는 순간으로 가득했나 새삼 놀라게 된다.

이 책을 처음 만난 이래 내가 얼마나 멀리 흘러왔는지를, 어느 한 장면을 고르며 가늠해보곤 한다. 화사한 색채가 좋아서 마음이 번잡할 때 이 책을 곁에 두고 자주 읽는다. 처음 책을 읽었을 때부터 좋아했던 장면은 소박한 집을 향해 난 울창한 꽃길이다. 열대의 열기가 느껴지는 화려한 색채감에 사로잡혀, 색의 향연을 만끽하고 있는 그림 속 아이의 자리에 나를 밀어 넣고 싶었다. 사람 그림자도 보이지 않는 풍경, 오직 자연이 주는 현란한 생명력에 나를 맡기고 싶었던 것 같다. 그런데 1년여가 지났을 때부터는 다른 그림이 눈에 들어오기 시작했다. 너른 강이 유유히 흘러가고 주변으로 아기자기한 마을이 형성되어 있는 부드러운 색조의 그림이었다. 멀리 자유롭게 흘러가는 강도 좋지만, 사람들이 공동체를 이루고 함께 살아가는 모습이 마음을 따뜻하게 해주었다. 홀로 머물러 있는 세계에서 벗어나 사람들과 많이 만나고 싶다는 욕구가 강해졌을 무렵이었다.

최근에는 지금껏 전혀 눈에 들어오지 않던 그림에 눈길이 간다. 본래 나는 너른 바다를 두려워한다. 크기도 소리도 인간적인 구석이라곤 없는 광대한 자연 앞에서, 나 같은 미미한 존재는 순식간에 잡혀 먹힐 듯한 공포를 느낀다. 그래서 이 책에서 바다 그림을 고를 때면 내가 직접 걸을 수 있는 모래사장이 있는 바다 그림을 고르곤 했다.

그런데 최근 내 마음을 두드리고 있는 그림은 너르고 너른 바다 풍경을 담고 있다. 저 멀리 섬 하나 간신히 떠 있는, 오직 구름과 하늘과 바다만이 존재하는 고요한 풍경. 벌려놓은 일은 너무 많고 시간을 자꾸만 쪼개 써서 하나에 길게 집중하지 못하는 요즘, 내게 필요한 것은 번잡한 것을 싹 정리할 수 있는 고요함인 모양이다. 아마 이 책이 완성될 때쯤에는 또 다른 장면이 나의 마음을 사로잡고 있을 것이다. 『아침에 창문을 열면』에는 장면과 장면을 유기적으로 연결하는 서사가 없다. 하지만 회화 작품 모음집 같은 이 그림책을 통해 나는 순간순간 존재하는 자신을 발견하고 변화하는 내 마음의 궤적을 따라간다.

'여기 있을 수 있음'의 행복

『아침에 창문을 열면』은 2010년 기획되었으나, 2011년 동일본 대지진이 발생하면서 잠시 작업이 중단되었다고 한다. 작가 아라이 료지는 동북 해안 마을을 돌며 라이브 페인팅 워크숍을 열어 지진 피해자들을 위로했다. 그런 와중에 짬짬이 밑그림을 그렸고 나중에 좋은 그림을 골라 엮어서 이 책을 출간했다. 대자연의 횡포 때문에 하루아침에 삶이 황폐해져버린 사람들에게 건네는 위로가 담겨 있다.

대지진이나 해일 피해처럼 뿌리가 송두리째 뽑히는 경험을 하지 않더라도, 삶은 자주 괴로워지고 외로워지고 불퉁해진다. 반복되는 일상은 나를 위로하지 못하고 스쳐지나갈 뿐이다. 그렇다 해도 매일 우리 곁에서 해는 뜨고 달은 지고 꽃은 핀다. 내가 지금 여기에 없다면 세상의 모든 아름다움이 존재의 이유를 잃고 만다. "산은 오늘도 저기 있고, 나무는 오늘도 여기 있어요. 그래서 나는 이곳이 좋아요." 그래, 무언가 별다를 것이 없어서 나는 지금 이곳이 좋다. 이유나 목적이 없고, 이렇다 할 사건이 일어나지 않아도 무사히 눈을 떠 평범한 아침을 맞이하는 것은 생의 큰 축복이다. '여기 있음'으로 행복할 수 있다. 이런 삶의 의미를, 소중한 무언가를 잃기 전에 알아차리는 연습이 우리에게는 필요하다.

이 책을 아침에 눈 뜨면 보이는 장소에 올려두라고 권해본다. 가장 마음이 가는 아침 풍경 한 장을 펼쳐놓고 일상을 하나하나 준비하면서 보는 것이다. 눈이 오래 머물 수는 없겠지만, 짧은 눈맞춤만으로도 충분히 기분이 밝아진다. 도시의 아침은 여전히 분주하고 매연과 먼지로 탁해지기 일쑤이다. 그렇지만 잿빛 기운에 당신의 아침이 얼룩지지 않기를 바란다. 세상과 만나는 매일의 첫머리, 당신의 아침이 어느 시간보다 아름답고 충만하기를 바란다. 마음속 창문을 여는 싱그러운 시간에 그림책이 함께하기를 바란다.

그림책 함께 읽기
내면의 풍경 마주하기

그림책 모임에 온 이들에게 이 책을 읽어주면서, 지금 가장 마주하고 싶은 아침 풍경 한 장면을 골라달라고 한다. 6~10명이 한날한시에 같은 책을 읽고 아침 풍경을 고르는데 어찌나 제각각인지 신기할 지경이다. 누군가는 산, 누군가는 들, 누군가는 바다, 누군가는 도시 풍경. 같은 산이라도 누군가는 나무 향기에 취할 법한 깊은 산 속, 누군가는 마을을 품어주는 다정한 산, 누군가는 바위처럼 우뚝 서서 앞을 가로막은 산, 누군가는 사람들이 많이 오가는 산의 초입 등 서로 다른 산 그림 앞에 멈춘다. 바다도 마찬가지이다. 거칠 것 없는 너른 바다, 방 안에서 내다보는 안전한 바다, 자박자박 소리가 날 듯한 모래사장이 펼쳐진 바다, 하늘과 구분할 수 없는 짙푸른 바다. 글줄도 길지 않은 한 권의 그림책에 나오는 풍경을 고르는 한 가지 행위만으로도, 우리가 얼마나 다른 존재인지를 절감할 수 있다.

더 재미있는 것은, 똑같은 그림을 고르더라도 고른 이유가 천차만별이라는 점이다. 아침 햇살을 받아 분홍색으로 빛나는 도시 풍경을 고른 이가 둘 있었다. 한 사람은 "전원생활을 하고 있거든요. 좋긴 한데, 문화생활에 대한 욕구가 생겨서 이 그림을 골랐어요"라고 말했다. 그런데 다른 이는 "도시 생활에 염증이 나 자연 속으로 떠나고 싶다는 생각을 계속했는데, 막상 그림 속에서 제일 편안하게 다가온 게 도시 풍경이라 의아했어요"라고 대답했다. 의식과 무의식이 엇갈리는 지점을 발견한 셈이다. 이렇듯 각자의 그림을 가만히 들여다보며 고른 이유를 이야기하다 보면, 평소 생각지도 못하던 나의 모습이 드러난다. 내가 무엇을 좋아하고 싫어하는지, 지금 무엇을 원하는지를 어렴풋이 짐작할 수 있게 된다. 그림책은 물성을 가진 채로 외부에 존재하지만, 이처럼 그림책을 보다 보면 어느새 그림책에 투영된 나의 내면을 마주하게 된다. 사람의 내면 풍경은 모두 다를 수밖에 없으니, 각자 고르는 그림도 다를 수밖에 없다. 이러한 다름이 우리의 아침을 더욱 찬란하게 만들어준다.

함께 읽으면 좋을 책
#아침 #지금여기 #마음 #풍경 #행복

『게으를 때 보이는 세상』
**우르슐라 팔루신스카 글 그림,
이지원 옮김, 비룡소**

잠시 누워 하늘을 바라볼 때 비로소 보이는 세상이 있다. 모두들 무언가 열심히 하고 있다지만 여기 나오는 인물들은 멈추어 하늘을 올려다보며 깊은 행복감을 충전한다. 강렬한 색감과 검은 실루엣이 조화를 이루어, 작열하는 태양 아래 누워 있는 느낌을 더한다.

『할머니의 저녁 식사』
**M. B. 고프스타인 글 그림,
이수지 옮김, 미디어창비**

간결한 선과 짧은 글로 보여주는 할머니의 충만한 하루. 잠에서 깨어나 다시 잠자리에 들 때까지, 매 순간 충실한 할머니의 일상이 인상적이다. 명료하고 단단한 삶의 태도가 독자에게 용기를 불어넣는다.

『노란 우산』
류재수 그림, 신동일 작곡, 보림

위에서 내려다본 아스팔트 길에 비가 내리고, 노란 우산을 쓴 아이가 등교를 한다. 색색의 우산이 만나고 붙고 떨어지는 모습들이 생동감 있게 그려져, 비 오는 아침 풍경을 다채롭게 물들인다. 글 없는 그림책과 작곡가 신동일의 피아노 음악이 어우러져 공감각을 자극한다.

2

초록빛 자연이 건네는 위로

『커다란 나무 같은 사람』
이세 히데코 글 그림,
고향옥 옮김,
청어람미디어

30년 경력의 식물학자와 외로운 소녀가 식물을 사이에 두고 교감하는 모습을 아름답게 그려낸 그림책이다. 자연에서 위로받았던 힘으로 타인을 위로하는 진짜 어른의 모습을 만날 수 있다. 나이와 성별을 초월한 우정, 자연에 대한 경외와 사랑이 독자를 감동으로 이끌어준다.

『연남천 풀다발』
전소영 글 그림,
달그림

작가가 홍제천 산책을 하며 만난 풀꽃들을 수채화로 섬세하게 그려낸 그림책. 낮고 여린 것에 머무는 작가의 시선이 귀하다. 저마다의 속도로 자라나는 풀들에게 잔잔한 위안을 받는다. 독특한 제본 방식도 책에 특별함을 더한다.

나무 하면 제일 먼저 떠오르는 그림책 작가가 바로 이세 히데코이다. 히데코의 책 속에는 오래 한 자리에 뿌리내리고 있는 아름드리나무가 자주 등장한다. 작가가 사랑하는 것은 아름답고 웅장한 나무만은 아니다. 작가는 나무의 시작이자 끝인 씨앗을, 숲을 가꾸는 마음을, 나무로 첼로를 만드는 섬세한 손을, 나무에서 태어난 종이를 다루는 손을, 이 종이로 엮은 책을 지키는 마음을 모두 사랑한다. 나무를 둘러싼 세계 전체가 창작 활동의 원천이 된다.

　히데코의 『커다란 나무 같은 사람』은 30년 넘게 프랑스의 식물원을 지키며 나무와 사람의 관계를 연구해온 식물학자와, 식물을 사랑하지만 표현하는 데 서툰 소녀 사에라의 만남을 그린 작품이다. 프랑스 자연사박물관 내 파리식물원을 배경으로 사람과 사람, 사람과 나무의 만남이 섬세하게 그려진다. 매일 혼자 식물원에 들락거리던 사에라는 할아버지께 드린다는 핑계로 꽃을 뽑았다가 붙들리고 만다. 식물학자는 사에라를 나무라는 대신 식물에 관한 갖가지 이야기를 들려준다. 400살이나 먹은 아까시나무, 3300만 년 전의 나무 화석, 새

둥지 모양의 돌연변이 너도밤나무. 식물학자와 함께하는 시간을 통해 사에라는 나무가 품고 있는 너른 세계로 초대받는다. 조금씩 마음을 열게 된 사에라는 선물받은 해바라기 씨앗을 심어 정성껏 가꾸고, 매일 식물원에 들러 할아버지와 가족처럼 지내게 된다.

어느덧 찬란했던 여름이 지나고 사에라는 일본으로 다시 돌아가야 한다. 아름드리나무에 각자 등을 대고 서 있는 식물학자와 사에라. 나무의 나이테와 옹이와 뿌리를 타고 두 사람의 아쉬운 마음이 서로에게 가닿는 듯하다. 식물학자는 열매 껍질을 타고 날아가는 벽오동 씨앗 이야기를 들려주고, 두 사람은 눈인사를 건넨다. 해바라기 꽃 그림을 선물하고 떠나간 사에라를 추억하며, 식물학자는 사에라의 그림을 식물원 곳곳에 걸어둔다. 겨울 속에서도 봄과 여름이 색색으로 빛날 수 있도록, 찬란한 색이 다른 이들의 마음을 따뜻하게 물들일 수 있도록. 식물학자가 들려주었던 찬란한 나무 이야기는 일본으로 돌아간 사에라를 계속 지켜줄 수 있을까?

나무와 친구가 될 때

이 책에 나오는 식물학자는 "사람은 누구나 마음속에 나무 한 그루를 가지고 있다"라고 말하지만, 나의 경우 30년 넘도록 '내 나무'라 불릴 만한 나무가 있었던가 싶다. 봄 햇살에 터져 나오는 꽃망울이나 붉게 떨어져 내리는 단풍은 언제나 사랑했다. 그렇지만 화려한 옷을 입지 않고 푸르게 서 있던 나무에게 큰 관심을 주지는 않았다. 초등 논술지도사 공부를 하며 나무 관찰 숙제를 받아들고 나서야 비로소 나무를 자세히 볼 기회가 생겼다.

초봄의 추위가 채 가시지 않은 동네를 빙빙 돌며 나무 한 그루를 정하는 데도 한참 시간이 걸렸다. 너무 크지도 작지도 않으면 좋겠고, 이왕이면 꽃나무면 좋겠고, 오가는 길에 자주 볼 수 있었으면 좋겠고…… 한참 만에 고른 나무는 집 앞 한옥 담장 뒤에 서 있는 아담한 벚나무였다. 매주 관찰일기를 쓰면서 바짝 말랐던 가지에 초록 물이 오르는 순간, 고동색 겨울눈에 자줏빛이 감도는 순간, 단단한 겨울눈을 뚫고 여린 꽃잎이 나비처럼 날개를 펼치는 순간, 마침내 꽃들이 지고 연둣빛 잎새가 남는 순간들을 하나하나 지켜보았다. 겨울에서 봄으로 넘어가는 몇 주 동안 나무가 보여준 수십 개의 얼굴에서 나는 자연이 부릴 수 있는 최고의 마법을 보았다.

관찰일기에 담는 것은 비단 나무의 변화만은 아니었다. 나무를 몇 시에 관찰했는지, 날씨는 어떠했는지, 어떤 분위기가 감돌고 있는지를 함께 기록해야 했다. 그러면 나무를 스쳐가는 바람의 온도와 가지에 머무는 햇살의 밀도, 곁에서 무심하게 가르릉대는 고양이 소리까지 세심하게 느껴진다. 그러자 곁을 지키고 있는 나무의 초록빛이 더 이상 심심하거나 따분하게 느껴지지 않았다. 오전과 오후의 초록이 다르고, 비 오기 전과 비온 후의 초록이 다르고, 늦봄의 초록과 한여름의 초록이 미묘하게 달랐다. 격정적이지 않지만 결코 지루하지 않은 색깔. 다채로운 초록의 팔레트는 눈과 귀와 마음속에 청량한 생명력을 한껏 불어넣었다. 그래서 꽃이 진 후에도 나는 여전히 한옥 담장을 지나가며 푸르게 빛나는 작은 나무에게 인사를 건네게 된다. 사에라가 식물원을 제 집처럼 누비며 외로움을 이기고 활기를 되찾은 것처럼 말이다.

시시각각 변하는 땅 위에서 피어나는 아름다움과, 수목이 단단히 뿌리 내리는 땅 아래의 굳건함을 함께 갖추기란 얼마나 어려운가. 30년째 식물과 식물 사이를 여행하며 늘 새로이 아름다움을 발견할 수 있을 만큼 섬세하면서도 어린아이의 쉼터가 되어주는 든든한 사람. 식물학자는 사에라에게 그야말로 '커다란 나무 같은 사람'이다. 자연 속에서 오래 위로받으며 얻은 힘을 사에라에게 전해주었고, 사에라는 그 힘으로 무럭무럭 자라 식물원과 식물학자의 겨울에 온기를 더해준다. 나무는, 오랜 세월 굳건하게 지켜온 초록으로 사람을 위로한다.

씩씩한 풀을
닮고 싶어라

  비단 키 크고 씩씩한 나무들만이 무성한 초록을 이루고 있는 것은 아니다. 낮고 작고 여린 풀들도 초록의 또다른 주인이다. 『연남천 풀다발』은 풀과 들꽃을 주인공으로 내세운 그림책이다. 회화를 전공한 작가가 매일 홍제천을 산책하며 만난 풀과 들꽃들을 섬세하게 그려낸 수채화가 인상적이다. 책 전반을 꿰뚫는 서사가 존재하진 않지만 계절별로 피고 지는 풀꽃과 이를 바라보는 작가의 느릿한 사유가 시화집처럼 아름답다. 낮은 곳에 머무는 작가의 시선 덕에, 흔하디흔한 강변 풍경에서도 귀한 생명의 노래가 넘실거린다.

  처음 이 책에서 눈길이 오래 머물렀던 장면은 대부분 가을, 겨울에 집중돼 있었다. 위안이 되는 글귀가 쓸쓸하고 추운 계절에 많이 몰려 있었기 때문이다. 특히 늦가을 피어나는 꽃 앞에서 "모두가 질 때 피는 꽃이 있다는 것이, 모두에게 저마다의 계절이 있다는 것이"라고 해주는 말은, 풀이 내 귓가에 직접 속삭여주는 것만 같았다. "괜찮아, 열심히 잘 자라고 있어"라고. 그림책 모임에서도 이 구절을 인상적이라고 꼽는 이들이 많기에, 저마다 지금 어떤 계절에 살고 있는지를 이야기한다. 좋아하는 일을 새롭게 시작하게 되어 3월이라 말하는 이도 있고, 육아의 한복판에서 땀 흘리고 있어 8월이라 하는 이도 있으며, 춥지도 덥지도 않은 상태에서 서성이고 있는 것 같아 11월이라고 하는 이도 있다. 나만 엉뚱한 계절에 머물고 있는 것이 아니구나 싶어지면서, 다들 안도감에 젖는다.

  그런데 시간이 흐르며 이 책에서 가장 오래 시선이 머무른 것은 다름 아닌 '여름 풀의 초록'이었다. 글을 굳이 보지 않고, 풀내음이 훅 끼쳐오는 그림들만 계속 앞뒤로 넘겨본다. "연두색과 청록색 사이의 초록 여름"을 지나, "한여름 비가 쏟아진 뒤 매미가 줄지어 울면" 곧 "두 다리를 쭉 뻗고 자라기에 모두에게 좋은 때"가 온다. 한여름의 햇빛과 물을 잔뜩 머금은 풀을 보고 있자니, 여리여리하고 늘 흔들리는 줄만 알았던 풀이 이렇게 씩씩한 초록 생명체였나 싶다. 다른 꼬임에 넘어가지 않고 생긴 대로 죽죽 자라나는 풀, 타오르는 계절에도 활기를 잃지 않는 풀. 나도 그렇게 씩씩한 사람이 되고 싶은걸. 첫눈에는 심심해 보일지 몰라도 온몸으로 땅과 하늘을 밀며 자라나는 에너지를 가지고 싶은걸. 그러면 초록을 머금은 풀이 또다시 속삭여주는 것만 같다. "그럼, 열심히 잘 자라고 있어."

그림책 함께 읽기
초록의 기억 불러오기

   8회차 그림책 수업에서 '그림책으로 만나는 자연'이라는 주제를 다룬다. '자연을 살리자, 보호하자'라고 외치는 그림책을 함께 읽는 것도 의미가 있다. 하지만 자연의 아름다움을 만끽하고 자연과 우리의 연결성을 돌아보는 경험을 더 귀하게 다루고 싶다. 그래서 감탄이 흘러나올 정도로 아름다운 책을 고르려 노력한다. 그런데 내가 고른 책들을 돌이켜 살펴보니, 동물과 관련된 책은 하나도 없고 모두 식물, 나무, 숲과 관련된 책들이었다. 내가 얼마나 초록에 기대어 살아왔는지 그림책을 골라보면서 비로소 알게 된 것이다. 초록을 만나려면 밖으로 나가 걷는 것이 가장 좋다. 하지만 자욱한 미세먼지와 갑작스레 쏟아지는 폭우 때문에 현실에서 온전히 찬란한 초록을 느낄 수 없을 때면, 그림책으로 들어가 다채로운 초록의 향연을 만끽하는 것이다.

   모임에서는 초록으로 빛나는 여러 그림책을 살펴보고 각자 기억에 남는 혹은 편안하게 느끼는 초록색을 글이나 그림으로 풀어본다. 문득 올려다본 나무 사이로 비치는 햇살 이야기를 해주는 이도 있었다. "아, 그 조각 햇살 정말 예쁘지요." 여기저기서 감탄이 흘러나온다. 노랑과 연두, 초록과 파랑 잎새로 종이를 가득 채워 공원이나 거리에서 나를 둘러싼, 무한히 다양한 녹색을 표현한 이도 있었다. 모임에 참석하는 동안 다양한 나무 이야기를 들려주었던 숲해설사 선생님은, 어릴 적 제멋대로 생긴 계단식 논 사이로 심부름하던 기억을 떠올렸다. 제주도 여행에서 만난 진초록 숲과 연초록 섬을 그려낸 이도 있었다. 연녹색과 진녹색, 물 머금은 녹색과 햇살 담은 녹색, 낮은 논 가득한 녹색과 커다란 숲을 이룬 녹색에 이르기까지. 각자 경험한 초록 속을 거니는 청량한 기분, 여름날에 그만한 호사가 없었다.

함께 읽으면 좋을 책
#나무 #풀 #초록 #자연 #위로 #충만

『나의 를리외르 아저씨』
이세 히데코 글 그림, 김정화 옮김,
청어람미디어

식물과 식물도감을 사랑하는 소피, 그리고 책을 제본하는 를리외르 할아버지 사이의 교감을 그려낸 그림책. 나무와 책에 대한 애정, 장인의 손길을 섬세한 드로잉으로 표현하고 있다. 를리외르의 손으로 만들어진 식물도감을 보며 소피는 식물학자가 되었고, 『커다란 나무 같은 사람』에서 소피를 만날 수 있다.

『첼로, 노래하는 나무』
이세 히데코 글 그림, 김소연 옮김,
천개의바람

나무를 키워내는 숲, 나무로 만들어진 첼로, 첼로가 이어주는 사람의 관계를 그려낸 그림책. 소년은 첼리스트의 연주 속에서 깊은 숲, 연주자, 작곡가, 악기 장인, 청중이 하나 되는 경지를 느낀다. 어디선가 바흐의 무반주 첼로 모음곡이 울려올 것만 같은 음악적인 그림책이다.

『다 같은 나무인 줄 알았어』
김선남 글 그림,
그림책공작소

도시생활자에게 더없이 반가운 나무 그림책. 멀리서 보면 그저 초록색 덩어리지만 계절을 느끼며 자세히 보면 각기 다른 나무의 생김새에 대해 다정한 목소리로 들려준다.

『세상의 많고 많은 초록들』
로라 바카로 시거 글 그림,
김은영 옮김, 다산기획

흔하고 평범하다고 여긴 초록이 이토록 다양한 곳에 다양한 색조로 존재할 수 있음을 보여주는 그림책. 식물뿐 아니라 바다에서도, 눈 속에서도, 반딧불에서도 우리는 초록의 아름다움을 발견할 수 있다. 칼데콧명예상 수상작.

3

인생의
마지막에
무엇을 남길까

『100 인생 그림책』
하이케 팔러 글·
발레리오 비달리 그림,
김서정 옮김, 사계절

잡지 편집자 하이케 팔러가 어린 조카에게 영감을 받아, "살면서 무엇을 배우셨나요?"라는 질문을 다양한 사람에게 던져보고 지은 그림책. 인생의 과거, 현재, 미래에서 끌어올린 반짝이는 가르침들을 얻게 된다. 이탈리아 일러스트레이터 발레리오 비달리의 세련된 그림이 더 깊은 사색으로 인도한다.

열 살 이전의 기억은 형체나 색채가 흐릿하다. 특히 학교 들어가기 전 어린 시절은 특별히 인상적인 몇몇 기억들만 남아 있을 뿐이다. 분홍 샌들이 꼭 사고 싶어서 신발이 꽉 끼는데도 잘 맞다고 우겼던 기억, 제주도 해수욕장에서 벌레가 무서워 동생과 질겁했던 기억, 비바람이 거셌던 날 유리창이 깨져 엄마 이마가 찢어졌던 기억 같은 것. 행복하고 기쁜 추억들은 두루뭉술한 윤곽으로 남고, 두렵거나 간절했던 순간은 생생한 영상으로 남는다. 친구 아니면 공부뿐이던 십대는 꼭 불행한 시절은 아니었지만, 그래도 빨리 스무 살이 되고 싶었다. 집과 학교만을 오가는 단조로운 삶에서 벗어나 보다 넓고 능동적으로 살 수 있을 거라 믿었다. 그래서 이십대의 전반부는 가볍고 찬란했다. 얽매인 데 없이 하고 싶은 공부를 했고 놀고 싶을 때 놀았다. 하지만 얽매인 곳 없는 자유가 한없이 나를 불안하게 했다. 빨리 서른 살이 되어 '진짜 어른'이 되고 싶었다. 그때가 되면 평생 무얼 하며 먹고살지, 어떤 가정을 꾸려야 할지 인생의 중요한 답들이 모두 나왔을 것이라고 생각했다.

　　서른 하고도 몇 년이 더 지난 후에야 알았다. 특정 나이대에 접어

든다고 해서 인생의 숙제가 짜잔~ 해결되지 않는다는 것을. 마흔에 가까워지는 지금도 여전히 무얼 하며 어떻게 살아야 할지는 큰 고민거리이다. 어떻게 아이들을 키워야 하는지는 더더욱 모르겠다. 나뿐만 아니라 주변의 비슷한 이들에게 물어도 여전히 혼란스럽고 여전히 두렵다. 마흔이 된다고, 쉰이 된다고 뾰족한 해답이 나올까? 언젠가 답이라고 생각했던 것들이 답이 아닌 순간이 자꾸만 찾아왔다. 풀리지 않는 수수께끼가 계속 이어지는 게 인생이라면, 단 하나의 정답이 아닌, 순간순간 의미를 구하는 편이 더 낫지 않을까. 한참을 걸어온 후에야 어렴풋이 그런 생각을 해보게 되는 것이다.

나는 인생의 어디쯤에 서 있을까

『100 인생 그림책』은 0세부터 100세에 이르는 세월 동안 경험한 의미 있는 한순간 혹은 깨달음을 화면에 옮겨놓고 있다. 어떤 일은 꼭 그 나이에만 경험할 수 있다. 아직 돌이 안 된 아기는 세상을 알기 위해 옆에 있는 물건을 잡아보고, 그걸 놓으면 바닥에 떨어져버린다는 사실을 배우게 된다. 학교에 들어가 흥미로운 지식을 배우지만 세상이 지루하다는 것도 알게 된다. 반면 어떤 깨달음은 각자 다른 시기에 찾아올 수도 있다. 책에서는 열일곱 살에 첫사랑에 빠지지만, 누군가는 더 어린 나이에, 또 다른 이는 이십대 중반이 훨씬 지나서야 사랑에 눈뜨기도 한다. 언제 깨닫느냐가 중요한 것은 아니다. 흘러가는 인생 속에서 많은 것을 보고 느끼고 배우고 사랑하게 된다는 점이 중요하다.

인생의 깨달음은 나비처럼 계속 모습을 바꾸어 다시 등장한다. 그래서 이 책에서는 나비를 중요한 모티브로 활용했을 것이다. 모든 것이 새롭고 신기한 나이 일곱 살, 통통한 분홍빛 손 안 가득 나비 애벌레가 담겨 있다. 갓 어른이 된 열아홉 살, 어느새 훌쩍 커버린 손 안에 날개를 활짝 펼친 나비가 그려져 있다. "가끔은 네 자신이 싫어지기도 할 테고. 사람도 완전히 변할 수 있을까?" 힘차게 세상으로 날아갈 청춘의 기쁨과 불안이 엿보인다.

인생의 마지막을 앞둔 아흔여덟 살, 쭈글쭈글 주름지고 누렇게 변한 손 안에 작은 나비 애벌레가 다시 등장한다. "그러면 종종 예전의 어린 시절로 되돌아갈 거야." 아흔아홉 살, 다시 날개를 활짝 펼친 나비는 "살면서 무엇을 배웠을까?"라는 질문을 남긴 채 훨훨 날아가 버린다. 긴긴 인생에서 단 한 가지를 배웠다면 그것은 무엇일까, 지금 이 나이에는 도무지 짐작할 수 없다. 하지만 분명 아흔아홉 살이 되는 순간 세상의 진리를 깨닫는 것은 아닐 터. 알에서 애벌레로 다시 번데기에서 나비로 변해가는 과정을 수없이 반복하면서 진리에 가까이 다가가려 노력할 뿐이다.

 이 책을 읽으면 먼저 내 나이에는 어떤 일이 벌어지는지를 찾아보게 된다. 서른여섯에는 "꿈 하나가 이루어졌네. 하지만 생각했던 것과는 좀 다를 거야"라는 말처럼 아이 앞에서 쩔쩔매는 초보 부모의 모습을 보이고 있다. 서른일곱에는 "그래서 가끔 철없는 짓도 하지"라는 말대로 사진 찍는 순간 암막 커튼을 활짝 열어젖히는 식의 실수를 하고 있다. 꼭 맞는 말이다. 아이 둘을 낳아 엄마가 되기도 했지만, 동시에 철딱서니 없는 짓들도 계속 저지르면서 사니 말이다. 엄마 소리를 들은 지 8년째가 되어가는데, 아직도 가끔은 내가 엄마라는 게 믿어지지 않는다. 가족사진 속 큰아이가 앉아 있던 자리가 내 자리였던 시절이 아직도 생생한데, 어느새 내가 친정엄마 자리에 앉아 있는 것이다. 내 안의 다섯 살 꼬마, 열여섯 살 까칠한 사춘기 소녀, 스물여섯 살 자유로운 아가씨는 여전히 자기 자리를 고집하는데! 그들은 모두 나비처럼 모습을 바꾸며 내 안에 자리 잡고 있다. 이제는 삼십대 후반의 워킹맘. 인생의 짐을 잔뜩 짊어지고 있지만 척추를 꼿꼿하게 세우고 힘 있게 한 발을 내디딜 수 있는 나이. 나의 삼십대는 이렇게 흘러가고 있다.

이야기 속에서 드러나는 인생의 신비

　그림책 모임에서 이 책을 읽을 때는 돌아가며 낭독을 한다. 한참을 읽었는데도 아직도 읽을 장이 많이 남아 있어서, 우리 인생이 얼마나 길고 다채로운지 새삼 놀라곤 한다. 다 읽은 후 현재의 나이와 가까운 시기의 인상적인 장면을 꼽아본다. 참석자 중에 삼십대 사십대 여성이 많다 보니, 주로 육아의 어려움과 함께 자신이 어떻게 변했는지를 이야기하게 된다. 아이를 만나 새 세상을 알게 되어 맛보는 환희, 반대로 아이에게 매여 내가 없어지는 듯해 느끼는 괴로움, 이십대에 누렸던 자유로움에 대한 그리움, 사십대가 되면서 서서히 느껴지는 육체와 정신의 변화. 때로는 웃고 때로는 한숨지으며 서로 위로한다.

　하지만 이 시간이 처지가 비슷한 이들끼리 위로와 공감을 나누는 데 머무는 것은 아니다. 과거와 미래 어디쯤에서 인상적이었던 장면을 꼽으며 아이, 부모, 조부모, 친구와 지인으로 이야기 마당이 확장된다. 이렇게 이야기하는 가운데 우리가 경험하는 인생의 폭은 훨씬 넓어진다. 있는 그대로 부모님을 받아들이게 된다는 쉰한 살의 장면을 보며, 한때 이해할 수 없었던 우리 부모님을 떠올려본다. 넓은 세상 앞에서 눈이 동그래지는 아홉 살 아이를 보며 나는 아이의 호기심을 얼마나 북돋아주고 있는지 헤아려본다. 그리고 나무딸기 잼을 만드는 아흔다섯 살 할머니 이야기를 보면서 김장거리를 준비하는 우리네 할머니의 마음을 짐작해보는 것이다.

그림책과 사람의 힘에 기대어, 혼자라면 감히 가닿지 못할 다른 시공간의 인생에 초대받는 것. 이 책의 의미는 바로 여기에 있다고 생각한다. 글 작가 팔러는 초등학생, 할머니, 중년층, 고등학생, 작가, 시리아 난민 등 나이, 성별, 출신, 직업이 전혀 다른 사람들을 인터뷰하여 이 책을 지었다. 그리고 "삶의 경험이 많은 다른 사람들과 함께 읽으면서 이 글들이 각자의 삶에 어떤 의미를 주는지 이야기를 나누는 일"을 해보라고 권한다. 나라는 울타리의 빗장을 열어 보였을 때, 인생의 신비는 좀 더 솔직하게 모습을 드러낼 것이다.

그림책 함께 읽기
내 인생의 마지막

2년간 꾸준히 연을 이어온 독서 동아리에 출강을 해 이 책을 읽은 적이 있다. 오래 신뢰가 쌓인 이들이다 보니 표현력도 뛰어나고 내밀한 이야기도 많이 들려주었다. "인생의 마지막에 무엇이 남았으면 좋겠어요?"라는 마지막 질문에 대한 대답이 가장 기억에 남는다.

"자손들에게 좋은 기억으로 남았으면 좋겠어요. 닮고 싶은 할머니였다는 말을 듣고 싶어요."

"자식과 내가 좋은 사이로 남을 수 있다면 가장 좋겠어요."

"전 아무것도 남기지 않고 싶어요. 흔적 남기지 않고 단정하게 가고 싶어요."

"저는 좀 다른데…… 이름을 남기고 싶어요. 내가 세상에 온 이유가 있을 거라고 생각해요."

"무섭긴 해도 나에게 살아가는 힘을 준 부모였다, 아이에게 그렇게 기억되고 싶어요."

앞으로 함께 『100 인생 그림책』을 읽을 때는 이 질문을 계속 하려 한다. 아흔 살이 되어도 "인생은 뒤죽박죽이야"라고 투덜댈 정도로 삶은 불투명하지만, 마지막에 남기고 싶은 단 한 가지를 생각하며 산다면 크게 엇나가진 않으리라는 믿음을 품고.

함께 읽으면 좋을 책
#숫자 #나이 #인생 # 때 #다양함

『계절』
블렉스볼렉스 글 그림, 명혜권 옮김, 파라텍스트

사계절이 두 번 반복되는 시간 속에 인생의 변화를 담아낸 그림책. 실크스크린 기법의 판화 그림이 계절과 삶의 찬란함을 고스란히 재현한다. 장면과 장면을 이으며 이야기 속 이야기를 만들어내는 것은 독자의 몫.

『무슨 일이든 다 때가 있다』
다이앤 딜론·레오 딜론 글 그림, 강무홍 옮김, 논장

부부 작가가 성경 「전도서」의 한 구절로 작업한 그림책. 대구를 이루는 문장과 그림을 한 화면에 나란히 배치해, 삶의 양면성을 한눈에 보여준다. 이집트 무덤 벽화, 중세 채색 필사본, 그리스 도기 등 전 세계의 전통회화 양식을 장면마다 도입하여, 시대와 장소를 넘어 보편적으로 관찰되는 삶의 희로애락을 보여준다.

『두 갈래 길』
라울 니에토 구리디 글 그림, 지연리 옮김, 살림

살구색과 남색 두 가지 색의 길로 인생의 고난과 행복을 표현한 그림책. 여자와 남자가 각자 걸어가는 두 갈래 길이 구부러지고 펼쳐지고 만났다 떨어지는 가운데 인생은 충만한 의미를 얻게 된다. 볼로냐 라가치상 픽션 부문 수상작.

4

겨울을 견디는 용기

『용감한 아이린』
윌리엄 스타이그 글 그림,
김영진 옮김, 비룡소

어린 아이린이 눈길을 헤치고 공작 부인 저택까지 드레스를 배달하러 가는 과정을 담은 그림책이다. 아픈 엄마를 대신해 눈보라 속으로 용감하게 뛰어든 데다 자신의 실수를 회피하지 않고 계속 걸어간 아이린의 모습이 독자들에게 깊은 감동을 전한다.

분명 내 마음인데 내 마음대로 안 되는 날이 있다. 무엇을 봐도 심드렁하고, 좋은 일이 생겨도 곧 닥쳐올 나쁜 일이 걱정되고, 이루지 못한 것에 조급해지기만 하는 날. 하루 이틀 정도면 괜찮은데, 이런 어긋남이 며칠이고 계속되면 확실히 문제가 생긴 것이다. 그런 복잡한 심사를 불쑥 누군가에게 털어놓기도 쉽지 않다. 보통은 일기를 쓰거나 많이 걷거나 낮잠을 자거나 맛있는 것을 먹으면서 몸과 마음 달래기 작전에 돌입한다. 이 방법이 잘 먹히지 않으면 다음 단계로 넘어간다. 결국 사람의 힘에 기대어보는 것이다. 남편이나 나를 오래 봐온 지인에게 엉킨 마음을 털어놓고 나면 실타래가 조금은 풀린다. 그런데 그마저도 싫은 날이 있다. 아는 사람에게 내 이야기를 하고 싶지 않은 날. 2018년 가을 어느 한 주가 딱 그랬다. 눈물은 자꾸 나는데 나조차 이유를 모르니 다른 이에게 설명하기가 참 힘들었다.

  그래서 조금 엉뚱한 선택을 했다. 타로를 활용해 심리 상담을 해주는 곳을 찾아간 것이다. 타로를 믿고 안 믿고를 떠나, 그보다는 내 감정을 털어놓고 공감을 받고 싶었다. 안전지대가 필요했던 것이다. 타로 결과에서 여러 생각할 거리들이 나왔는데, 그중 가장 흥미로웠던 것은 내가 보는 나와 남이 보는 나 사이의 간극이 너무 크다는 점이었다. '남이 보는 나' 자리에 해당하는 카드는 봄 풍경이 그려져 있었다. 반면 '내가 보는 나' 자리에 해당하는 카드는 늘 겨울 풍경이 펼쳐져 있었다. 몇 번을 뽑아도 마찬가지였다. 누더기를 입고 절뚝이며 혹은 맨발로 새하얀 눈밭을 걸어가는 걸인, 바로 내가 느끼는 나였다. 다른 사람은 몰라도, 나는 겨울을 견딜 수 있는 용기가 절실한 상황이었다.

마음속 눈보라를 헤쳐나갈 수 있는 용기

『용감한 아이린』은 시작, 용기라는 키워드로 가장 많이 읽어주는 책 중 하나이다. 주인공 아이린은 아직 열 살도 안 돼 보이는 어린 소녀이지만, 사랑과 용기의 크기만은 누구에게도 뒤지지 않는다. 양재사인 엄마가 만든 고운 드레스를 오늘 밤 안으로 공작부인에게 배달하기 위해, 아이린은 혹독한 눈보라를 헤치고 걷는다. 바람은 아이린을 비웃듯 온 몸을 후려치고, 아이린은 그런 바람에게 호통을 치며 걸음걸음을 내딛는다. 아무것도 보이지 않고 돕는 이 하나 없이 길을 걷는 아이린은 춥고 고단하고 외롭다. 집으로 돌아가 따뜻한 엄마 품에 안기고만 싶다. 하지만 아이린은 몇 번의 위기를 넘기고 마침내 공작부인의 집에 다다르게 된다. 폭설을 뚫고 무사히 드레스를 배달한 아이린의 용기에 공작부인을 비롯한 모든 이들이 감동한다.

겨울 눈보라를 홀로 이겨낸 것만으로도 소녀는 제목처럼 '용감한 아이린'이 되기에 충분하다. 하지만 이 책에서 아이린은 다양한 층위의 용기를 보여준다. 드레스를 배달하러 떠난 길에서 드레스를 잃어버렸을 때, 아이린의 마음은 과연 어떠했을까? 나라면 주저앉아 울어버릴 것 같다, 집으로 돌아가 엄마에게 이야기하고 도움을 청하겠다, 사라진 드레스를 찾으러 가겠다 등, 함께 책을 읽는 이들은 각자 다양한 선택을 한다. 아이린의 선택은 조금 다르다. "아이린은 결심했습니다. 빈 상자라도 가져가서 모두 설명해야겠다고요." 빈 상자를 들고 공작부인 집으로 가는 선택을 할 수 있는 사람은 몇이나 될까? 자신의 실수가 고스란히 드러나는데 말이다.

드레스는 날아갔다. 바람의 횡포일 수도 있고 아이린의 실수일 수도 있지만, 그건 중요하지 않다. 이미 문제는 발생했고 누군가는 이를 수습해야 한다. 보통 실수를 하거나 갈등이 생기면 회피하고 싶은 마음이 먼저 든다. 따가운 비난과 감수해야 할 대가가 두렵기 때문이다. 아이린이라고 내적 갈등이 없었을까. "아이린은 발을 질질 끌며 눈속을 걸었습니다. 바람 때문이라고, 내 잘못이 아니라고 말하면 엄마가 이해해줄까요? 공작부인이 화를 내지 않을까요?" 그러나 아이린은 어른들도 선뜻 내기 힘든 용기를 끝까지 잃지 않는다. 아이린은 들판의 매서운 눈보라뿐만 아니라, 내 안에 괴로움과 두려움으로 휘몰아치는 눈보라를 견뎌낸 것이다.

가정에서든 학교에서든 회사에서든 실수를 저질렀을 때 "제 탓입니다. 죄송합니다. 해결해보겠습니다"라고 말할 수 있는 용기가 우리 안에 있는가? 성숙한 아이린 앞에서 부끄럽지 않은 어른이 되기 위해서는, 우리 역시 실수를 인정하고 책임지려는 모습을 보여주어야 한다. 이 책을 우리 아이들과 읽다가 어른들에게 읽어주기 시작한 이유도 바로 여기에 있다.

추위를 물리치는 희망

살다 보면 겨울은 어느 때고 찾아온다. 대체 이 눈보라가 언제 끝날지 알 수 없고 도와줄 사람도 없어 보이고, 세상에 이런 혹독한 겨울을 견디는 사람은 오직 나뿐인 것 같다. 키우던 강아지의 죽음을 아직도 극복하지 못해 눈물 흘리는 이도 있고 가족이 병을 앓아 힘든 날들을 보내고 있는 이도 있다. 때로는 별다른 일이 닥쳐오지 않았는데도, 바람처럼 내 마음이 농간을 부리기도 한다. 지난 가을 남들이 보기엔 다 봄이었지만 내 마음만은 겨울이었던 것처럼 말이다. 교사로서 새 학기를 맞이하기 전 실체 없는 두려움 때문에 힘들다던 선생님도, 시작은 쉽게 하는데 일상을 견디는 힘이 부족해 힘들다는 서점 주인도 있었다. 모두에게는 각자의 겨울이 있다. 그런 겨울이 매섭게 춥다, 춥지 않다는 감각은 당사자만이 명확하게 느낄 수 있다.

당시 일곱 살이었던 첫째에게 읽어주었을 때 드레스가 바람에 날아간 장면에서 호들갑을 떠는 엄마와 달리, 첫째는 별일 아니라는 듯 내게 말했다. "드레스, 공작부인 집에 가 있을 거야." 이미 내용을 알고 있던 나는 뜨끔했지만, 과연 그렇겠냐며 책을 끝까지 읽어주었다. 드레스가 저택 앞의 나무에 붙어 있는 장면을 본 큰아이의 표정은 의기양양했다.

어릴 적부터 그림책을 읽어본 아이는 이미 어린이책의 문법을 잘 알고 있었다. 문제가 있어도 해결할 수 있다고, 아직 세상은 너의 편이라고, 너는 사랑받기 충분한 아이라고 어린이책은 되풀이하여 말해준다. 이런 가르침이 책의 재미를 반감시키는 것은 아니다. 오히려 아이들이 자신과 세상을 바라보는 긍정적인 시각을 만들어가는 데 도움을 준다. 하지만 삶이 늘 희망으로 가득하진 않고 때로는 구원받지 못한다는 것을 어른들은 잘 알고 있다. 절망과 불공평, 불행의 맨얼굴을 마주하면서 우리는 어른에 가까워져간다. 그래도 가끔은 희망에 기대어 살아가고 싶다. 힘을 내어 걸어가지 않으면 겨울을 끝낼 수 없기에, 겨울 속에 오래 갇혀 있다가는 얼어 죽고 말 것이기에. 혹독한 겨울 한가운데가 사실은 가슴 설레는 한 해의 첫째 문이기도 하다는 사실을 애써 기억해내는 것이다. 작고 헛되어 보일지라도 이런 희망이 겨울을 견디는 가장 따뜻한 위로와 용기가 될 수 있도록.

    타로를 보았던 시점으로 다시 돌아가, 춥고 황량한 내 마음이 반영된 카드를 자세히 본다. 겨울 들판을 걸어가고 있는 걸인의 얼굴 표정은 분명 춥고 괴로워 보인다. 하지만 그림을 뜯어보면 걸인의 목에는 반짝이는 금종이 걸려 있고 바로 곁에는 따뜻한 성당이 자리 잡고 있었다. 나름 가진 것도 있고 곁에 도움을 청해 쉬어갈 곳도 있는데, 내가 미처 못 보고 있는 것이다. 한겨울 눈보라 같은 고난은 언제고 거세게 몰아칠 것이다. 그때 나는 이렇게 중얼거려보련다. "네 목에 금종이 걸려 있어." 그리고 두 눈을 똑바로 뜬 채 나의 종을 울려볼 것이다. 나에게는 스스로 겨울을 헤쳐 나갈 힘도, 종소리를 듣고 도와주러 올 이도 있다는 것을 믿어볼 것이다.

그림책 함께 읽기
나를 지켜주는 한마디

　살면서 다가올 추위와 눈구덩이를 피해 갈 수 없다면, 추위를 조금 견딜 만하게 해줄 힘은 어디서 찾을 수 있을까? 발이 푹푹 빠지고 마침내 낮은 절벽에서 떨어져 온몸이 눈 속에 푹 파묻혔을 때, 아이린은 모든 것을 포기하고만 싶어진다. '이대로 얼어 죽고 말지 뭐, 그럼 이 고생도 끝날 거 아냐?' 절망에 빠져 있던 아이린을 끌어올린 것은 사랑하는 엄마 생각이었다. 다시는 엄마를 못 볼지도 모른다는 생각에 화가 치밀어 오른 아이린은 있는 힘을 다해 눈구덩이에서 빠져나온다. 소중한 것을 마음에 품은 사람, 누군가의 응원 한마디를 마음 깊이 품은 사람은 영원히 추위에 갇혀 있을 수가 없다. 작은 불씨만으로도 눈 더미는 쉽게 녹아내린다.

　그래서 그림책 모임에서는 『용감한 아이린』을 함께 읽은 후 각자 '나를 지켜주는 한마디'를 만들어본다. 소중한 대상을 떠올리며 말을 건네도 좋고 응원 메시지를 만들어도 좋다. 힘든 일이 닥쳤을 때 스스로 되뇔 수 있는 마법 주문을 만들어 입에 붙도록 연습해보는 것이다. 다양한 문장을 정리해보면 대략 세 가지 유형이 있다. 첫째는 "잘할 수 있어"라고 스스로를 독려하는 유형이다. 둘째는 "다 지나갈 거야"라고 시간의 힘에 기대는 유형이다. 소수이지만 빠지지 않고 등장하는 셋째 주문은 이렇다. "안 되도 할 수 없지 뭐." 어깨에 놓인 짐의 무게를 툭 떨어뜨리는 말이다. 내가 강해지든 봄바람이 불어오든 겨울은 지나가게 마련이다. 당신의 겨울을 견딜 마법 주문은 무엇인가? 이 글을 보며 한 번 입 밖으로 되뇌어보기를 바란다. 입에 착 달라붙어, 힘든 일이 닥치는 순간 자연스럽게 흘러나올 수 있도록.

함께 읽으면 좋을 책
#용기 #두려움 #직면 #위기

『선』
이수지 그림, 비룡소

투명한 빙판 위를 달리는 스케이터와 새하얀 도화지 위에 그림을 그리는 화가의 손이 겹치며 역동적인 선을 만들어낸다. 넘어지고 실패해도 다시 일어서는 용기가 세상을 생생하고 아름답게 만들어준다는 이야기를 담고 있다. 글 없는 그림책.

『블랙독』
레비 핀폴드 글 그림, 천미나 옮김, 북스토리아이

호프 가족의 집 앞에 나타난 커다란 검둥개는 점점 커져 집채만 해진다. 겁에 질린 가족들 틈에서 이 집의 '꼬맹이'가 검둥개에게 향한다. 실체 없는 두려움과 그에 맞서는 용기에 대해 이야기하는 섬세하고 아름다운 그림책으로, 케이트그리너웨이상 수상작이다.

『그날, 어둠이 찾아왔어』
레모니 스니켓 글·존 클라센 그림, 김경연 옮김, 문학동네

지하실에 머물러 있다가 밤이 되면 슬금슬금 기어 나오는 어둠을 두려워하는 소년 라즐로. 어느 날 용기를 내어 어둠의 방을 찾아간 라즐로는 어둠의 의미를 깨닫고 어둠을 껴안을 내면의 무기를 얻게 된다. 긴장감과 따스함을 동시에 맛볼 수 있는 그림책.

5 느리게 걷는 이에게만 허락된 가르침

『대추 한 알』
장석주 글·유리 그림,
이야기꽃

장석주 시인의 「대추 한 알」에 그림을 붙인 시그림책. 시는 단 여덟 줄로 대추가 견뎌온 생의 고통과 환희를 담아냈는데, 그림은 농촌에서 더불어 살아가는 삶을 한데 녹여내고 있다. 그림 작가 유리의 극사실주의적 그림이 돋보이는 작품이다.

최승자, 오규원, 나희덕, 이성복, 김혜순, 마종기, 김정란, 장석남, 윌리엄 블레이크, 파블로 네루다……. 대학 때 내 책꽂이를 채워줬던 빛나는 시인들의 이름. 스물네 살에 취직을 한 후 1년도 못 되어 나는 더 이상 시를 읽을 수가 없었다. 내가 머물던 시의 세계와 하루 빨리 적응해야 하는 보고서의 세계는 판이하게 달랐다. 시의 세계는 느리다. 곱씹어야 한다. 해석이 분분하고 마음을 열어야 온전히 읽을 수 있다. 반면 보고서의 세계는 빠르다. 마감일을 지키는 것이 무엇보다 중요하다. 입사하여 보고서 쓰느라 진땀을 빼는 동안, 시의 세계는 먼먼 과거에 유폐돼버렸다. 그렇게 약 10년이 흘렀다.

　　2015년 온라인 카페 '그림책 읽어주는 엄마'에서 시 읽는 모임을 하게 되었다. 시를 쓰는 사람들도, 꾸준히 읽어온 사람들도 아니었다. 그저 시의 세계를 궁금해하는 평범한 엄마들이었다. 한 권의 시집을 한 달간 읽은 후, 각자 감상을 올리고 나누는 방식이었다. 생활인이 되어 읽는 시는 젊은 날 치열하게 읽었던 시와는 사뭇 다른 기쁨을 안겨주었다. 내 안에 쌓인 시공간의 지층이 두터워지면서, 예전보다 조금 여유로운 마음으로 시집을 대할 수 있게 된 것이다.

시와 그림의 만남

당시 읽었던 나희덕 시선집 『그녀에게』는 시와 그림의 관계를 다시금 생각해보게 했다. 이 시선집에는 시 한 편마다 어울리는 그림 한 점이 나란히 실려 있다. 편집자가 세계 각지의 여성 화가들에게 영어로 번역된 시를 보내고, 이에 공감한 작가들이 시와 어울릴 법한 작품을 보내줬다고 한다. 실제로 책을 읽어보면 그림과 시가 긴밀하게 대화를 나누고 있음을 느낄 수 있다. 시인이 이야기하려는 바가 그림을 통해 확성기처럼 증폭되어 전달되는 것이다.

「벗어놓은 스타킹」이라는 시에서는 하루하루를 견뎌내는 한 여성의 고단함과 권태로움이 동시에 엿보인다. 내게도 퇴근 후 아이들을 살피고 잠 속으로 나를 밀어 넣었다가, 아침이 되면 밤새 마른 스타킹에 나를 다시 우겨 넣고 집을 나서던 나날들이 있었다. 나와 꼭 같지 않더라도 이 땅에서 아내와 엄마로, 또 생활인으로 살아간다는 것은 무엇 하나 쉽지 않다. 반복되는 일상 속에서 사건이 터지고 대응하고 수습하고 잊고 또 다른 사건에 부딪히며 하루하루를 견딘다. 시인은 이렇게 고단한 일상을 아무렇게나 벗어 던져놓은 스타킹에 빗대어 날카로우면서도 세련되게 표현한다. 시와 나란히 놓인 그림을 바라보며 나는 오래 멈추어 있었다. 검은 민소매 원피스를 입은 여인이 둥글게 등을 말고 꺼질 듯한 자세로 앉아 있다. 굽은 어깨와 떨군 머리, 흐트러진 중심축을 보면 그녀의 하루가 어땠을지 쉬이 짐작이 간다. 자칫하면 시의 감성이 그림 때문에 축소 왜곡될 수 있는데, 이 시선집에서는 온전히 살아나 독자에게 전달된다.

바로 그때쯤 시 그림책에 관심이 쏠린 것 같다. 한 권의 시집을 오롯이 읽어내자면 상당한 에너지가 필요하다. 시는 '쓰는' 것이 아니라 '덜어내는' 것에 가깝다. 불필요한 언어와 감정을 덜어내어 더 덜어낼 것이 없는, 언어의 정수. 시어와 시어, 문장과 문장, 시와 시 사이에는 시인이 꼭꼭 숨겨놓은 세계들이 있다. 그러므로 시는 읽는 데 많은 공을 들여야 한다. 눈으로 그저 죽 읽어내리면 시가 아니라 나열된 단어를 훑어본 것일 뿐이다. 단어와 단어 사이에 함축된 정서, 생략된 문장, 숨겨진 논리를 복원해내야 한다. 시 한 편 한 편을 이해했다고 해도, 시집 한 권을 꿰뚫는 그림을 그리기란 여간 어렵지 않다.

그렇다면 한 편의 시를 그림 작가가 자신만의 스타일로 소화해낸 시 그림책은, 독자가 시라는 세계를 탐색하는 데 훌륭한 길라잡이가 되어주지 않을까? 그런 기대로 찾아보기 시작한 시 그림책이 한 권 두 권 늘어나게 되었다.

가꾸고
기다리는 것의 의미

　장석주 시인은 「대추 한 알」이라는 시에서, 대추가 품고 있는 시간의 흐름을 온전히 보고 풀어낸다. 잎이 돋고 꽃이 피고 열매가 열리고 익어가고 한참의 시간이 지나 사람의 입 속에 들어가는 과정을, 그리고 이 과정에서 일어나는 날씨와 계절의 변화, 역경과 고난, 농부의 피땀과 웃음을······. 작고 보잘것없는 대추 한 알에서 이렇게 많은 진실을 발견할 수 있는 사람이 시인이다. 태풍, 천둥, 초승달 같이 누구나 아는 쉬운 단어로, 그러나 조심스럽게, 아무나 볼 수 없는 것들을 펼쳐 보여주어야 한다. 한 생명의 열렬한 결실을 단 여덟 줄로 표현한 시는 담백할 뿐 아니라 간결하다.

　시를 토대로 그림책을 만들기 위해 그림 작가는 어떤 전략을 택할까. 시 그림책은 시 한 구절 한 구절을 그대로 그림으로 옮겨놓은 것이 아니다. 이런 방식으로는 시 여덟 줄에 어우러지는 그림이 여덟 장을 넘기기도 어렵거니와, 무미건조하고 깊이 없는 작품이 되고 만다. 그림 작가는 화가 이전에 온몸으로 시를 맞는 열렬한 독자여야 한다.

　본래 내가 해석했던 「대추 한 알」은 정중동의 시였다. 대추 한 알이 품은 힘에 집중했다기보다는, 온몸으로 자연의 변화를 견디는 나무를 그리며 읽었다. 만약 내가 그렸다면 여백이 많고 구도에 변화가 거의 없는 그림이 되었을 것이다. 너른 들판에 대추나무 하나만을 덩그러니 그리고, 나무와 계절의 변화를 원경으로 그려냈을 것이다. 시가 다 끝나면 비로소 둥글고 붉어진 대추 한 알을 부각시키면서 마침.

반면 유리 작가는 시 속 대추 한 알에 응축된 에너지를 적나라하게 드러낸다. 그림책 속 대추 한 알은 크기와 껍질과 빛깔이 때로는 심하다 싶을 정도로 과장되어 있다. 작가는 또 시에 없는 구체적인 공간성을 부여하면서 한 걸음 더 나아간다. 유리 작가의 대추나무는 농촌의 대자연 속에 존재한다. 나무와 작물, 동물과 사람이 같은 시간을 견디는 곳, 여기서 대추는 더 이상 개별자가 아니다. 논과 흙, 별과 농부 가족과 더불어 살아가는 존재다. 장석주 시인의 시가 대추를 성장시키는 자연의 섭리에 초점을 맞추었다면, 유리 작가의 그림 속에서는 어떤 존재 하나가 온전히 성장하는 데 필요한 자양분, 다른 이들의 땀과 기다림, 더불어 사는 삶의 고단함과 기쁨이 강조되어 있다.

시는 느리게 읽기의 진수이다. 독자이자 작가인 그림 작가는, 시를 천천히 되새김질하며 자기 방식으로 소화해내야 한다. 결국 시에 새로운 해석, 새로운 배경, 새로운 인물을 더해 자신만의 시로 재탄생시킨다. 이 작업은 느리고 고통스러울 것이다. 유리 작가가 『대추 한 알』을 구상하고 자료 조사하고 원화를 완성하기까지 무려 3년이 걸렸다고 한다. 시를 내면화하는 작업에는 필연적으로 '느림'이 동반된다는 것을 알 수 있다.

대신 그림 작가가 붙잡아둔 오랜 시간 덕에, 나는 나의 「대추 한 알」을 보다 손쉽게 시각화해본다. 나의 시 해석과 그림 작가의 시 해석이 같을 수는 없다. 다만 언어의 영역을 시각의 영역으로 전환하기가 쉽지 않은 사람들에게, 시 그림책은 고마운 길라잡이가 된다. 나의 느낌과 시의 느낌, 그림의 느낌이 서로 만날 때 이 시를 이런 식으로 해석할 수도 있구나, 내가 생각했던 장면과는 확연히 다르구나, 생각하고 비교하면서 보다 생생하게 시를 경험할 수 있는 것이다.

가꾸고 기다리고, 고난과 시련을 겪으며 단단해지고, 또 다른 존재와 어울려 자란다는 점에서 대추 한 알은 한 사람과 같은 의미를 지닌다. 내가 품고 키우는 내 아이도 딴딴한 대추 한 알이고, 옆집 아이도 매끈한 대추 한 알이다. 나도, 당신도 태풍 견디고 초승달 바라보며 자라온 대추 한 알이다. 내가 있어 저 이가 둥글어지고 붉어졌다. 반대로 저 이가 있어 내가 둥글어지고 붉어졌다. 그렇게 보면 귀하지 않은 사람이 드물다. 귀하지 않은 만남이 없다. 이 책을 함께 읽으면서 우리는 그날의 귀한 만남과 인연 앞에 숙연해진다. 겸손해지는 데 단 여덟 줄 사이를 거니는 여행이면 충분하다. 이는 또한 여덟 줄 사이를 '천천히' 걷는 자에게만 허락되는 가르침이기도 하다.

그림책 함께 읽기
느리게 꼭꼭 씹어 읽기

　어른들과 함께 시 그림책들을 엮어 읽을 때, 첫 책은 언제나 『대추 한 알』이다. 단 여덟 줄로 짧고 간결한 데다, 어느 가을 대형 서점의 광화문 글판에 걸리면서 큰 사랑을 받아 많은 이들이 한번쯤 접했을 것이기 때문이다. 이 시를 함께 읽을 때 한 행 한 행 잘라서 나눠준다. 그리고 찬찬히 읽은 후 백지 위에 여덟 줄을 배치해보라고 한다. 행을 어떻게 배치할지, 하나의 연으로 묶을지 여러 개의 연으로 묶을지 정해진 규칙은 전혀 없다. 중요한 것은 한 행 한 행 시간을 들여 읽어보고, 자신만의 흐름으로 배치하는 것이다.

　시인이 단단하게 지은 집을 허물고 내 방식대로 집을 쌓아 올려보는 시간. 저마다 다른 방식으로 시를 구성하는 것이 이채롭다. 짧은 시라 스르륵 눈으로 읽으면 10초도 안 걸리지만, 그렇게 읽으면 과연 시를 읽었다고 할 수 있을까. 조금 더 공을 들여 시에 머물며 감상해야 하기에 이런 작업을 같이 해본다. "쉬운 내용은 아니지만 곱씹어 읽으면서 은근한 울림을 느끼게 돼요"라는 의견이 많았다. "그림책을 펼치기 전 시를 꼼꼼히 읽어보니, 그림을 좀 더 자세히 볼 수 있어 좋네요"라는 의견도 있었다. 다른 시 그림책을 만날 때도 이렇게 꼼꼼하고 세심한 시선을 잃지 않기를 바란다.

함께 읽으면 좋을 책
#시 #시그림책 #느림 #나만의속도 #기다림

『수박이 먹고 싶으면』
김장성 글·유리 그림, 이야기꽃

김장성, 유리 작가가 함께 작업한 그림책. 수박이 우리 입에 들어가기까지 얼마나 많은 시간을 기다리고 공을 들여야 하는지 사실적이면서도 감동적으로 보여준다. 작가들이 실제로 두 번 수박 농사를 지어보며 만들어낸 정성 어린 그림책.

『흔들린다』
함민복 글·한성옥 그림, 작가정신

삶이란 흔들리지 않으려 애쓰는 것이 아니라, 흔들리는 가운데 중심을 잡아가는 것이라고 말해주는 시. 바람과 흔들리는 나무와 곁에 함께 있는 존재들을 간결하게 묘사해낸 한성옥 작가의 그림과 잘 어울리는 작품이다.

『병아리 싸움』
도종환 글·홍순미 그림, 바우솔

늘 툭탁거리지만 잘 때는 꼭 붙어 자는 병아리 자매의 일상이 그려진 사랑스러운 시. 홍순미 작가의 한지 그림이 병아리들의 사랑스러움을 강조한다. 투닥거리는 자매와 별개로, 자신만의 세계에 빠져 있는 막내 병아리가 그림책에 새로운 서사를 더한다.

『백 살이 되면』
황인찬 글, 서수연 그림, 사계절

어른이고 아이고 할 것 없이 바쁘게 살아가는 시대, 쉼이 필요한 모든 이에게 위로가 되는 시 그림책. "백 년 동안 쉬어서 아주 기분이 좋다"고 말할 정도의 깊고 충만한 쉼을 선물한다.

6 시간 속에서 여물어가는 것

『시간이 흐르면』
이자벨 미뇨스 마르틴스 글·
마달레나 마또주 그림,
이상희 옮김, 그림책공작소

시간은 눈에 보이지 않지만, 시간이 지나가며 남기는 크고 작은 흔적은 분명 눈으로 볼 수 있다. 세상 모든 것들이 생겨나고 변하고 사라지는 일련의 과정을 세련되고 명쾌한 그림으로 보여주는 작품이다.

『편지』
안 에르보 글 그림,
김주경 옮김, 베틀북

겨울잠을 자러 가야 하는 곰과 다람쥐가, 함께 보낸 여름의 추억을 담아 친구 피에르에게 편지를 보내는 이야기. 글을 모르는 두 친구가 열매, 깃털, 조가비 등을 편지 봉투에 담는다. 편지에 담긴 사랑의 마음이 독자의 마음을 따뜻하게 한다.

1997년 서울에서 〈폼페이 최후의 날〉이라는 전시회가 열렸다. 서기 79년 이탈리아 남부에 있는 베수비오 화산이 폭발했다. 지진, 해일이 이어졌고 분출된 가스, 화산재, 열기로 고대 로마 도시 폼페이는 하루아침에 잿더미가 돼버렸다. 행복하고 부유했던 도시, 단 열여덟 시간 만에 완전히 사라져버린 도시, 거의 2000년이 지난 후 부활한 도시. 고대 도시의 세련된 유물들도 인상적이었지만, 전시장 전체에 흐르는 비극적 서사가 나를 사로잡았다.

　전시에서 가장 충격적이었던 것은 한 젊은 여인의 석고상이었다. 사람들을 덮친 화산재가 단단해지고, 세월이 흘러 시체가 썩으면서 빈 공간이 생겼다. 이 공간에 석고를 넣어 굳혔더니 사람들이 죽어가는 순간의 고통과 두려움이 생생하게 복원되었다. 두 눈을 가린 채 엎드려 있는 젊은 여성은 다가올 재앙을 차마 바라볼 수 없는 듯했다. 나뿐만 아니라 많은 관람객들이 이 석고상 앞에 한참을 머물렀다. 시간이 흘러 육신은 썩어 없어졌지만, 당시의 고통은 석고상이 되어 영원에 갇혀버렸다. 살아 있는 것들 위로는 시간이 흘러간다. 죽은 것들 위로도 시간은 흘러간다. 그러나 죽은 채 살아 있는 폼페이 여성 위에서 시간은 멈춰 있었다. 그 기묘한 감각이 나를 오싹하게 만들었다.

모든 것은
변하네

『시간이 흐르면』은 시간이 흐르며 자연스럽게 나타나는 변화를 담은 그림책이다. 강렬한 색채와 명료한 디자인이 살아 있는 그림 덕에 눈이 즐거워진다. 시간이 흐르면 "아이는 자라고 연필은 짧아져. 냄비 속 양파는 부드러워지고 손등은 쭈글쭈글 거칠어지지. 지우개는 닳아 없어지고 카펫은 낡아 희미해"진다. 사람도, 동물도, 식물도, 사물도 세상의 모든 것은 시간의 영향력 아래 있다. 당장은 눈에 띄지 않더라도 시간이 한참 지나면 분명한 변화를 느낄 수 있는 것이다. 이 책 앞면지 왼쪽 위에 있던 달팽이가 느릿느릿 기어 뒷면지에서는 오른쪽 아래에 다다른 것처럼 말이다.

모든 것이 스쳐지나가도 어떤 것들은 변함없이 곁을 지켜준다. 훌륭한 책들은 세월을 뛰어넘어 독자들의 마음에 새로운 꽃들을 피워낸다. 사람도 그렇다. "하지만 어떤 친구들은 시간이 흐르고 흘러도 변함없이 항상 곁에 있어!" 얼굴에 비슷한 깊이의 주름을 품고 모닥불 곁에 둘러앉은 그림 속 친구들의 웃음은 다정하고 분위기는 평온하다. 그림책 모임에서 이 책을 읽고 나면 "시간이 흘러도 변하지 않기를 바라는 것은 무엇인가요?"라는 질문을 던진다. 많은 사람들이 아이를 생각하는 마음, 가족의 건강을 꼽는다. 시간을 다룬 많은 그림책들이 대부분 '사랑하는 사람과의 변치 않는 관계'를 그리며 끝나는데, 다 이런 마음 때문이겠구나 짐작하게 된다.

　사랑하는 이들의 마음이라고 언제나 변치 않고 같기만 할까. 사랑이 아무리 위대하다 해도, 폼페이의 젊은 여인 석고상처럼 천년만년 변함없을 리는 없다. 때로는 충만하게 한 시절을 보내고 때로는 등을 돌리는가 하면 서로의 어깨를 두드리기도 하며 이만큼 노 저어 왔을 것이다. 변화하는 가운데에도 여전히 특별한 시간 한 조각을 나누며 웃을 수 있기에 더욱 친밀한 사이가 되는 것이다. 시간은 거스를 수도 멈출 수도 없다. 우리는 다만 시간의 흐름과 함께 여물어갈 수 있다. 많은 경우, 여물어가는 삶의 밀도와 속도, 습도를 결정하는 것은 '사람과의 관계'이다. 나 역시 지키고 싶은 단 한 가지를 꼽으라면, 가까운 이들을 사랑하는 마음이라고 답할 테니 말이다.

너를 생각하는
시간

　안 에르보의 『편지』는 가까운 이를 사랑하는 마음이 담뿍 담긴 책이다. 시간과 관련한 주제를 다룰 때 이 책을 마지막에 꼭 읽는다. 곰 오스카와 다람쥐 로로는 겨울잠을 자러 가기 전에 편지를 쓰기로 한다. 친구 피에르가 겨울 동안 자신들을 잊지 않도록 말이다. 하지만 문제가 있다. 오스카와 로로는 글을 쓸 줄 모른다. 글이 아니라면 대체 무엇에 마음을 담아 편지를 보낼 수 있을까? 오스카와 로로는 셋이 함께 했던 여름의 추억을 가득 담은 조가비, 열매, 새벽별, 깃털 등을 편지 봉투에 담는다. 편지가 어서 가닿아, 피에르가 춥고 고단한 겨울을 따스하게 날 수 있기를 간절히 바라며. 작가는 편지 봉투를 집 모양으로 그렸다. 한 통의 편지가 따스한 안식처가 될 수 있다는 뜻을 담은 은유일 것이다.

　학창 시절 낭만 중 하나는 가을 낙엽을 책장 사이에 끼워두는 것이었다. 우선 두 눈을 크게 뜨고 모양과 색이 가장 고운 잎을 하나하나 줍는다. 이어 책장에 조심스레 끼워놓는다. 몇 달 후 책을 펼쳐보면 종이에 약간의 습기가 배고, 단풍잎과 은행잎은 제 색을 조금 잃은 채 얌전히 잠들어 있다. 바삭해진 나뭇잎을 조심스레 꺼내 투명 코팅을 한 후, 하얀 수정펜으로 책에 나오는 글귀를 써넣어 책과 함께 선물했다. 받는 사람은 딱히 의미를 부여하지 않을 수 있지만 내게는 한 해의 가장 특별한 색을 담은 선물이었다. 고르고 말리고 쓰는 여러 겹의 정성에, 상대를 생각하는 마음을 불어넣고 싶었다.

　마음을 담아 꾹꾹 눌러 쓴 편지다운 편지를 써본 지가 얼마나 오래되었을까. 가족 생일에는 카드라도 쓰려고 노력했지만 최근 들어 그조차도 잊거나 문자 메시지를 보내곤 한다. 전송 버튼만 누르면 실시간으로 메시지를 주고받을 수 있으니, 연필을 쥐고 한 자 한 자 쓸 때의 기쁨과 우체통을 열어볼 때의 설렘은 거의 사라져버렸다. 선물을 고르는 정성도 예전만은 못하다. 오스카와 로로가 전하고 싶었던 것은 아마도 '오래도록 피에르를 기억하는 마음'이었을 것이다. 함께 웃었던 여름날을 더듬고, 가장 고운 물건을 고르며 편지 봉투에 넣었다 뺐다 해보는 마음. 구구절절 많은 내용을 쓰지 않아도 '내가 여전히 너를 생각하고 있어'라는 애정 담긴 한마디가 흩어지지 않는 이상, 시간은 제 빛을 간직한 채 여물어간다.

　그런데 한 가지 궁금한 점. 『편지』에서 피에르는 어디에도 등장하지 않는다. 오직 편지를 쓰는 오스카와 로로의 대화와 기억 속에만 등장할 뿐이다. 피에르는 대체 누구일까? 실재하는 친구일 수도 있지만, 우리는 책에서 어떤 실마리도 찾을 수 없다. 피에르는 어쩌면 오스카와 로로의 상상 친구가 아닐까? 반짝이는 여름날의 추억을 받아보는 것은 자기 자신이 되는 셈이다. 어쩌면 피에르는 이 그림책을 읽고 있는 독자일 수도 있겠다. 아름다운 것을 정성 들여 고를 줄 아는 작가의 마음이 있어, 그림책은 시간을 넘는 생명력을 얻게 된다.

그림책 함께 읽기
한 해의 시간 돌아보기

'시간이 품은 나의 이야기'라는 주제의 그림책 모임은 대부분 11월에 진행한다. 섣불리 체념하지 않고 한 해를 돌아보며 남은 날들을 다잡아보기 위해, 12월이 아닌 11월에 여는 것이다. 모임 말미에는 안에르보의 『편지』를 읽고, 자신의 한 해는 어떤 시간으로 채워졌는지 돌아보며 편지를 쓴다. 꽤 많은 이들이 자기 자신에게 편지를 쓰고, 남편이나 아이처럼 소중한 사람에게 쓰는 이도 있다. 가장 마음에 드는 편지지를 고르고, 첫 문장을 가다듬고, 정성스레 빈 칸을 채워가는 설렘이 고스란히 느껴진다. 편지를 기다리는 설렘도 간만에 느껴보라고, 허락을 받아 내가 직접 집으로 부쳐준다. 나중에 물어보니, 남편에게 편지를 쓴 이는 답장도 받았다며 은근히 기뻐했다.

사적인 편지 내용을 나누는 대신, 각자 한 해를 어떻게 보냈는지 정리하는 시간을 갖는다. 먼저 귀하고 소중한 것으로 무엇을 꼽고 싶은지, 그리고 무엇을 버리고 싶은지를 생각해본다. 이를 바탕으로 아직 한 달여 남은 나의 한 해에 이름을 붙여본다. "사람 때문에 힘들었으나 또한 사람 때문에 힘을 낸 해" "내년을 위해 밑거름으로 삼은 해" "고난보다 헤쳐나갈 방법이 많았던 해" "늦은 사춘기가 찾아온 해" "아이들 때문에 완전히 소진되었지만 그림책으로 돌아온 해"라는 다양한 평가가 이어진다. 남은 두 달을 귀하게 보내기 위해서라도, 한 해가 다 가기 전에 얻은 것과 잃은 것, 취할 것과 버릴 것을 찬찬히 생각해보게 된다. 겨울이 성큼 다가오기 전, 도토리를 모아두는 볼 빵빵한 다람쥐처럼.

함께 읽으면 좋을 책
#시간 #1년 #관계 #추억 #인생

『시간은 어디에 있는 걸까』
사라 저코비 글 그림, 김경연 옮김, 미디어창비

시간에 대한 철학적인 질문들을 담은 책. 딱히 특별하지 않은 하루라도 누구와 어디에서 무엇을 하며 보냈는지에 따라 시간의 밀도와 속도가 완전히 달라진다. 구체적인 사물을 묘사한 부드러운 그림을 통해, 시간이라는 추상적인 개념을 쉽게 이해하도록 도와준다.

『눈 깜짝할 사이』
호무라 히로시 글·사카이 고마코 그림, 엄혜숙 옮김, 길벗스쿨

눈 한번 깜빡하는 순간 일어나는 세상의 변화를 그린 그림책. 짧은 순간들이 쌓여 만들어지는 인생의 지층과 더불어, 시냇물처럼 빠르게 흘러가는 인생의 속도를 생각하게 하는 철학적인 그림책이다.

『11월』
신시아 라일런트 글·질 캐스트너 그림, 이상희 옮김, 문학과지성사

한 해가 저물어가는 11월의 보석 같은 아름다움을 서술한 그림책이다. 고독할 것만 같은 11월이지만 겨울 추위를 이길 온기와 포근함을 미리 마련하는 시간이기도 하다. 뉴베리상 수상 작가 신시아 라일런트의 문장이 시처럼 펼쳐진다.

7 이별의 슬픔이
종이
될 때까지

『철사 코끼리』
**고정순 글 그림,
만만한 책방**

아기 코끼리 얌얌과 이별한 소년 데헷이 오랜 상실감을 극복해가는 과정을 담고 있는 그림책이다. "잊어야 한다는 마음으로 오늘도 울고 있을 사람들에게" 보내는 작가의 위로가 깊은 슬픔의 촉수를 건드린다.

외갓집 하면 푸근한 시골 풍경을 떠올리는 이가 많을 것이다. 하지만 나의 외갓집은 서울 사대문 안 좁디좁은 골목길 안에 있던 작은 집이었다. 게다가 외갓집을 떠올리면 제일 먼저 생각나는 것은 엉뚱하게도 색색의 외제 초콜릿이다. 당시만 해도 수입 과자를 시중에서 찾아보기 어려웠는데, 외갓집은 남대문 수입품 시장에서 가까웠다. 단것을 좋아하시는 외할아버지는 외제 초콜릿을 커다란 유리병에 담아 높은 찬장에 올려두셨다. 그리고 손자 손녀들이 오면 찬장에서 병을 내려 초콜릿을 조금씩 나누어주셨다. 할아버지는 마른 몸, 꼬장꼬장한 목소리, 내 작은 손을 덮어주던 따뜻한 손으로 기억된다. 하지만 제일 깊이 남아 있는 기억은 알록달록한 초콜릿 냄새다.

　　2017년 가을 외할아버지가 돌아가셨다. 세간의 눈으로 보면 분명 호상이었다. 아흔다섯 살까지 큰 병치레 없이 잔불이 꺼지듯 돌아가셨으니 말이다. 그렇다고 짙은 슬픔의 얼룩이 쉽게 흐릿해지는 것은 아니었다. 애써 마음을 갈무리하고 장례식장에 가면서 챙긴 것은 바로 알 초콜릿이었다. 빈소에서도, 화장터에서도, 납골당에서도 나는 주머니 속 초콜릿을 만지작거렸다. 지금도 가끔 외할아버지 꿈을 꾼 날이면 그런 초콜릿을 사서 만지작거린다. 마치 멀리 있는 할아버지와 이야기할 방도가 생기기라도 할 것처럼 말이다.

인생은 크고 작은 만남들로 이뤄진다. 뒤집어 말하자면, 인생은 크고 작은 헤어짐들로 이뤄지는 셈이다. 작게는 소중하게 간직해오던 물건을 잃어버린다. 이사나 전학, 전근 등으로 친구와 동료에게서 멀어지기도 한다. 한시라도 떨어지면 못 살 것 같던 연인과도 지리한 싸움 끝에 헤어진다. 가족처럼 지내던 반려동물이 먼저 세상을 떠난다. 친구나 친척 혹은 가족 중 누군가가 세상을 떠나기도 한다. 나이가 들수록 이별에 덤덤해지기도 하지만, 이별이 결코 쉬울 리 없다.

이별과 상실에 대한 예의

고정순 작가의 『철사 코끼리』는 첫 장면부터 강렬하다. 소년 데헷과 아기 코끼리 얌얌은 언제나 함께 있다. 고철을 주워 산너머 대장장이 삼촌에게 가져다주는 데헷 곁에는 항상 얌얌이 있다. 아무나 넘을 수 없는 돌산에 고철이 부딪혀 깡깡 소리가 울려 퍼진다. 험난한 길을 함께 가는 얌얌은 이 책의 몇 장을 넘기기도 전에 죽고 만다. 데헷의 슬픔은 깊고 어둡다. 데헷은 철사로 코끼리를 만들어 얌얌이라 믿으며 어디든 데리고 다닌다. 철사에 찔려 온통 상처투성이가 되어도 아랑곳하지 않는다. 사람들의 걱정스러운 말도 귀에 들어오지 않는다. 오랜 시간이 흘러 녹슨 철사 코끼리 앞에서 비로소 얌얌이 떠났음을 깨달은 데헷은, 코끼리를 용광로에 힘껏 밀어 넣는다. 대장장이 삼촌은 녹은 쇳덩이로 작은 종을 만들어주고, 데헷은 얌얌을 대하듯 종을 품고 다닌다.

  이별과 상실을 다룬 많은 작품들은 등장인물들의 관계와 추억을 심도 있게 다룬다. 독자는 그림책을 읽으며 두 사람만이 빚어낼 수 있는 친밀함에 서서히 물들어간다. 하지만 고정순 작가는 데헷과 얌얌이 얼마나 행복하고 아름다운 관계를 맺었는지 보여주는 데 몰두하지 않는다. 작가의 관심은 '아름다운 기억'이 아니라 '슬픔을 극복하는 과정'에 쏠려 있다. 두 인물에 특별히 감정이입 하지 못한 상황에서 데헷의 상실감에 빠져드는데, 여기에 나의 슬픔과 상실감이 겹쳐진다. 데헷이 슬픔을 극복하는 과정은 결코 녹록하지 않다. 마음과 몸의 연결고리가 끊어진 듯한, 나의 존재가 흩어져 스러지는 것 같은, 무어라도 해야겠으나 무얼 해야 할지 도무지 알 수 없는 느낌. 그저 무엇이라도 붙잡고자 하는 절절한 마음이 철사 코끼리를 만들어 내었을 것이다.

  소중한 이를 잃어 황망한 이들에게, 곁에 있는 사람들이 위로의 말을 건넨다. "산 사람은 살아야지." "울지 마라." "다들 그러고도 산다." 악의가 담긴 말은 아니지만 도움이 되는 말도 분명 아니다. 상실감을 극복하는 데는 시간이 걸린다. 몇 주, 몇 달이 지났다고 비극적 사건에서 훌쩍 벗어날 수 있는 것이 아니다. 그냥 여느 날처럼 지내다가 문득 슬퍼지고, 또 보통의 하루를 보내다가 이내 주저앉는다. 고통과 일상을 번갈아 견디면서, 상실의 슬픔은 아주 천천히 흩어지고 녹아내린다.

하지만 자신의 슬픔과 힘겨움에 매몰되어, 누군가의 슬픔을 있는 그대로 보고 기다려주지 못하는 사람이 많다. 말을 보태고 자신의 감정을 덧대며, 투명한 슬픔을 흐리려 든다. 잊으라고 재촉하는 목소리 때문에 오히려 슬픔은 깊어진다. 그래서 많은 이들이 극단적인 단절 혹은 극단적인 집착, 둘 중 하나를 선택한다. 상실감을 아예 외면하는 이별, 차마 떠나보내지 못하고 슬픔에 갇혀 있는 이별 말고, 서서히 멀어지는 이별의 경험이 우리에게는 필요하다. 그러자면 데헷이 철사 코끼리를 끌고 다니듯 울고 몸부림치고 침잠해 있는 시간이 절실하다. 이런 시간을 얼마나 기다리고 인정할 수 있느냐, 그것이야말로 한 사회가 이별과 상실에 얼마나 예의를 표하고 있는가를 보여주는 지표다. 너의 상실 앞에 내가 무례했다면, 어떻게 나의 상실에 네가 예의를 지켜주기를 기대할 수 있을까.

슬픔에 가닿는
아름다움

　이별과 상실에 대한 그림책 모임을 마무리할 때는 황인숙 시인의 「꽃에 대한 예의」를 읽어준다. 시든 꽃을 차마 종량제 봉투나 음식물 쓰레기 봉투에 넣을 수 없어, 화단 덤불에 슬쩍 얹고 돌아온다는 이야기이다. 어느 날 이 시를 읽고 나는 무릎을 탁 쳤다. 하지만 실제 화단 덤불에 꽃을 버리면 무단 투기라는 말에 그만 시무룩해지고 말았다. 그래도 이별과 상실을 이야기하는 그림책 모임에 온 이들에게 꼭 꽃 한 송이를 선물한다. 한낱 꽃의 죽음 앞에서도 무심할 수 없는 마음, 그래서 서로의 슬픔과 상실감을 더 귀히 여기는 마음을 꽃을 통해 전하고 싶다. 슬픔에 가닿는 아름다운 마음이, 마지막 작별 의식을 채워주기를 바란다.

　이별은 그와 내가 헤어지는 순간에 이루어지지 않는다. 손을 찔려가며 철사 코끼리를 만들어보아야, 이 코끼리를 끌고 이리저리 험한 길을 걸어다녀보아야, 손바닥이 상처투성이가 되어보아야 한다. 그래서 마음속으로 작지만 또렷하게 '안녕'을 속삭일 수 있을 때, 비로소 이별은 이루어진다. 나만의 적절한 이별 의식을 통해 한 발 앞으로 나아갈 힘을 얻게 되는 것이다. 내가 알록달록 알 초콜릿을 만지작거리고, 외갓집 꿈을 꾸며, 외갓집에 얽힌 추억을 글로 풀어내면서 비로소 외할아버지를 보냈던 것처럼. 작가가 『철사 코끼리』 작업을 하면서 자기 상처를 쓰다듬어보았겠다 싶어 마음이 저릿해질 때, 돌산에 고철이 쩡쩡 부딪히는 소리에 은은하고 맑은 종소리가 섞여 울리는 듯하다. 나의 절망은 어떤 소리를 내는 어떤 모양의 종으로 다시 태어났는가, 나의 종들은 안녕한가, 곁에서 가만히 울려보게 된다.

그림책 함께 읽기

이별과 상실을 나눈다는 것

이별과 상실 이야기를 그림책과 함께 나누기란 쉽지 않다. 내밀하고 채 봉합되지 않은 이야기들을 꺼내야 하기 때문이다. 그래서 짧은 시간 동안 슬픔의 겉면만 훑거나, 깊이 침잠했지만 감정을 정화하지 못한 채 시간이 다 지나버릴 수도 있다. 또한 진행자가 자칫 자신의 감정에 취할 수 있기 때문에, 이야기에 귀 기울이는 동시에 중심을 잘 잡는 것이 중요하다.

『철사 코끼리』를 함께 읽고 제일 먼저 던졌던 질문은 "왜 데헷은 철사 코끼리를 만들었을까?"였다. 얌얌과 데헷이 고철을 주워 대장장이 삼촌에게 전해주는 일을 했기 때문에, 가장 구하기 쉬운 재료로 지난 여정을 추억하기 위해서라는 답이 있었다. "자신을 더 괴롭히고 싶은 마음에 그랬을 거예요"라는 대답도 있었다. 버리고 극복하고도 싶지만 동시에 혼자 남았다는 죄책감에 자학하고 싶은 마음, 딱지를 일부러 떼어 계속 생채기를 내고 싶은 마음과 비슷할 것이다. 철사 코끼리를 돌산에 부딪쳐 쩡쩡 소리 내는 것을, "나 좀 봐줘! 나 좀 위로해줘!"라고 온몸으로 세상에 외치고 있는 것이라 해석한 이도 있었다. 절망 한복판에 빠진 이들의 외침, '나 좀 내버려둬'와 '나 좀 구해줘'에 담긴 의미는 동일하다. 참석자들 역시 바로 이 점을 지적하고 있다.

  두세 권의 책을 엮어 함께 읽은 후, 슬픔이 나에게 남긴 흔적을 데헷의 종 위에 그려본다. 인생의 반을 함께해온 친구를, 깊이 사랑해온 배우자를, 어린 날을 함께해준 친구와 할아버지를, 한 시절을 뜨겁게 함께 보낸 지인을 잃어본 이들의 눈물이 종이 위에 옮겨진다. 이미 오래도록 슬픔을 삭이고 마음을 추스른 이들은 "당신과 함께 마주한 모든 순간이 내가 살아가는 힘이 되었다"라고 덤덤하게 고백한다. 아직 구덩이 속에 머물거나 채 구덩이를 파지도 못한 채 서 있는 이들은 누군가와 함께했던 추억들을 하나하나 훑는다. 정신없이 흐트러진 마음에 섣부른 위로를 건네기가 조심스럽다. 다만 꽃 한 송이를 선물하며, 까맣게 타버린 마음에 작은 새싹이 돋는 날이 오기를 고요히 바란다.

함께 읽으면 좋을 책
#상실 #이별 #죽음 #추억 #슬픔

『여우 나무』
브리타 테켄트럽 글 그림, 김서정 옮김, 봄봄출판사

오렌지빛 털의 여우가 죽자 여우를 사랑했던 친구들은 밤새 여우에 대해 이야기한다. 그들의 사랑에 힘입어 여우는 오렌지나무로 다시 태어난다. 작가가 돌아가신 할머니를 그리며 만든 책인 만큼, 이별의 아픔을 아름답게 극복해가는 이야기를 담고 있다.

『흰둥이』
궈나이원 기획·저우젠신 그림, 북극곰

어린 시절 소중한 추억을 선물한 강아지 꿈을 꾼 노인. 오랜 시간이 흘렀지만 강아지와의 이별을 쉬 극복하지 못해 눈물을 흘리고, 생명을 키우는 대신 인형을 모은다. 이별의 아픔을 극복하려고 애쓰며 새로운 만남을 기약하는 이야기가 담긴 그림책. 신이유아문학상 그림책 창작상 대상 수상작이다.

『이젠 안녕』
마거릿 와일드 글·프레야 블랙우드 그림, 천미나 옮김, 책과콩나무

갑작스러운 사고로 반려견 호퍼를 잃었지만 해리는 아직 호퍼를 떠나보낼 준비가 되지 않았다. 어느 날 밤 호퍼가 해리의 곁에 찾아오고, 충분한 시간을 함께 보낸 해리는 비로소 호퍼의 죽음을 마음 깊이 받아들인다. 케이트 그린어웨이상 수상자 프레야 블랙우드의 서정적인 그림이 독자의 마음을 부드럽게 움직인다.

『나비 엄마의 손길』
크리스티앙 볼츠 글 그림, 이경혜 옮김, 한울림어린이

엄마의 죽음이라는 무거운 주제를 유쾌하게 풀어낸 그림책. 알에서 애벌레, 번데기로 몸을 바꿔 다시 태어나는 나비처럼, 몸은 사라졌지만 늘 곁에 머물며 가족을 지켜주는 엄마를 그려내고 있다. 자연물을 활용한 콜라주 작업이 인상적이며, 프랑스 소시에르상 수상작이다.

4부 다시, 그림책으로 구한 나의 답

1 일과 육아의 균형

『엄마, 잠깐만!』
**앙트아네트 포티스 글 그림,
노경실 옮김, 한솔수북**

바쁘게 기차역으로 향하는 엄마와, 그런 엄마를 자꾸 멈춰 세우는 아이의 이야기. 목표를 향해 달리는 어른들과 달리, 과정과 풍경과 관계를 중시하는 아이들의 따스한 마음이 잘 담겨 있는 책이다.

아이들이 일곱 살, 네 살이던 해, 기업 강의를 가야 하는 늦겨울 아침이었다. 전날부터 남편은 지독한 몸살에 시달렸다. 둘째 아이도 새벽에 갑자기 체온이 39.5도까지 올라, 아이를 보느라 거의 밤을 새웠다. 이른 아침 강의라 친정엄마가 아이들을 봐주겠다고 오셨는데 안색이 영 좋지 않았다. 어디 안 좋으시냐 여쭤보니 아무래도 대상포진인 것 같단다. 하아, 총체적 난국이라는 말을 이럴 때 쓰는 것이구나. 그림책 짐을 한껏 짊어지고 아픈 아이와 엄마를 두고 집을 나서는 마음은 참담했다. 출근길 9호선의 지옥철을 경험하고 강의에 들어가기 전 잠깐 카페에 앉았다. 구겨진 이면지 신세로 자리에 앉아 간신히 숨을 돌리면서, 내가 무엇을 위해 일을 하는지 생각하지 않을 수 없었다. 손쓸 수 없는 상황이 한꺼번에 터질 때면, 지금 하는 일들이 그냥 다 내 욕심인 것만 같았다. 아이들에게 충실하지 못한 나를 비난하고 싶어지고, 동시에 아이들이 내 길을 막고 있는 것처럼 느껴져 원망의 마음이 비집고 올라오기도 했다. 비난의 화살을 나에게 겨누었다 다시 아이들에게 겨누었다 갈팡질팡하면서, 날카로운 화살촉에 애꿎은 마음만 베이곤 했다.

육아와 일을
병행한다는 것의 무게

　번역과 그림책을 축으로 새롭게 일을 시작했을 때, 아이들은 다섯 살, 두 살이었다. 어린아이 둘을 키우며 일을 함께하기란 결코 쉬운 일이 아니었다. 회사를 그만둔 가장 큰 이유는 아이들과 함께 있는 시간을 늘리고 싶어서였기 때문에 육아를 포기할 수는 없었다. 그렇다고 새로운 일을 시작하는 상황에서 마냥 애들에게만 매달릴 수도 없었다. 상황이 그렇다 보니 일단 잠이 모자랐다. 아이들은 밤마다 깨어 엄마를 찾았고 돌연히 아팠다. 둘째는 서너 살 무렵 내내 "어린이집 가기 싫어! 거긴 엄마가 없어서 춥단 말이야!"라는 말을 하고 다녔다. 일의 종류와 상관없이 맞벌이를 하는 집이라면 종종 발생하는 상황이었다. 그런 아이들을 먹이고 씻기고 입혀서 내보냄과 동시에 내 일거리를 챙겨 출근해야 하는 아침나절은 팔이 네 개라도 모자랄 지경이었다. 달리 뾰족한 수도 없었다. 내게도 해야 할 일이 있었고 가야 할 곳이 있었다. 잘 달래서 최대한 아이를 울리지 않고 어린이집에 넣은 다음, 눈썹을 휘날리며 출근하는 것이 최선이었다. 아이들은 "낮잠 잘 자고 엄마 회사 갔다 와서 이따 만나자"는 약속에 대롱대롱 매달려 간신히 어린이집으로 향했다. 아침이 시작되기도 전에 저녁을 기약해야만 했다.

해종일 잘 견디어야 저녁이 온다고,
사랑하는 것들은 어두워져서야
이부자리에 팔과 다리를 섞을 수 있다고
모든 아침은 우리에게 말한다.
오늘은 저도 발꿈치가 아픈지
막무가내로 울면서 절름거린다.
"자, 착하지?"
아이의 눈가를 훔쳐주다가
나는 문득 이 눈부신 햇살을 버리고 싶다.
— 나희덕, 「저녁을 위하여」(『그 말이 잎을 물들였다』, 창비, 1994)에서

열아홉 살에 이 시를 보았을 때는 큰 감흥이 없었다. 나는 책을 지저분하게 보는 편이다. 밑줄도 긋고 낙서도 한다. 하지만 이 시에는 그런 흔적이 전혀 보이지 않아, 새내기 대학생이 새내기 엄마의 삶을 어느 한 귀퉁이라도 짐작하기는 어려웠으리라는 생각이 든다. 14년 세월이 흐른 뒤 두 아이의 엄마가 된 후에야, 시선집 『그녀에게』에서 이 시를 다시 만났다. 어린아이를 키우며 울음을 삼키는 초보 엄마의 얼굴이 그제야 선명하게 보였다. 둘째를 낳고 3개월 만에 복직하려다가 주저앉았을 때, 회사 가지 말라고 악을 쓰는 32개월짜리 첫째를 보며 들었던 생각이 딱 이랬다. "무엇 때문에 내가 이 아이를 낳고 키

우지 못하는가? 아이를 키우는데 왜 나는 아이가 아닌 다른 데 매달리는가?" 그런 간극을 메울 수 없어 다니던 회사도 그만두고 다른 일을 선택했으면서, 아침마다 우는 아이 때문에 허둥대는 나를 보면 무엇 하나 제대로 해내지 못하고 있다 싶어 자괴감이 들었다. 아이의 눈물 앞에서 눈부신 햇살을 버리고 싶다는 시인 앞에서, 나는 마음을 호주머니처럼 홀랑 뒤집어놓고 울고 싶어졌다.

그렇다고 아이와 함께하는 저녁이 늘 그림처럼 아름답기만 한 것도 아니었다. 집으로 출근한다는 워킹맘들의 하소연이 괜히 나왔을까. 아이들이 있기 때문에 내가 일할 수 있는 시간의 총량은 늘 정해져 있다. 아직 엄마를 많이 찾는 데다 나 또한 아이들에게 집중하지 못하는 것이 싫어서 재울 때까지는 집에서 거의 일거리를 꺼내지 않는다. 잠을 줄여서 일을 할 수도 있지만 잠이 부족하면 다음 날 아이에게도 일에도 충실할 수가 없어, 무조건 잠을 줄이는 게 능사도 아니었다. 사무실에서 일하다 헐떡이며 집으로 뛰어갈 때, "엄마가 오늘 꼴찌 엄마야"라며 입을 삐죽 내미는 둘째 앞에 설 때, 춥건 덥건 밖에서 놀겠다는 아이들 때문에 놀이터에 앉아 있을 때, 불쑥 마음 깊은 곳에서 불덩이가 치밀어 오른다. "네 녀석들 때문에 일도 못하고 꼼짝 없이 여기 붙들려 있잖아! 아무 의미도 없이 버티기만 하고, 이게 뭐야!"

우리가 되는 순간

앙트아네트 포티스의 『엄마, 잠깐만!』은 바쁜 엄마의 발목을 잡는 천진한 아이의 이야기이다. 시계를 보며 "빨리 가자!"라고 외치는 엄마의 마음은 아랑곳하지 않고, 아이는 연신 "엄마, 잠깐만"을 외친다. 다리가 짧은 귀여운 강아지가, 아스팔트 도로 공사를 하는 아저씨가, 빨간 나비 한 마리가 아이의 눈길을 끄는 것이다. 기차 시간에 늦을까 서둘러 달려가는 엄마의 손에 대롱대롱 매달려 가면서도 아이는 세상의 모든 부름에 다정하게 답을 건넨다. 어린아이 키우며 이런 경험 한번 해본 적 없는 엄마가 있을까. 어린이집으로 가는 5분 거리가 20분 30분으로 늘어나는 것이 예삿일이다.

자기를 계속 쫓아오는 그림자가 신기해, 그림자를 떼어내겠다며 뛰어다니던 두 살 때의 둘째를 기억한다. 가는 길에 떨어진 솔방울을 하나하나 줍겠다고 고집을 부려 호주머니가 불룩해지던 시절도 있었다. 신기해할 줄 아는 아이를 나는 얼마나 기다려주었을까. 책 밖에서 들여다보면 아이의 맑고 순수한 눈이 다 보인다. 그런데 책 속의 엄마 상황이 되면, 아이의 반짝이는 눈이 내 앞을 가로막는 커다란 짐볼처럼 느껴진다.

기차 시간에 늦을까봐 헐레벌떡 뛰어가는 엄마의 외투 자락을 붙잡으며 아이는 말한다. "엄마, 진짜 진짜로 잠깐만요." 아이의 간절함을 뿌리치지 못하고 뒤를 돌아보니, 하늘에 아름다운 쌍무지개가 걸려 있다. 엄마는 아이를 안고 물끄러미 무지개를 바라본다. 처음으로 둘의 시선이 같은 방향을 향하는 순간, 엄마와 아이는 오랜만에 '우리'가 된다. 이럴 때 순간은 영원이 된다. 무지개는 곧 사라져버리겠지만, 함께 무지개를 바라본 순간만은 엄마와 아이의 마음속에 오래도록 찬란한 그림으로 남게 될 것이다.

'지금'을 되돌려준 존재들

아이가 아니었다면 그렇게 멈추어 머무를 기회가 있었을까, 돌이켜 생각해본다. 성취욕과 불안이 많은 나는 잘 멈추지를 못한다. 말로는 지금을 즐겨야 한다고 하면서도 실제로는 그렇게 살지 못하는 나에게 아이들은 브레이크가 되어준다. 강제로라도 나를 지금 여기에 집중하게 하는 존재가 바로 아이들이다. 순간에 충실하지 못하면 아이와는 제대로 놀고 이야기를 나눌 수 없기 때문이다. 질문을 온전히 듣지 못하고 엉뚱한 대답을 했을 때, 아이 말을 제대로 듣지 않았다가 실수했을 때, 입을 삐죽거리는 아이 앞에서 미안했던 일이 어디 한

두 번일까. 아이와 그림책을 보는 시간도 마찬가지이다. 조금만 다른 생각을 하면 아이는 금세 알아차리고 부루퉁해서 지적을 한다. "엄마, 목소리가 다르잖아. 그건 할머니 목소리가 아닌데." 그림책을 읽어주는 행위는 꽤나 몰입을 요한다. 그래서 마음이 붕 떠 있으면 등장인물의 감정선을 제대로 읽어내지 못하거나 누구의 대사인지 혼동하거나 줄을 건너뛰는 실수를 저지르게 된다.

아이들은 절대로 그런 실수를 용납하지 않는다. 풍선처럼 다른 곳으로 흘러가려는 내 마음의 끈을 꼭 붙들어 자기들 손목에 딱 묶어 놓는다. 나는 꼼짝없이 아이들에게 붙들려 책 속으로 들어간다. 아이들도 앞서거니 뒤서거니 책 속으로 재잘대며 들어온다. 이것으로 무엇을 할 수 있고 무엇이 되겠다고 셈할 수도 있지만, 그림책을 읽고 있는 지금 이 순간 우리가 웃고 울고 가슴 떨리는 것이 중요하다. 그래, 나는 엄마지. 그리고 책 읽어주는 엄마지. 내가 그림책에 한껏 머물러 행복해할 수 있는 것은 8할이 아이들 덕이다. 아이들에게 책을 읽어주다 보면 꼼짝없이 책 속에 갇혀버린다. 행복한 감옥이 있다면 바로 이런 곳일 것이다.

다섯 살 둘째는 보물찾기를 무척 좋아한다. 아이가 동네 한 바퀴를 돌며 모아온 보물은 어른이 귀히 여기는 것과는 퍽 다르다. 소위 '쓸모'와는 거리가 먼 물건만 골라 온다. 곱게 마른 단풍잎, 갓털이 다 떨어지지 않은 채 마른 민들레, 작고 동그란 돌멩이, 누군가 떨어뜨리고 간 구슬, 마른 풀 사이에 돋아난 초록 잎새, 도토리와 솔방울…… 사소한 것이라도 특별하게 바라보는 시선을 잃어가면서 우리는 어른이 된다. 이런 의미에서 아이는 최고의 스승이다. 내게서 '시간'을 데려갔지만 '지금'을 다시 돌려준 존재들 덕에, 나는 비로소 의미 있는 워킹맘이 된다. 그림책 앞표지에 나온 엄마처럼 아이의 손을 끌며 재촉해야 할 때도 있지만 때로는 아기 고양이 뒤에서 천천히 걸어가고 있는 뒷표지의 엄마 고양이 같은 존재가 되기도 해야 한다. '지금 이 순간'을 함께 나누며 멈추어 무지개를 바라볼 줄 알아야 하는 것이다.

그림책 함께 읽기

아이의 마음을 더듬어보는 시간

이 책은 '그림책으로 부모와 아이가 함께 행복한 시간'이라는 주제의 학부모 연수를 할 때 읽어주곤 한다. "엄마, 잠깐만!"이라는 첫 문장부터 와르르 웃음이 터진다. "애들은 10분 거리를 한 시간 거리로 만들 줄 안다니까요!" "우리는 속이 터지는데 애들은 그러거나 말거나 신경도 안 써요." "뭐가 그렇게 다 신기한지……" 여기저기서 우리 아이도 그렇다는 증언이 쏟아진다. 빨리 가자는 대사와 달리 엄마의 표정이 온화하고 차림새가 너무 말끔하다는 점에 불만이 터지기도 한다. 그래도 열차 시간에 맞춰 가야 하는 엄마의 급박한 마음만은 많은 엄마들에게 공감을 불러일으킨다.

쌍무지개를 보는 마지막 장면에서 나지막하게 터지는 탄식. "기다리려는 노력 자체를 해봤나 싶네요. 아이한테 좀 미안해져요." "신기하게 바라보는 눈을 잃지 않는 것은 어린아이들의 특권 같기도 해요." "하긴 애들이 아니면 제가 언제 그렇게 작은 꽃이나 달팽이를 볼까 싶어요." 아이를 즐겁게 해줄 뿐 아니라 부모가 스스로 돌아보게 해준다. 부모가 그림책을 읽어야 하는 이유는 분명 여기에 있다.

함께 읽으면 좋을 책
#엄마 #육아 #기다림 #지금이순간

『거리에 핀 꽃』
**존아노 로슨 기획·
시드니 스미스 그림, 국민서관**

아빠와 함께 나선 산책길. 잿빛 도시 구석구석에 피어 있는 작은 꽃을 발견하고 아름다움을 나눌 줄 아는 소녀의 따뜻한 마음을 담고 있다. 글 없는 그림책의 고요함이, 아름답게 번져가는 색채를 더욱 부각시킨다. 캐나다 총독 문학상 수상작이다.

『엄마 껌딱지』
**카롤 피브 글·도로테 드 몽프레 그림,
이주희 옮김, 한솔수북**

엄마와 떨어지기 싫어 엄마 치마 속에 숨어든 아이의 심리를 플랩으로 표현해낸 그림책. 안전한 엄마 치마폭에서 일상을 보내던 아이는, 친구와 함께 처음 밖으로 나가 세상의 다채로움을 만끽한다. 건강한 분리와 독립을 생각해보게 한다.

『엄마 왜 안 와』
고정순 글 그림, 웅진주니어

회사에서 야근하느라 늦는 엄마를 홀로 기다리는 아이. 왜 안 오냐는 아이의 질문에, 엄마는 가지 못하는 이유를 아이 눈높이에 맞춰 찬찬히 설명해준다. 일하는 엄마의 고충과 기다리는 아이의 마음, 두 사람의 사랑을 어루만져주고 싶어지는 그림책이다.

2 걱정과 기대의 무게 덜어내기

『하지만 하지만 할머니』
사노 요코 글 그림,
엄혜숙 옮김, 상상스쿨

호기심은 많지만 막상 권하면 할머니라서 못 한다고 손사래치는 아흔여덟 살 할머니. 아흔아홉 번째 생일 케이크에 초를 다섯 개만 꽂으면서 다섯 살이 되어, 하고 싶었던 일을 마음껏 하게 되는 이야기가 재치 있게 그려져 있다. 일본 초등학교 교과서에도 수록될 정도로 많은 사랑을 받아온 그림책.

어느 가을, 한 책방지기로부터 메일을 한 통 받았다. 같은 해 1월에 열었던 '겨울을 견디는 용기' 그림책 모임에 왔던 이였다. "시작은 잘 하는데 일상을 견디는 것이 좀 힘들다"라고 했는데, 그맘때 뜻 맞는 이들과 함께 그림책 서점 '노른자 책방'을 열었다. 처음으로 어른들을 위한 그림책 강의를 열고 싶다며, 12회 정도의 장기 수업을 의뢰해왔다.

안 그래도 그림책 모임이 늘 단발성으로 끝나 아쉬워하던 터라 무척 반가웠다. 하지만 반가움은 곧 의아함과 당혹감으로 변했다. '왜 나를 선택했을까' 하는 의아함도 들었고, 대체 어떤 커리큘럼으로 12회기를 채울 수 있을지 감이 잡히지 않았다. 하고 싶다는 마음과 할 수 없을 것 같다는 마음이 전투를 벌였다. 포기하고 싶은 마음을 애써 달래가며 거의 두 달에 걸쳐 조율한 끝에 '어른을 위한 속 깊은 그림책'이라는 8회기 수업 일정을 확정했다. 수업 공지를 해놓고도 여전히 확신이 없었다. 몇 사람이나 이 수업을 신청할까? 과연 이 수업을 시작할 수 있을까? 내가 잘 진행할 수 있을까?

"하지만 난 ~한걸"

『100만 번 산 고양이』로 유명한 사노 요코는 일본의 독보적인 그림책 작가이자 에세이스트이다. 그림책 『하지만 하지만 할머니』에는 아이의 마음으로 돌아간 할머니 이야기가 담겨 있다. 아흔여덟 살 할머니는 씩씩한 다섯 살 고양이와 함께 살고 있다. 할머니는 홀로 집 안 살림을 돌볼 만큼 여전히 정정하고 차림도 말쑥하다. 하지만 집과 정원이라는 안전한 세계를 벗어나지 않으려 한다. 어디에서 고기를 잡느냐고 고양이에게 물어볼 정도로 호기심은 살아 있지만, 막상 같이 가자고 하면 "하지만 난 아흔여덟 살인걸. 이렇게 늙은 할머니가 낚시를 하면 사람들이 웃을 거야"라고 말하며 회피한다. 할머니의 아흔아홉 번째 생일날, 고양이가 초를 물에 빠뜨리는 바람에 할머니는 겨우 초 다섯 개만 케이크에 꽂을 수 있었다. 생일 초가 다섯 개뿐이니 졸지에 다섯 살이 되어버린 할머니, 다음날 할머니에게 어떤 변화가 일어났을까?

마음가짐이 달라지자 할머니한테서 놀라운 변화가 일어난다. 늘 입에 매달려 있던 "하지만 난 아흔여덟 살인걸"이라는 대사가 "난 다섯 살이니까"로 변했는데, 이는 단순히 말이 바뀐 게 아니라 삶을 대하는 태도가 바뀌었음을 의미한다. 집을 벗어나 멀리 낚시를 나갈 수 있고, 껑충 뛰어 냇물을 건널 수 있고, 장화를 벗고 냇물에 풍덩 뛰어들 수도 있다. 다섯 살은 재미있고 신나는 것을 찾아 마음 가는 대로 할 수 있는 나이. 나이의 제약을 뛰어넘은 할머니의 표정에는 생기가 넘친다. 차 우려내기, 콩 껍질 까기, 케이크 만들기 같은 아주 익숙한 일을 할 때, 할머니는 대부분 눈을 감고 있거나 침울해 보인다. 어깨를 슬쩍 움츠리고 허리도 굽히고 있다. 하지만 마음이 다섯 살짜리가 된 이후 자세가 달라진다. 마법이라도 부린 양 어깨가 펴지고 얼굴에도 웃음이 돌아왔다. 낚시터에서 마침내 동그랗게 눈을 뜨는데, 자신의 욕망에 더 이상 눈감지 않겠다는 의지의 표명이라 할 것이다.

할머니를 가로막은 것은 단순히 '나이 많음'이 아니라 '나이 많은 사람을 바라보는 타인의 시선'이다. 나를 보고 무어라 할까, 이런 두려움이 할머니를 오래도록 옭아맨 것이다. 다섯 살짜리 어린아이라고 두려움이 없으랴마는, 남의 눈치를 훨씬 덜 보고 자신의 욕망에 더욱 충실하다. 게다가 이 과정에서 할머니가 어른다움을 잃은 것도 아니다. 홀로 채소밭을 돌보고 고양이를 키우고 누구보다 맛있는 케이크를 구울 수 있으니, 다 오랜 삶의 연륜 덕분이다. 자신의 일상을 잘 가꾸면서도 타인의 시선에 위축되어 순수한 욕망을 억압하지 않는 삶. 할머니는 그렇게 진짜 어른으로 다시 태어난다. 언제고 나 자신의 내적 욕구에 충실하다면, 자신을 잘 지킬 뿐 아니라 무슨 일이건 시작해보는 즐거움을 누릴 수 있는 것이다.

나를 가로막는
장애물

  두세 달의 장기 수업을 의뢰받았을 때 기대와 함께 걱정이 덮쳐왔다. '이런 기회가 생기다니, 잘하고 싶다'라는 마음과 '잘 못해서 다들 실망하면 어떡하지'라는 마음이 동시에 어깨를 짓누르는 것이다. 부담이 너무 크다 보니 선뜻 내가 하고 싶은 일을 시작하기가 어렵다. 무슨 일이든 처음부터 잘할 수는 없다는 것을 머릿속으로는 너무나 잘 안다. 그러나 과정의 즐거움보다 결과의 압박이 너무 크다. 내가 잘할 수 있는 일이 아닌 것 같으면 피하고만 싶다.

  하지만 노른자 책방에서 진행한 수업은 여러 즐거움을 선물해주었다. 총 8강이라 평소 관심 있었던 주제를 마음껏 다룰 수 있었다. 그동안 수집해온 다양한 버전의 『빨간 모자』 그림책을 함께 보면서, 같은 이야기라도 얼마나 다르게 표현되고 수용되는지 살펴볼 수 있었다. 좋은 책을 소개하고 싶은 마음에 설레었고 이 역시 나만의 특권이었다. 무엇보다도 그림책을 좋아하는 이들을 8주라는 긴 시간 동안 꾸준히 만나며, 속 깊은 이야기를 나눌 수 있다는 것이 큰 기쁨이었다. 이런 작은 시작을 포기하지 않았기에 책도 쓸 수 있었다.

  불안에 잠식되어 하고 싶은 마음을 억눌렀다면 얻을 수 없었을 많은 것들은, 시작을 해봐야만 비로소 볼 수 있다. 매번 똑같은 이유로 욕망을 짓누르고 있다면, 한번쯤은 거기에서 벗어날 필요가 있다. 나를 가로막는 데 쏟는 에너지가 나를 열어젖히는 데 쓰이는 에너지로 탈바꿈될 수 있도록 말이다. '누가 오기는 할까' '몇 차례나 지속할 수 있을까' 두려워하며 시작했던 정기 그림책 모임은, 2년간 내가 성장하는 데 가장 큰 원동력이 되었다. '일도 모임도 많은데 할까 말까' 고민했던 남매독서단 덕에 매달 시와 함께하는 호사를 누렸다. 당장 눈에 보이는 성과를 내지 못할 수도 있다. 그래도 두려움을 넘어 새로운 도전에 나서면, 절로 나는 웃음을 감추기가 어렵다.

그림책 함께 읽기
새롭게 시작하는 용기

그림책 모임에서 '잃어버린 용기' '새로운 시작'이라는 주제를 다룰 때 『하지만 하지만 할머니』를 자주 읽는다. 이 책은 다양한 모임에서 사랑받고 있지만, 특히 그림책을 접한 경험이 많지 않은 직장인들에게 반응이 좋다. 한 기업의 진급자 교육에서 '시작하는 용기'를 주제로 강의를 진행했을 때도 이 책을 읽어주었다. 초 다섯 개 앞에서 실망하는 할머니, 다섯 살이 되었다고 갑작스레 낚시 가는 길을 쫓아가는 할머니, 풀쩍 뛰어올라 냇물을 건너는 할머니 같은 장면에서 간간이 웃음이 터져 나온다. 글과 그림이 유머를 잃지 않으면서도 다정하게 응원하는 듯하여, 여러 모임에서 시작 혹은 마무리하는 책으로 읽기에 좋다.

  책을 다 읽은 후에는 할머니를 늘 가로막는 말 "하지만 나는 아흔여덟 살인걸"처럼, 무언가를 욕망하고 시작하는 것을 방해하는 장애물은 무엇인지 생각해본다. 문장은 조금씩 다르지만, 유형별로 엮어보면 세 종류가 있다. 첫째는 남이 어떻게 볼까 하는 두려움이다. "괜한 일 벌이지 말라는 말을 들을 것 같아요." "다른 사람들이 쑥덕거릴 것 같아요." 이런 문장에서 타인의 평가에 대한 두려움이 느껴진다. 둘째는 불안이다. "막상 해봤는데 잘 못할까봐 겁나요." "100퍼센트, 최소한 90퍼센트 이상 준비되었다는 확신이 없으면 시작을 못 하겠어요." 기대했던 결과를 얻지 못할까 두려워하는 마음을 읽을 수 있다. 처음 해보는 일인데도 잘하고 싶은 마음이 앞설 때 이 불안은 커진다. 셋째는 귀찮음이다. "이걸 시작하면 감당해야 하는 일들이 많아져서 자신이 없어요." "지금 당장 할 일이 많으니 다른 걸 더 하기가 힘들어요." 해보고 싶은 일은 있지만 돈과 시간을 들여야 하고 인간관계가 피곤해지기 때문에 선뜻 움직이지를 못한다. 두려움과 불안, 귀찮음은 서로 얽혀 있다. 불안하니까 두렵기도 하고, 귀찮음 속에 두려움이 포함될 수도 있는 것이다. 독자 여러분의 욕망을 가로막는 장애물도 이 셋 중에 포함되는지, 혹은 또 다른 원인이 있는지 살펴보기 바란다.

  내가 하고 싶은 일을 가로막는 장애물을 글로 적어보면 해결책에 조금 더 가까이 다가갈 수 있다. 앞서 다룬 『용감한 아이린』과 엮어 읽으며, 나를 붇돋우는 데 필요한 덕목이 나에 대한 믿음인지, 타인의 시선을 의식하지 않는 담대함인지, 아니면 힘든 시간을 견디는 인내심인지 등을 생각해본다. 책과 책 사이에 물꼬를 터서 의미가 흐르게 하여, 나라는 사람을 파악해보는 것이다.

함께 읽으면 좋을 책
#걱정 #시작 #용기 #기대 #좋아하는것

『아저씨 우산』
사노 요코 글 그림, 박상희 옮김, 비룡소

검은 우산을 소중히 여기는 아저씨는 우산이 비에 젖는 것이 싫어 절대 우산을 펴지 않는다. 아이들의 노랫소리에 이끌려 마침내 우산을 펴본 후에야 비 오는 날의 정취를 마음껏 느끼는 아저씨. 여러 가지 이유로 마음속 깊이 접어두었던 우산을 활짝 펴보도록 도와주는 그림책이다.

『엠마』
웬디 케슬먼 글·바버러 쿠니 그림, 강연숙 옮김, 느림보

고향을 그리워하던 엠마 할머니가 선물받은 그림에 만족하지 못하고 직접 고향 마을을 그리기 시작하며 그림의 세계에 빠져드는 이야기. 나이와 관계없이, 좋아하는 일에 둘러싸여 살면 행복을 누릴 수 있음을 일러준다.

『아름다운 실수』
코리나 루켄 글 그림, 김세실 옮김, 나는별

실수라고 여겼던 것이 어떻게 다른 이야기로 발전해나갈 수 있는지를 보여주는 그림책. 짧은 글과 서정적인 그림을 통해 앞으로 나아갈 수 있는 용기를 선물받는다. 볼로냐 라가치상(오페라 프리마 스페셜 멘션) 수상작.

『나는 [ ] 배웁니다』
가브리엘레 레바글리아티 글·와타나베 미치오 그림, 박나리 옮김, 책속물고기

배우고 싶은 것을 마음껏 배우며 가득 채워가는 삶에 대한 그림책. 나이와 상관없이 배운다는 것은 하루하루 자라고 행복을 가꿔가며, 세계를 넓혀가는 것이다. 밝고 화사한 색채의 그림이 마음을 환하게 채워준다.

3 씨앗을 보내는 나무의 마음으로

『씨앗 100개가 어디로 갔을까』
이자벨 미뉴스 마르틴스 글·야라 코누 그림,
홍연미 옮김, 토토북

나무가 날려 보낸 씨앗 100개의 운명을 세련되고 재치 있게 그려낸 책이다. 문장은 단순하지만 기다림과 결실이라는 묵직한 주제를 담고 있다. 또한 아름다운 색상과 디자인이 돋보이는 그림이 독자의 마음을 사로잡는다.

애를 써서 번역가 모임에 들어가면 데뷔할 기회를 바로 잡을 줄 알았다. 원서를 받아볼 방법도, 출판계 인맥도 전혀 없던 나 같은 초보 번역가에게는 모임에 들어가는 것이 유일한 동아줄이었다. 그러나 길이 쉽게 열리지는 않았다. 번역 대상 원서 중 마음에 드는 책을 골라 얼른 신청해야 하고, 열심히 써서 보낸 열 장 남짓의 번역기획서가 출판사에 채택될 확률은 무척 낮았다.

그림책 번역이 무척이나 하고 싶던 나는 더더욱 막막했다. 그림책은 짧기 때문에 기획서 작성이 큰 의미가 없었다. 편집자들이 원서를 직접 읽어보면 금방 책의 성격을 파악할 수 있기 때문이다. 연륜이 있는 번역가들은 기획서를 쓰는 대신 친분이 있는 편집자에게 직접 책을 보여주기도 했다. 게다가 요즘은 책이 출간되기도 전에 이미 관련 PDF 파일이 출판사에 제공되기 때문에, 출간된 책 중에서 하나를 골라 기획서를 써야 하는 나로서는 늘 한 발 늦을 수밖에 없었다. 그림책 번역은 그냥 포기해야 하는 걸까? 땅속 깊이 묻혀 있는 씨앗 위에 묵직한 돌덩어리가 놓여 있는 기분이었다.

씨앗이
나무가 되기까지

봄의 첫머리 3월에 태어난 나는 겨울을 무척 힘들어한다. 추위 때문에 온몸이 움츠러드는데, 몸뿐 아니라 정신마저도 오그라드는 느낌이다. 그래서 꽃이나 햇빛이라는 모티브에 유난히 예민하게 반응하는 듯하다. 대지가 꽁꽁 얼어붙은 겨울이 지나고 마침내 껍질을 뚫고 나오는 연한 뿌리와 작은 떡잎에서 따스한 위안을 받기 때문이다. 『씨앗 100개가 어디로 갔을까』 역시 그런 위안을 기대하며 집었던 책이다. 숲속의 커다란 소나무 한 그루는 씨앗을 퍼뜨리기 적합한 날, 단 하루를 기다린다. 완벽한 하루를 위해서라면 나무는 추위도, 비도, 더위도 묵묵히 견딜 수 있다. 그리하여 드디어 기분 좋은 바람이 불어오는 완벽한 하루를 만나게 된다. 나무를 떠난 씨앗 100개는 바람을 타고 땅에 내려앉는다. 이제부터 나무는 모든 것이 잘되기를 바라면서 또다시 기다림의 시간을 견딘다.

하지만 씨앗 100개가 모두 포근한 흙을 찾아 싹을 틔울 수 있는 것은 아니다. 열 개는 도로 위에 떨어지고 스무 개는 강물에 빠지고 열 개는 바위 위에 떨어지고 스물다섯 개는 새들의 먹이가 되는 식이다. 싹을 틔운 것은 세 개였지만, 그마저도 햇빛과 물과 흙이 부족하여 단 하나만이 살아남아 어린 나무로 자란다. 하나 남은 어린이 나무는 어른 나무로 잘 커갈 수 있을까? 여기까지만 해도 이 책이 100개의 씨앗에서 시작해 한 그루 나무가 되고 다시 100개의 씨앗으로 돌아가는, 자연의 순환을 노래하는 책이라고 생각하며 책장을 넘겼다.

하지만 다음 장에서 두 눈이 휘둥그레졌다. 단 한 그루의 나무가 토끼에게 먹혀버린 것이다! 100개의 씨앗 중 단 하나의 결실도 볼 수 없을 것이라고는 상상도 못했는데……. 작가는 대체 어떻게 마무리를 지으려고 이런 장면을 넣은 것일까? 서둘러 넘긴 다음 장에서는 완전히 새로운 국면이 펼쳐진다. "여기까지가 이야기의 끝일 수도 있어. 그런데 말이야. 기억해? 나무는 아직 기다리고 있다는 걸. 모든 것이 잘되길 바라면서 말이야." 새의 먹이가 되었던 씨앗 중 몇 개는 통으로 빠져나와 싹을 틔웠다. 바위에 떨어진 씨앗 중 한둘은 조그마한 틈새에 쌓인 흙에 뿌리를 내렸다. 어치가 겨울 먹이로 숨겨둔 씨앗에서도 떡잎이 나왔다. 그렇게 생각지도 못했던 방법으로 열 그루의 나무가 숲속에 새로이 자라나게 된다. 한 그루의 나무도 살아남지 못했다고 생각했는데, 좀 더 멀리서 오랜 기간을 두고 바라보니 열 그루의 나무가 자라났음을 깨닫게 된 것이다.

기다릴 줄 아는 마음

　시작이 좋다 여겼는데 결과는 생각보다 잘 풀리지 않는 경우가 있다. 반대로 시작은 순탄치 않아 포기하려 했는데 운좋게 좋은 결과를 낼 수도 있다. 그림책 번역이 너무 하고 싶던 나는 모임에서 쓰는 기획서와는 별개로, 개인적으로 기획서를 쓰기로 했다. 확률이 무척 낮다는 것은 알지만 별다른 방법이 없었다. 출판사마다 원하는 책의 방향이나 결이 다르기 때문에, 일부러 인물 그림책으로 범위를 좁혔다. 일곱 건의 기획서를 써서 출판사 세 군데에 보낸 날 저녁, 한 출판사로부터 전화가 왔다. 제안서에 사진작가 도로시아 랭의 인생을 담은 그림책이 포함되어 있었는데, 이 책을 이미 계약한 출판사 대표의 전화였다. 알고 보니 직원들이 반대했으나, 자신이 너무 마음에 들어 출간을 결정했던 책이었다. 그러니 이 책을 알아봐준 기획서가 얼마나 반가웠을까. 이미 번역이 진행 중이라는 말에 내심 아쉽기는 했지만, 30분간 그림책과 관련된 이야기를 즐겁게 나누었다. 통화 말미에 "나중에 좋은 책 있으면 일 같이해요"라는 말을 들었을 때, 나는 예의상 하는 말이라고 생각하며 감사 인사를 전했다.

　한참 시간이 지난 어느 날 아침 모르는 번호가 휴대전화에 찍혀 있었다. 서둘러 아이들을 보내고 전화를 거니, 9개월 전 통화했던 출판사의 편집자가 다른 인물 그림책 번역을 해줄 수 있느냐고 물었다. 순간 찔끔 눈물이 날 뻔했다. 1년 반 동안 번역 기획서를 쓰고 문을 두드렸지만 쉽게 풀리는 일이 없었다. 사실 그사이에 성인 논픽션 책을 계약해 번역을 마무리했지만 출판사 사정으로 출간이 여태 안 되고 있던 참이었다. 포기하고 싶진 않았으나 때때로 힘이 빠지곤 했다. 봄날 아침의 전화 한 통은, 내가 2년 동안 헛일만 한 것은 아님을 확인시켜주었다. 간절한 마음으로 씨앗을 뿌리면, 당장은 아니더라도 언젠가 한두 개의 싹이 틀수도 있다는 것을 그제야 겨우 믿게 되었다.

그때 작업한 책이 『내 머릿속에는 음악이 살아요!』이다. 내 첫 번역서이다. 조지 거슈윈이 어릴 적부터 들어온 다양한 음악과 도시의 각종 소리들이 섞여들어 〈랩소디 인 블루〉라는 명곡이 탄생했는데 이 과정을 다루는 책이다. 거슈윈의 음악을 들으며, 자유분방하고 리드미컬한 곡의 느낌이 문장을 통해 잘 전달되기를 바라는 마음으로 번역 작업을 했다. 내가 제안한 그림책은 이미 출판사가 계약한 상황이니 '새가 먹어버린 씨앗'이나 다름이 없었다. 하지만 오랜 기다림 끝에 그 씨앗이 새로운 땅에 자리를 잡고 새로운 일로 돌아와 한 권의 책으로 나오는 기적 같은 일이 벌어졌다. 번역한 그림책을 아이에게 읽어주며 나는 새로운 기다림을 시작했다. 아이가 훌쩍 커버리기 전에 이런 기회가 또 왔으면 좋겠다는 마음으로, 여전히 품종도 개화 시기도 알 수 없는 씨앗을 뿌리는 것이다.

그림책 함께 읽기
온 힘을 다해 기다리기

그림책 모임에서 이 책에 가장 큰 반응을 보이는 이들은 두 부류이다. 첫째는 프리랜서나 자영업자들이다. 업종이 비슷하지 않더라도 프리랜서들끼리 만나면 "우리 하는 일은 씨앗 뿌리는 일이야"라고 말한다. 전혀 다른 분야의 사람들을 만나고 모임에 눈도장을 찍고 제안서를 쓰고 아이디어를 내본다. 꼭 무언가를 성취하겠노라고 하는 일이 절대 아니다. 다만 그런 작은 노력들이 씨앗이 되어 예상치도 못한 열매를 맺기도 한다.

꼭 결과를 따지고, 속도 제한이 없는 사회에서 살다 보면 자꾸만 성공 확률을 따지게 된다. 요즘 세상의 기준으로 보자면 100개의 씨앗이 뿌려져 열 그루의 나무가 남은 것은 실패에 가깝다. 심지어 몇 그루나 어른 나무로 성장할 수 있을지는 또 기다리고 지켜볼 일이다. 결과만 보려 들고 누군가가 얼마나 많은 씨앗을 뿌렸는지는 보지 못하기에, 한 사람의 성취가 쉽게 폄하되는 경우를 자주 본다. 그렇기에 이 책을 함께 읽은 어떤 이는 "제가 얼마나 열심히 씨앗을 뿌렸나 돌아보게 되네요. 가늠하고 재기보다는 더 많은 씨앗을 뿌려야겠어요"라고 고백한다. 또 다른 이는 "너무 빨리 성취한 사람들이 그걸 이어가지 못하는 경우를 많이 봤어요. 버티고 또 버텨볼게요"라고 말하며 결심한다. 그의 결심이 단단한 결실로 이어지는 날을 함께 기다려본다.

아이를 키우는 엄마들 역시 이 책에 크게 호응한다. '우리 아이가 과연 싹을 틔울 수 있을까?' 하는 불안감 때문에 기다리기가 힘든 내 모습이 겹쳐 보이기 때문이다. 씨앗이 깨어날 때를 고르는 과정, 땅속에 뿌리를 내리고 흙을 밀며 올라오는 과정은 눈에 잘 보이지 않는다. 흙 위로 머리를 내민 후에야 씨앗은 무서운 속도로 자라나기 시작한다.

"아이가 나름의 방식으로 자라나려는 모습은 눈에 잘 보이지 않아요. 방치하는 것이 아니라 온 힘을 다해 기다려주는 거예요. 그리고 원할 때 손을 내밀어주면 돼요."

선배 엄마의 한마디는 나뿐만 아니라 어린아이를 키우는 엄마들에게 깊이 뿌리박혔다. 마침내 자라난 어린 나무 앞에서 "이럴 줄 알았어!"라고 말하며 웃을 줄 아는, 뿌리가 단단한 엄마들이 많아졌으면 좋겠다. 그런 엄마들이 숲을 이룰 때, 상대를 믿고 기다리는 마음이 옆으로 아래로 씨앗처럼 퍼져나갈 테니까.

함께 읽으면 좋을 책
#씨앗 #기다림 #성공 #자람 #작은것

『씨앗은 어디로 갔을까?』
루스 브라운 글 그림, 이상희 옮김,
주니어RHK

열 개의 씨앗이 싹을 틔우지만 여러 시련과 고난을 이기고 꽃이 되는 것은 오직 하나뿐이다. 그렇지만 이 한 송이에서 또다시 열 개의 씨앗이 탄생한다. 작은 씨앗이 품고 있는 무한한 가능성과 기다림의 가치를 되새겨보게 하는 책이다.

『빨리빨리라고 말하지 마세요』
마스다 미리 글·
히라사와 잇페이 그림, 김난주 옮김,
뜨인돌어린이

'빨리빨리'라는 재촉을 들을 때마다 작아지고 움츠러들고 어두워지는 마음을, 너른 바다 위에 뜬 작은 배에 빗대어 표현한 그림책. 각자 자신만의 속도와 소명이 있고, 재촉하지 않고 기다려주어야 한다는 것을 생각하게 된다. 산케이아동출판문화상 수상작.

『작은 새』
제르마노 쥘로 글·알베르틴 그림,
이준경 옮김, 리잼

깃털이 화려한 새들이 날아가는 가운데, 아저씨는 숨어 있던 작은 새를 발견하고 격려해준다. 힘을 내어 날아간 작은 새가 새 떼를 이끌고 와 아저씨를 하늘로 이끌어준다. 작은 것을 들여다보고 기다려주면 놀랍고도 충만한 변화가 일어날 수 있음을 일러주는 그림책.

4

감탄할 줄
아는
마음

『눈 내리는 저녁
숲가에 멈춰 서서』
로버트 프로스트 글·
수잔 제퍼스 그림,
이상희 옮김, 살림어린이

20세기 미국 대표 시인 프로스트의 시에 칼데콧명예상을 받은 수잔 제퍼스가 그림을 그린 시 그림책이다. 숭고하고 견고한 시의 분위기에, 그림 작가가 미국 동북부 웨스트체스터에서 두 번의 겨울을 보내며 그려낸 설원 풍경이 황홀하게 펼쳐진다.

그날은 공부하러 강남까지 가야
하는 겨울날 아침이었다. 창밖으로 함박눈이 쉼 없이 내리고 있었다. 아이들을 평소보다 일찍 등원시켜야 해 정신없이 몸을 움직이면서 눈이 너무 많이 온다고 투덜거렸다. 그런데 밖에 나와 새하얀 눈에 발을 내디디는 순간 불평이 사르륵 녹아버렸다. 뽀득뽀득 눈 밟는 소리, 토독토독 우산에 눈 떨어지는 소리가 길을 가득 채웠다. 괜히 설레어 단지를 크게 한 바퀴 돌았다. 결국 놀이터에서 큰아이 친구들을 만나 커다란 눈사람까지 만들게 된 아침. 지하철역으로 헐레벌떡 뛰어가면서 비실비실 웃음이 비어져 나왔다. 아직 눈을 맞으며 행복해할 줄 아는 마음이 내 안에 살아 있구나, 싶었다.

　눈이 펑펑 내리는 날이면 가장 먼저 생각나 펼쳐보는 그림책이 있다. 「가지 않은 길」로 유명한 로버트 프로스트의 시에 수잔 제퍼스가 그림을 그린 『눈 내리는 저녁 숲가에 멈춰 서서』이다. 앞이 보이지 않을 정도로 거센 눈보라가 몰아치는 가운데, 기울어졌지만 꼿꼿이 서 있는 하얀 나무가 이 책의 표지를 지배하고 있다. 약간은 쓸쓸해 보이기도 하고 장엄해 보이기도 한다. 표지를 넘기면 두 마리 여우가 형형한 눈빛으로 독자를 바라본다. 할아버지가 동물들을 돌보고, 길을 떠나고, 숲으로 들어가고 나서야 비로소 프로스트의 시가 시작된다. 온 숲과 나무, 마을을 마치 하얀 이불 같은 눈이 소복하게, 아니 두툼하게 뒤덮고 있다. 말 한 필에 의지한 초로의 노인이 눈 속을 지나간다. 노인과 더불어 다양한 산짐승들이 각 장마다 전면에 등장하면서, 원시의 자연과 하나 되는 느낌마저 받게 된다. 제퍼스의 신비로운 화풍과 절제된 색상이 황홀한 설경을 완벽하게 표현해낸다.

할아버지의 웃음

프로스트의 시를 처음 읽었을 때 나의 온 신경은 '난 지켜야 할 약속이 있고 잠자리에 누우려면 한참 더 가야 하네'라는 마지막 시구에 쏠려 있었다. 약속을 지키려고 눈 더미를 뚫고 사람들에게 묵묵히 가고 돌아오는 노인의 의지와 올곧음이 숭고해 보이기까지 했다. 실제 프로스트의 시 원문은 책임감, 절제, 굴하지 않고 나아가는 의지, 용기에 무게가 실려 있다. 인생에는 우리가 지켜야 할 약속이 있고 부양해야 할 가족이 있고 해야 할 일이 있다. 그리고 의무의 무게를 절감하면서 우리는 어른이 되어간다.

그런데 그림책을 여러 번 읽은 후에는 전혀 다른 장면에 눈이 머물게 되었다. "내 어린 말은 이상하게 여길 거야. 농가도 없는 데서 이렇게 멈춰 선 것을"이라는 시구와 함께, 할아버지가 눈 위에 생긴 천사 모양의 자국을 가만히 바라보는 장면이었다. 아니 이게 갑자기 어디서 생긴 거지? 의문이 들어 앞으로 한 장을 넘겨보니 할아버지가 활짝 웃으며 눈 위에 드러눕고 있다. 눈밭에 누워 몸을 움직이고 팔을 휘저어 천사 모양을 만든 모양이다. 춥고 혹독하고 적막한 겨울 숲에서 이런 웃음을 짓다니! 시에는 이런 내용이 전혀 없는데, 그림 작가 제퍼스가 할아버지의 성격을 재해석한 것이다. 할아버지의 감탄은 거기에서 그치지 않는다. 바람 소리만이 가득한 호숫가 근처에 멈춰, 눈송이 날리는 소리를 들으며 가만히 미소 짓기도 한다. 오랜 삶의 터전이고 지겹도록 지나다닌 길이었을 텐데, 아직도 발견할 아름다움과 즐거움이 남았단 말인가?

맨 처음은 감탄하는 마음

아이를 키우며 그림책으로 정신없이 빠져들던 몇 년간은, 목마른 나무가 물을 흡수하듯 그림책을 빨아들였다. 별다른 목표 없이 오직 그림책에 대한 사랑만으로 다가갔기에 책과 나 사이에는 순수한 감탄만이 남았다. 그렇게 좋아하던 그림책 일을 할 수 있었던 것도 분명 큰 행운이었다. 일과 삶을 완전히 분리하지 않은 채 자유로이 넘나들 수 있기 때문이다. 그런데 어느 순간부터 그림책과 나 사이에 더 이상 순수한 감탄만 존재하지는 않게 되었다. 웃고 눈물 흘리는 감동이 채 사라지기도 전에 머리가 빠르게 돌아갔다. '이 책은 어떤 책이랑 엮어 읽으면 좋겠다.' '이 책은 무슨 주제에 마지막 책으로 넣으면 되겠네.' '내 취향은 아니지만 모임에서 이야기를 끌어내기에는 괜찮겠다.' 그림책 앞에서 재고 계산하고 판단하는 시간이 자꾸만 늘어났다. 그림책과 함께하는 시간이 늘어날수록, 나는 감탄하는 법을 잊어가는 것만 같았다.

그래서 유난스럽게 꽃을 사고 식물을 기르기 시작한 걸까. 꽃집에 들러 그날의 심사에 따라 꽃을 고르고 화병에 꽂아두고, 사람을 만날 때도 그림책 대신 꽃을 선물하는 일이 잦아졌다. 동물을 키우고 싶다고 한 아이들에게 "이 집에서 내가 키우는 살아 있는 생명은 너희 둘뿐이야"라고 선언했던 내가, 봄이 되면 꽃나무를 들이고 씨앗을 화분에 심기도 한다. 까만 콩보다도 작은 씨앗에서 잎을 틔운 나팔꽃이, 양파처럼 생긴 구근에서 나와 끝을 모르고 뻗어 올라가는 백합 줄기가, 노란 꽃 뒤에 열매를 숨긴 방울토마토 줄기가 하루하루 자라나는 것을 볼 때면 마음 한켠이 간질간질해진다. 여전히 나는 꽃 이름을 잘 외우지 못하고 식물에게 얼마나 애정을 줘야 하는지 가늠하기 어렵다. 그래서 우리 집에 들어온 식물은 자주 시들고 비틀대지만, 꽃과 나 사이에는 처음 내가 그림책에 내보였던 순수한 감탄이 있다. 『눈 내리는 저녁 숲가에 멈춰 서서』에 나오는 할아버지가 온몸으로 설원의 세계에 감응하는 것처럼 말이다.

 사람들과 함께 그림책 읽기를 하려면 많은 것을 준비해야 한다. 그림책을 다양하게 읽어야 하고, 자신만의 방식으로 해석해야 한다. 적절한 그림책을 고르고 질문을 건넬 줄 알아야 하며 어떤 답이 돌아오든 귀 기울여 들어줄 수 있어야 한다. 하지만 무엇보다 '감탄하는 마음'이 우선이라고 나는 생각한다. 그림책이 전하는 이야기에 심장이 덜컥 떨어져본 적이 없다면, 그림책이 나를 꿰뚫고 지나가는 아찔한 경험을 해보지 못했다면, 그림책을 통해 내가 할 수 있는 이야기는 겉돌 수밖에 없다. 남은 몰라도 나는 안다. 그 말이 예쁘고 곱지만, 덜 우려낸 찻물같이 밍밍하고 얕은 말이라는 것을. 나의 내면조차 관통하지 못한 말이 누구의 마음에 가닿을 수 있을까? 그림책의 아름다움을 타인에게 전해주고 싶다면, 먼저 감탄할 줄 알아야 한다.

 그리고 그림책에 감탄하기 위해서는 다른 대상에도 끊임없이 감탄할 줄 알아야 한다. 바람의 온도가 바뀌면 귀신같이 알고 새 잎을 틔우는 봄 나무에, 목덜미와 등허리를 데워주는 초여름 오후 햇살에, 먼 산의 능선까지 뚜렷이 보이는 날 폐에 가득 채워지는 깨끗한 공기에. 감탄하는 마음과 감사하는 마음은 고움의 결이 같다. 그리고 연습할수록 감탄과 감사의 곳간은 커지게 마련이다.

그림책 함께 읽기
여러 겹의 그림책, 여러 겹의 해석

동생과 함께 이 책을 읽었을 때, '하얀색' 하면 떠오르는 키워드를 바탕으로 각자 책을 추천했다. 나는 혼자 떠났던 강릉 여행 이야기를 하며, '뜻밖의 선물'이라는 키워드로 『눈 내리는 저녁 숲가에 멈춰 서서』를 추천했다. 책을 함께 읽은 동생은 "뜻밖의 선물이라고 했을 때 할아버지가 두껍게 쌓인 눈을 이겨내고 사람들에게 기대하지 않았던 선물을 가져다주는 것만 생각했어요. 그런데 오히려 할아버지 자신에게도 뜻밖의 선물을 줄 수 있는 여유가, 눈으로 둘러싸인 이 숲의 적막과 함께 어우러지면서 놀라운 아우라를 형성하는 것 같아요"라며 비슷한 감탄사를 내뱉었다. 그림책 모임에서도 "자기 자신의 삶과 사회적인 삶을 통합해낼 수 있는 사람이라 더 멋져 보인다"는 감탄을 듣곤 했다.

반면 그림 작가의 이런 해석을 불편해하는 의견도 만날 수 있었다.

원래 시의 분위기에 더 충실했으면 좋았을 것 같다는 지적이었다. "시에서 보여준 노인의 용기와 의지가 마음에 와 닿는데요. 그림 작가가 할아버지의 성격을 너무 자기 식대로 해석하여 변형한 게 아닌가 싶어 아쉬워요." "인물의 성격이 좀 가벼워진 것 같아요." 맞다. 나의 감탄이 꼭 다른 이의 감탄으로 이어지지는 않는다. 그림 작가가 해석한 시가 나의 해석과 꼭 같지도 않다. 하지만 시인이 쓴 시, 그림 작가의 해석, 여기에 여러 독자의 긍정적, 부정적 풀이가 겹치며 작품은 더욱 풍성해진다. 그렇게 셀 수 없이 많은 겹을 갖춘 책은 질긴 생명력을 얻어 오래 살아남게 마련이다.

함께 읽으면 좋을 책
#감탄 #감동 #시선 #아름다움 #발견

『다니엘이 시를 만난 날』
미카 아처 글 그림, 이상희 옮김, 비룡소

'시'가 무엇인지 궁금해진 다니엘이 공원의 동물 친구들을 찾아다니며 답을 구한다. 동물 친구들은 시에 대한 자신만의 답을 다니엘에게 들려준다. 시란 가까이 있는 아름다움을 발견하고 감탄하는 데서 오는 것임을 일러주는 그림책이다. 에즈라 잭키츠상을 받았다.

『나의 미술관』
조안 리우 그림, 단추

멋진 그림으로 가득한 미술관에서, 그림만 감상하는 어른들과 달리 아이는 어른들과 자연을 관찰하며 색다른 즐거움을 발견한다. 예술은 미술관 안에만 갇혀 있는 게 아니라, 어떻게 보느냐에 따라 어디에나 있을 수 있음을 일러주는 그림책. 볼로냐 라가치상 수상작.

『숲 속 재봉사의 꽃잎 드레스』
최향랑 글 그림, 창비

작가가 직접 모으고 말린 잎, 꽃잎, 씨앗 등을 재료로 만들어낸 콜라주 그림책. 흔히 지나칠 수 있는 작고 연약한 자연물들에 새로운 생명을 불어넣는 마음이 아름답다. 『숲 속 재봉사』 『숲 속 재봉사의 털뭉치 괴물』과 함께 읽으면 더욱 즐겁다.

5

일, 나다움을 선택하는 과정

『단어수집가』
피터 레이놀즈 글 그림,
김경연 옮김, 문학동네

제롬은 독특하고 인상적인 낱말을 모으는 '단어수집가'이다. 새로운 단어를 통해, 또한 새로운 단어와 단어의 만남을 통해 세계를 폭넓게 인식하고 자신의 생각을 더 뚜렷이 표현할 수 있음을 일러주는 그림책이다.

『선 따라 걷는 아이』
알랭 코르코스 글·
크리스틴 베젤 그림,
노엘라 킴 옮김, 꿈교출판사

선 밖으로 벗어나면 구멍 괴물을 만나게 될까봐 선만 따라 걷는 아이. 하지만 긴 산책 끝에 아이는 자기만의 선을 그리기도 하고, 선을 밟지 않는 놀이도 할 줄 알게 된다. 미술해설사로도 활동하는 그림 작가가, 파울 클레의 작품에서 영감을 받아 그린 색면 그림이 인상적이다.

마인드플로우에서 나와 나만의 울
타리를 만들기로 결심했을 때, 가장 어려운 일 중 하나는 회사 이름
을 짓는 작업이었다. 무슨 일을 하는 곳인지 짐작이 가야 하고, 내가
일을 통해 전하고픈 가치를 담아낼 수 있어야 했다. 오래 써온 필명
'안개향'이나 내 이름 석 자를 내세워볼까도 고민했지만 아무래도 낯
이 간지러웠다. 결국 가장 중요한 단어인 '그림책' 앞뒤로 무수한 단어
들을 붙여보았다. 여행, 산책, 길, 꽃밭, 카페같이 그림책 하면 떠오
르는 단어들부터 기차, 방석, 나루터, 서랍처럼 그림책에는 붙여 쓰
지 않을 법한 단어들까지. 사전을 몇 번이나 뒤적이고 혼자 걸으며 얼
마나 중얼거렸는지 모른다. 꼭꼭 숨어 있는 한 단어를 찾고 싶어 한
참을 헤매 다녔다.

　몇 달 동안 고민한 끝에 내가 그림책으로 전하고 싶은 것이 조금씩
명확해졌다. '온기'를 담은 수많은 낱말들 사이를 방황하던 끝에 선
택한 단어가 바로 '37도'였다. 여기에는 자꾸만 삭막해지고 냉랭해지
는 사람들이, 그림책을 읽고 이야기 나누는 가운데 약간의 빛과 색과
열을 얻을 수 있으면 좋겠다는 바람이 담겨 있었다. 사람의 체온 36.5

도에 그림책을 통해 0.5도나마 더해 온기를 전하려는 마음이 담긴 이름, 바로 '그림책 37도'였다.

나를 규정하는 말 찾기

『단어수집가』의 주인공 제롬은 제목 그대로 낱말을 모은다. 대화 속에서, 책 속에서, 거리에서, 어디에서든 독특하고 인상적인 단어가 있으면 낱말 책에 차곡차곡 모아둔다. 수집한 단어가 많아지자 제롬은 주제별로 단어를 분류해둔다. 다정한 말, 뜻 모를 말, 날씨, 감정, 스페인어, 식물, 폼 나는 말 등등. 낱말 책은 점점 더 두꺼워지고 많아진다. 그런데 어느 날 낱말 책 수십 권을 한꺼번에 옮기다가 일이 터지고 만다. 제롬이 비틀거리며 넘어지는 바람에 단어들이 한데 섞이고 만 것이다. 같은 낱말 책에 있을 리 없던 단어들이 희한하게 조합되고 이것이 제롬의 눈길을 끈다. '헛된 구름' '파랑 초콜릿' '침묵의 오케스트라' '실종된 생강'…… "나란히 있으리라 상상도 안 해본 단어들"을 이용해 제롬은 시를 쓰고 노래를 부른다. 더 많은 낱말을 알게 되어 세상을 더 잘 이해할 수 있게 된 제롬은 그동안 모은 낱말을 모두를 향해 날려 보낸다. "너만의 단어에 손을 뻗어봐. 네가 누구인지 세상에 말해봐. 그러면 세상은 더 멋진 곳이 될 거야."

매일매일 우리는 무수한 단어들을 활용해 말을 한다. 그런데 늘 정확한 언어를 사용해 나의 마음과 생각을 전달하지는 못한다. 때로는 흔한 비유에 쉽게 기대고, 때로는 어려워 보이는 단어 뒤에 숨기도 한다. 문제는 누구나 쓰는 말, 익숙하고 친근한 말, 그래서 자주 붙여 쓰는 말은 쉽게 진부해진다. "시간이 쏜살같이 지나간다"라는 말은 진실에 가깝지만, 닳도록 사용된 나머지 별다른 감흥을 불러일으키기 어렵다. 얼마나 신기하고 새로운 단어를 많이 아느냐가 아니라, 정확하게 말하려고 노력하는 마음이 중요하다. 말의 진부함에서 벗어나려 애쓰고, 그림책과 37도처럼 서로 멀어 보이는 단어도 연결해보려 노력함으로써 내가 말하고자 하는 바를 가장 정확하게 전달해본다. 말은 내가 누구인지를 규정하는 가장 강력한 도구이기 때문이다.

나를 소개할 때 여전히 '그림책으로 사람들과 모여 이야기 나누는 사람'이라고 말한다. 두루뭉술한 소개라 썩 마음에 드는 것은 아니다. 가끔은 그림책 테라피스트라고 소개하기도 한다. 심리상담이나 예술치료와는 거리가 있지만, 그림책 모임에서 마음을 서로 돌보게 하여 내밀한 화학작용을 일으키니 말이다. 그렇다고 해도 이런 소개 말이 아직 편안하지 않다. 나는 대체 무얼 하며 사는 사람인가? 사람들 앞에서 그림책을 읽어주고, 질문하고, 이야기를 들어주고, 좋은 그림책이 있으면 출판사에 소개도 해보고, 기회가 닿으면 번역도 하고, 좋은 그림책을 추천도 하며 산다. 그런데 활동가, 심리지도사, 도슨트 등 그림책 뒤에 붙는 여러 단어들 중 아직도 내가 하는 일들을 품으면서도 나에게 적합한 한 단어를 찾지 못했다.

그래서 '그림책 37도'라는 이름을 찾았듯 여전히 단어들 사이를 노니는 놀이를 계속 해본다. 가이드, 큐레이터, 항해사, 조향사, 전달자 같은 단어들을 붙여보면서, 내가 누구인지 세상에 좀 더 새롭고 정확하게 말해줄 수 있는 길을 찾아보는 것이다. 현재 널리 통용되고 있는 언어로 나를 규정할 수도 있겠지만, 아직은 그러지 않으려 한다. 나는 이미 존재하는 직업을 선택한 것이 아니라, 바로 지금 나다운 일을 만들어가고 있기 때문이다.

선에서 벗어나는 선택

그런데 나답다는 것은 대체 뭘까? 남들의 목소리에 귀를 기울이지 않으면, 가면을 모조리 벗어던지고 나면, 변하지 않는 단 하나의 나라는 것이 진짜 남는 걸까? 그림책 『선 따라 걷는 아이』를 읽으며 나는 이 질문에 답을 하고 싶었다. 아이는 화면을 가로질러 길게 나 있는 선을 따라 걷는다. 놀이라고는 하지만, 선을 벗어나면 깊은 구멍으로 떨어지는 무시무시한 벌칙이 기다리고 있다. 선은 제법 다채로워 재미있지만, 다른 길이 궁금할 법도 한데 아이는 여전히 선을 지키고 벗어나지 않으려 애쓴다. 중심을 잃을 때는 폴짝 뛰며 균형을 잡아보고, 선을 벗어날 수는 없으니 속도를 나름대로 조절해본다.

다리 위에서 아이가 한참 바라보는 선은 강물이 만들어내는 물결의 선이다. 물결은 일정한 방향성이 있지만 모양은 미묘하게 모두 다르다. 그래도 아이는 정해진 선에서 벗어나지 않는다. 대신 다리 위에 직선, 곡선, 대각선으로 이뤄진 상상의 나라를 그리며 논다. 걷기 놀이는 끝없이 이어지고, 이윽고 선이 보이지 않자 아이는 이제 선을 그리기 시작한다. 짧은 선, 긴 선, 부드러운 선, 뾰족한 선. 아이는 누군가 그려놓은 선 대신, 자신이 그려놓은 새로운 선 위를 걷는다. 선을 따라 걷지 않으면 나타난다는 구멍 괴물의 허상에서도 벗어나, 아이는 선을 밟지 않는 새로운 놀이를 탐구하기에 이른다.

돌이켜 보면 나는 운 좋은 삶을 살아왔다. 특별히 풍요롭게 살지는 않았지만, 성실한 부모님 덕분에 살림살이를 걱정하지 않아도 되었다. 대학 진학이나 취직도 원하는 대로 이루었고, 친구의 소개로 마음이 잘 맞는 사람을 만나 가정을 꾸릴 수 있었다. 살아오면서 했던 대부분의 선택은 선을 벗어나지 않았다. 십대에는 공부, 이십대에는 취직, 이후에는 결혼과 출산. 그런 점에서 2016년 결심한 퇴사는 인생에서 거의 처음으로 선 밖으로 나가는 선택이었다. 무언가를 하겠다는 결정을 내리기도 어렵지만, 그만하겠다는 결정을 내리기는 더더욱 어려웠다. 게다가 어떤 직업이라 한마디로 규정하기도 어려운 일을 시작하는 것도, 당시 내가 걸어온 인생길에는 없던 선택이었다.

나를 만족시키는 선택

일을 시작하고도 이 길이 맞는지 계속 묻게 된다. 비슷한 일을 하는 이들도 많지만, 각자 입각점도, 강점도, 품고 있는 화두나 좋아하는 그림책도 모두 다르다. 그래서 서로 격려하고 도울 수는 있으나 결국은 자신의 선을 그려가면서 일을 해야 한다. 서점이나 작업실 등 자기만의 공간을 가꾸는 사람들을 보며 나도 내 공간을 내어볼까 궁리한 적이 있다. 하지만 작은 공간에 진득하니 머물며 일하는 성격이 못 되는지라, 노마드처럼 공용 사무실에 입주해 일하고 있다. 엄마의 삶을 집중적으로 다루는 그림책 함께 읽기가 유행처럼 번지면서, 나도 비슷한 커리큘럼을 구성해본 적이 있다. 그러나 엄마들끼리만 모여 엄마 이야기만을 나누는 것이 어색하게 느껴졌다. 물론 내가 진행하는 그림책 모임도 엄마 비중이 높긴 하지만, 결혼하지 않은 분들도 많고 주제도 엄마에 국한되지 않는다. 나는 공통점을 찾아 위안을 구하는 것보다, 다름을 만나 확장을 구하는 쪽이 더 즐겁고 의미가 있었다. 두어 번 엄마 테라피 모임을 해보고 나서는 결국 이 주제를 내 커리큘럼에서 지웠다. 그런다고 구멍 괴물이 튀어나와 나를 잡아먹지는 않을 테니 말이다.

일을 한다는 것은 끝없는 선택으로 이뤄진다. 무엇을 하고 무엇을 하지 않을지, 어디에 가고 어디에 가지 않을지를 계속 판단하고 결정해야 한다. 결과는 미리 알 수 없지만, 선택할 때는 확신이 있어야만 한다. '무슨 도움이 될지는 모르겠으나 재미있겠다.' '힘들겠지만 나의 성장에 분명 도움이 될 것이다.' '그 사람들과 함께하면 기쁘다.' '경제적으로 도움이 되어 삶의 다음 단계를 구상할 수 있다.' 어떤 이유를 들먹이든 누구도 아닌 나를 먼저 설득할 수 있어야 한다. 어떤 이야기를 어떤 책을 통해 풀어갈지를 두고도 선택을 해야 한다. 무엇이 모자라다고 생각해 더 배우는 것도 적극적인 선택이다. 나를 만족시키는 이유가 있다면, 남들이 보기에는 어떨지 몰라도, 그거야말로 나다운 길이다. 나다운 길의 무수한 총합으로 만들어지는 지도야말로, 지구상 하나뿐인 '내 인생'이라고 할 수 있을 것이다.

『선 따라 걷는 아이』에 나오는 아이는 선을 따라 걷기만 한 것이 아니었다. 선 위에서 안전하게 규칙을 배우는 동시에 선 밖의 세계를 계속 탐구한다. 물결을 가만히 바라볼 줄도 알고 분필을 들어 상상의 나라를 그릴 줄도 안다. 고개를 숙이고 정해진 선만 보고 걷던 사람과는 확연히 다르다. 이미 그려진 길 위에서도 자신이 좋아하는 길을 계속 탐구하다 보면, 어느 순간 직접 선을 그릴 수 있는 힘이 생긴다. 그래서 우리는 더 많이 걷고 더 많이 눈을 돌리고 더 많이 멈추어 보아야 한다. 그래야 마침내 선 밖으로 한 발을 내디딜 수 있다. 한 발을 일단 내디디면, 어떤 선을 그릴지는 온전히 나의 몫이다.

그림책 함께 읽기
선 위의 선택, 선 밖의 선택

『선 따라 걷는 아이』를 함께 읽으면서 '나다운 것, 나답지 않은 것'에 대해 생각해본다. 우리가 해왔던 수많은 선택들 가운데 선을 따라가는 선택과 선에서 벗어나는 선택들을 되돌아보는 것이다. 부모님의 기대, 사회적인 평판을 선이라고 생각한 이는, 좋은 대학과 좋은 직장 이외의 선이 없던 지난 시절을 안타까워했다. 반대로 늘 하고 싶은 것을 마음껏 하며 살아온 덕에 삶의 확신이 있던 이는, '결혼하면 아이를 낳아야 한다'는 사회의 통념이 선같이 느껴졌다고 말했다. 또 다른 이는 "선이 사회적 성취와 안정을 추구하는 길이라면, 꼭 나쁘다고 할 수 있을까요?"라고 반문했다. 공부하고 좋은 대학에 가고 좋은 직장에 가면서 얻었던 성취감도 인생의 중요한 요소라고 말이다. 맞다, 중요한 것은 겉으로 보이는 선 위를 걷느냐 걷지 않느냐가 아니다. 선 위를 걷는 것처럼 보여도 내가 흡족하다면 나다운 것이지만, 선 밖으로 나가 재미있게 사는 것처럼 보여도 타인의 시선에 갇혀 있다면 나답지 못한 것이다.

'한도 없이 깊고 검은 구멍 속 괴물'에 대해서도 이야기를 나눈다. 선을 벗어났을 때 정말 구멍 괴물을 마주했던가? 늘 부대끼던 직업에서 벗어나 다른 길을 가려 했을 때, '부모님이 실망하시지 않을까?' 하는 걱정을 구멍 괴물로 표현한 이가 있었다. 지지를 받고 싶었지만 오히려 반대에 부딪혔을 때 실망감이 컸으나, 그것이 자신의 선택을 막을 수는 없었다고 했다. 선이 만족스럽지 않아 벗어나려 노력한다면, 이와 관련한 사례를 많이 볼 필요가 있다는 의견도 있었다. 선을 벗어나 자기 삶에 만족하는 사람, 반대로 구멍 괴물을 만나 힘든 사람들을 두루 만나봐야 한다고 말이다. 특히 아이가 다양한 이야기를 듣고 판단할 수 있도록 도와주는 것이 부모의 몫이라고 강조했다. 기다림이라는 이름으로 아이를 방치하고 있는 게 아닌가 싶던 나에게도 뜨끔한 일침이었다.

함께 읽으면 좋을 책
#나 #나다움 #선 #선택

『점과 선』
노턴 저스터 글 그림, 김윤경 옮김, 오늘의책

자유분방한 구불이를 사랑하는 점, 그런 점을 사랑하는 고지식한 선. 점의 사랑을 받기 위해 선은 각으로 도형으로 점점 확장해나간다. 하나의 각을 만들어내기 위해 처음 했던 선택, 그후 도형을 만들어내며 했던 수많은 선택이야말로 선을 선답게 만들어준다. 이 책을 바탕으로 만들어진 애니메이션은 아카데미상을 수상했다.

『빨강: 크레용의 이야기』
마이클 홀 글 그림, 김하늬 옮김, 봄봄출판사

빨강이라는 이름과 달리 빨간색을 잘 그리지 못하는 빨강이. 누군가는 노력이 부족하다고, 누군가는 외관에 문제가 있다고 지적한다. 바다를 그려달라는 부탁에 빨강이라서 할 수 없다고 거절했지만, 놀랍게도 파란 바다가 그려진다. 보이는 것, 미리 규정된 것과는 다른 진짜 내 모습을 생각해보게 하는 그림책이다.

『나』
조수경 글 그림, 한솔수북

공부에 시달리는 아이와 사회생활에 시달리는 어른이 각각 자신의 미래와 과거를 만나며 삶의 위안을 얻는 이야기. 현재의 어려움에서 온전히 벗어날 수는 없으나, 나 자신이 여러 선택들이 길게 이어져 구성되는 존재임을 되새기면 보다 의미 있는 선택들을 해나갈 수 있으리라 생각하게 된다. 국제 일러스트레이션 어워즈 어린이 책 부문 대상 수상작.

6 책으로 지켜내는 나와 너

『지하 정원』
조선경 글 그림,
보림

지하철 청소부 모스 아저씨는 터널 속에서 냄새가 난다는 사람들의 말에 터널의 묵은 때를 벗기고 쓰레기를 치우기 시작한다. 마침내 깨끗해진 터널 환기구에 작은 나무를 옮겨 심었고, 지상으로 뻗어나간 덩굴은 다른 사람들을 움직여 도시에 푸른 녹지를 선사한다.

우리는 대학교 시학 학회에서 만났다. 시문학 특기자로 입학한 친구는 감성도 분위기도 표현 방식도 남달랐다. 나는 친구가 당연히 시인이 될 거라고 생각했지만 친구는 공부하는 길을 택했다. 지금도 글과 함께 숨 쉬며 산다. 졸업 후 길이 완전히 갈렸던 우리는 오랫동안 연락을 주고받지 못하다가, 둘 다 엄마가 되고 내가 새로운 일을 시작하면서 다시 만나게 되었다. 친구가 번역한 그림책을 받기도 하고 내가 번역한 그림책을 건네주기도 하면서 글 언저리에 살고 있는 서로를 쓰다듬어주었다.

대학 시절 책 선물을 할 때는 면지에 꼭 몇 줄의 편지를 써서 주었다. 책을 다시 팔려는 생각, 책이 교환할 수 있는 상품이라는 생각은 조금도 하지 않던 시절의 호기로운 사치였다. 친구는 스무 살 때와 똑같은 글씨로, 단편소설집 면지에 짧은 편지를 써주었다. '너는 너를 지키고 있구나.' 열 글자의 정갈한 글귀를 한참 들여다보았다.

어떻게든 무엇이든 한 조각을 지키며 살고 싶어 안간힘 쓰는 나를 보아준 친구의 눈이 참 반갑고 고마웠다. 내 안의 추가 묵직함을 잃고 자꾸만 흔들릴 때, 친구가 보낸 짧은 편지를 펼쳐 본다. 살면서,

일하면서 나를 지키는 것의 무게를 생각하며.

나를 성장시키며 일하는 방법

『지하 정원』의 모스 아저씨는 지하철 승강장과 계단 청소부로 오래 일해왔다. 터널 청소는 굳이 해야 할 일이 아닌데도, 아저씨는 사람들의 불평 섞인 수군거림을 그냥 지나치지 않고 자신이 할 일을 깊이 생각한 끝에 오랜 시간에 걸쳐 터널의 묵은 때를 조금씩 벗겨낸다. 거무튀튀한 군청색 터널 벽을 물비누로 씻어내면, 바다처럼 파란 벽이 모습을 드러낸다. 터널은 통로이다. 역과 역을 연결하는, 누구도 쉽게 들어갈 수 없는, 그러나 한번 들어가면 이쪽으로든 저쪽으로든 멈추지 않고 걸어 나와야 하는 어둠의 길이다. 그렇게 깊숙한 길에 들어가 묵은 때를 벗기고 산더미 같은 쓰레기들을 치우자 비로소 '은은한 달빛과 서늘한 밤바람'이 마음속으로 밀려든다. 주변을 새롭게 감각할 힘이 생기는 것이다.

아저씨가 자발적으로 터널에 들어가 청소할 수 있었던 힘은 어디에서 나왔을까? 『지하 정원』은 조선경 작가가 1990년 뉴욕에서 그림 공부를 하던 시절 만났던 환경미화원 모스의 삶을 모티브로 하여 지은 그림책이다. 모스의 집에 갔을 때 책장에 빼곡히 꽂힌 책들, 직접 그린 그림, 피아노를 보고 깜짝 놀랐다고 한다. 청소라는 소임을 열심히 해내면서도, 남은 시간에는 오롯이 창조에 힘쓰며 자신을 탐구하는 모습이 아주 인상적이었던 것이다. 다양한 분야의 책이 빼곡히 꽂혀 있는 집 안에서 무언가를 쓰고 있던 모스 아저씨의 모습으로 미루어, 읽기, 사색하기, 글쓰기는 아저씨의 일상이었을 것이다. 무심히 흘려들을 수도 있는 타인의 말에 귀 기울여 새로운 소임을 찾고, 나무가 자라는 지하 정원을 발견하여 호들갑 떠는 사람들 사이에서 조용히 자신을 지키는 힘은 견고한 일상에서 단련된 것이다.

  회사에 다니던 10년 동안 많은 것을 배웠지만 또한 자괴감도 컸다. 내가 일을 통해 성장하는 것이 아니라 소모된다는 느낌을 받은 것이다. 잦은 부서 이동, 실행보다 기획이 우선되는 문화, 매해 단기 성과를 평가하는 시스템 같은 이유로 불필요한 일들을 자꾸 해야 했다. 일을 하면 할수록 전문성이 쌓여야 하는데, 보고서를 상사의 구미에 맞게 쓰는 요령만 늘어가는 것 같았다. 그것도 '일 잘하기'에 속한다며 스스로를 위로했지만, '나'와는 점점 멀어지고 있다는 생각을 지울 수가 없었다.

  8년차쯤 되었을 때, 어쩔 수 없이 나는 일과 일상을 철저히 분리하기로 했다. 일과 회사는 생계수단으로만 여기고 일상에서 소소한 즐거움을 누리며 나를 지켜내겠다고 생각한 것이다. 하지만 일터에서 보내는 시간이 하루의 절반을 차지하는 상황에서, 일로 소모되는 자신을 일상에서 회복하기란 상당히 어려웠다. 단지 일상만이 아니라, 일을 통해서도 나를 지키고 성장시키고 싶었다.

그래서 나를 지킬 뿐만 아니라 일과 일상을 잇는 매개로 선택한 것이 바로 책, 그중에서도 다른 이들과 쉽게 공유할 수 있는 그림책이었다. 모스 아저씨는 책을 읽는 이가 어떻게 자신의 삶을 꾸려가야 하는지를 조용히 보여준다. 책과 청소는 별개의 일처럼 보이지만, 아저씨는 유연하게 두 영역을 넘나들며 둘 사이를 연결한다. 대충 자기 구역만 쓸고 돌아가는 게 아니라 찬찬히 자신이 할 일을 찾아서 하는 자세는 꾸준히 책을 읽고 사유하는 힘에서 나왔을 것이다.

책은 아저씨가 일에서 의미를 찾게 해주고, 일은 책의 세계에 매몰되지 않고 세상과 소통할 수 있도록 돕는다. 개인적 자아와 사회적 자아 사이에서 균형을 잡으며 자신의 본질을 지켜나가는 것이다. 나 역시 책으로 나 자신에게 집중하며 오롯이 나를 가꾸어가고 싶다. 또한 책 속에 갇히지 않고 일을 통해 사회와 맞닿으려 한다. 나를 지키는 힘을 바탕으로 사람들과 만나고 이야기할 때, 비로소 오래도록 편안하게 일할 수 있다고 믿는다.

나에게서
너에게로

    환하고 깨끗해진 환기구 안쪽에 모스 아저씨는 흙을 쌓고, 갈 곳 없이 버려져 있던 나무를 심는다. 작은 나무 혼자서 외로울까봐 넝쿨도 함께 심어준다. 세상을 푸르게 바꾸겠다는 원대한 마음으로 나무를 심은 것은 아니다. 다만 버려진 나무에게 꼭 맞는 자리를 찾아주고 싶은 마음, 나무가 홀로 심심할까봐 친구를 구해주고 싶은 마음에 움직인 것이다. 모스 아저씨의 작은 움직임은 세상 밖으로 넘실넘실 뻗어나가고 사람들을 동요하게 한다. 그리고 오랜 시간이 지나 한 그루 나무는 또 다른 나무를, 더 많은 나무들을 불러온다. 작은 지하 정원이 드넓은 지상 정원을 불러온 것이다. 나무들 덕에 푸르러진 거리에서 사람들의 일상이 얼마나 많이 바뀌었을지, 표정을 다 보지 않아도 충분히 짐작이 간다.

    세상을 바꾼 것은 '지구를 지키자' 같은 거창한 구호가 아니라, 사람들의 불평에 귀 기울이고 제 자리가 없는 나무를 가엾게 여기는 섬세한 마음과 실천이었다. 그림책으로 어떻게 일하고 싶은가에 대한 답은 모스 아저씨에게서 찾을 수 있었다. 그림책으로 사람들의 마음을 치료하겠다거나, 더 아름다운 세상을 만들고 싶다는 말은 너무나 아름답지만 아직 나한테는 편안하지 않다. 더 높은 곳, 더 큰 것을 바라보며 일하기보다는, 첫째로 나를 잘 돌보며 일하고 싶다. 둘째로는 내 곁에 있는 작고 사소하고 흔들리는 마음들을 보아주며 일하고 싶다. 내가 거창한 일을 해 타인의 변화를 이끌어내야겠다고 생각하면, 지치거나 압도되기 쉽다. 다만 내 곁의 마음들이 더 적절한 자리를 찾아가려 애쓸 때 작은 눈길을 건네주고 싶다.

그런 눈길을 가지려면 다만 눈으로 활자를 읽는 것을 넘어 활자 밑으로 힘 있게 뚫고 내려가야 한다. 나의 경험, 생각, 감정, 전에 읽었던 책들을 한데 끌고 내려가 부딪히며 책 밑으로 파고들어야 한다. 책을 읽는 행위는 무엇도 약속해주지 않는다. 책을 수없이 읽어도 옹졸할 뿐 아니라 한 걸음도 나아가지 못하는 사람, 반면 책은 가까이 하지 않아도 넉넉하고 발전하는 사람들을 많이 보아왔다. 얼마나 많은 책을 읽느냐가 아니라, 어떻게 읽느냐가 중요하다.

게다가 책을 읽는 태도는 결국 나 자신과 타인을 대하는 태도를 닮는다. 책을 눈으로 읽기만 하는 사람들은 그만큼 자기 자신이나 타인에게서도 떨어져 있다. 느끼고 공감하기보다 가늠하고 판단하는 것이 더 빠르고 쉽다. 하지만 몸과 마음으로 부딪히며 책을 읽어 문장에 마음을 얹어본 적이 있는 사람들이라면 이야기가 다르다. 그들은 자신의 마음을 깊이 들여다볼 줄 알고, 다른 이의 마음에 자기 마음을 조심스레 얹어본다. 타인의 처지를 이해하고, 마음을 상상하고, 적절한 행동을 한다. 최소한 그러려고 애를 쓴다. 책을 읽으며 나를 지키고 나의 세계를 확장하여 타인에게 가닿는 사람, 모스 아저씨는 내게 책을 읽는 이가 어떻게 자신의 삶을 꾸려가야 하는지를 보여주는 롤모델이다.

그림책 함께 읽기
자신을 돌보아주는 시간

'내 마음 돌봄 친구, 그림책'이라는 주제의 모임에서 이 책을 읽은 적이 있다. 그림책 심리지도사 선생님이 크게 감탄했던 장면이 무척 기억에 남는다. 아저씨가 깊은 터널 속 환기구에 쌓인 쓰레기를 치우고, 마침내 다시 들어온 빛을 바라보고 있는 장면이었다. 마음의 쓰레기를 치우고 본래의 색과 빛, 바람을 되찾아주는 과정이 바로 심리상담인 것 같다고 말해주었다. 마음 저편에 버려져 있던 '너도 모르고 나도 모르는' 자신을 다시 찾아내 잘 먹이고 잘 입히고 잘 돌보아주는 이야기로 읽히는 것이다. 그림책이 누군가의 소명을 다시 일깨우기도 하는구나, 그림책의 힘을 새삼 느꼈던 시간이었다.

함께 읽으면 좋을 책
#나 #돌봄 #공감 #변화

『넌 뭐가 좋아?』
하세가와 사토미 글 그림, 김숙 옮김, 민트래빗

친구들이 좋아하는 작물을 심어 밭을 가꾸려는 오소리. 하지만 친구들은 이미 자기가 좋아하는 작물을 키우거나 비밀의 장소를 가지고 있었다. 시무룩해진 오소리에게 고슴도치가 건넨 한마디, "넌 뭐가 좋아?" 오소리는 친구들이 놀러와 앉을 의자와 식탁을 준비한다. 자신이 좋아하는 것을 찾고 또 나누는 기쁨을 다정한 느낌의 그림으로 풀어낸 책이다.

『호기심 정원』
피터 브라운 글 그림, 홍연미 옮김, 웅진주니어

미국 뉴욕 고가철도가 시민 공원으로 재탄생한 이야기를 바탕으로 한 그림책. 한 소년의 호기심과 정성이 버려진 철길을 작은 정원으로 되살려내고, 정원은 세상을 초록빛으로 물들이며 다른 이들의 마음을 움직인다.

『어느 날 아침』
이진희 글 그림, 글로연

아름다운 뿔을 잃어버린 사슴이 뿔을 찾으러 여행을 떠난다. 길 위에서 친구들의 도움을 받기도 하고 주기도 하면서 평온해지는 사슴. 울고 있는 달과 함께 울어줄 수 있는 공감의 힘으로, 사슴은 새로운 뿔을 기다릴 수 있게 된다. 부드러운 색조의 그림을 바라보는 것만으로도 위안이 되는 그림책.

7 끝이 아닌 끈의 마법

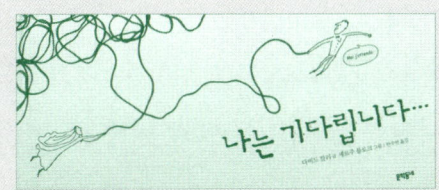

『나는 기다립니다』
다비드 칼리 글·
세르주 블로크 그림,
안수연 옮김, 문학동네

『적』『싸움에 관한 위대한 책』『너에게 뽀뽀하고 싶어』 같은 작품으로 함께한 작가들이 호흡을 맞춘 작품이다. 빨간 끈이 돋보이는 단순한 그림을 통해, 인생에서 맞이하는 다양한 기다림의 순간들을 전하고 있다.

2009년 여름 코엑스에서 〈세계 일러스트 원화전〉이 열렸다. 세계적인 일러스트레이터이자 그림책을 짓는 작가 쉰 명의 원화 450점이 전시되었다. 사실 전시회 보기를 즐겨서 갔을 뿐이지 그때는 그림책에 대해 아는 바가 별로 없었다. '앤서니 브라운=날아가는 고릴라' 같은 단편적인 이미지 몇 개를 머릿속에 담아두고 있을 뿐이었다. 전시장 입구에는 엄마 손을 잡고 온 아이들로 북적거렸다. '어른들이 올 만한 곳은 아닌가 보다' 하는 마음으로 들어선 전시는 기대 이상이었다. 『상상 이상』 『이게 다일까?』 등의 이슈트반 바녀이, 『살아 있는 모든 것은』 『버드나무에 부는 바람』 등의 그림으로 유명한 로버트 잉펜, 『아델과 사이먼』 시리즈의 바바라 매클린톡, 존 버닝햄, 브라이언 와일드스미스, 에르베 튈레 등등. 이들 모두 눈이 휘둥그레질 정도로 유명한 작가들이라는 것은 한참 지나서야 알게 되었다.

      알록달록하고 상상력 넘치는 원화들 중 유난히 시선을 사로잡았던 그림이 있었다. 크기가 별로 크지 않았는데, 가로로 길쭉한 화면 구성부터가 독특했다. 하얀 여백이 대부분인 종이에 흘려 그린 듯한

펜 드로잉, 그리고 붉은 털실만이 자리 잡고 있었다. 영화가 시작되기를 기다리다 눈이 맞은 남녀, 결혼식장으로 날아 들어가는 신혼부부, 싸우고 한껏 마음이 헝클어져 있는 부부. '잘 그린 그림'이라고 말하기는 어려운데, 몇 폭의 그림에 인생의 중요한 순간들이 군더더기 없이 포착되어 있었다. 한참을 서 있었던 나는 작가 이름과 그림책 제목을 적어 왔고, 곧 서점에 가서 그림책을 구입했다. 성인이 되어 처음으로 돈을 주고 구입한 이 그림책은, 다비드 칼리가 글을 쓰고 세르주 블로크가 그림을 그린 『나는 기다립니다』이다.

인생은 기다림의 연속

　실제 작품으로 만나본 『나는 기다립니다』는 몇 점의 원화에서 받았던 인상을 훨씬 뛰어넘는 수작이었다. 2009년에 구입했기 때문에 현재 출간본과는 표지가 다르다. 처음 구매한 그림책이라 더 정이 가기 때문인지, 편지 봉투를 연상케 하는 표지가 기다림의 속성을 더 잘 드러낸다고 여겨서인지, 나는 이 판본의 표지를 무척 좋아한다. 그림책은 한 소년의 일생을 보여주면서, 우리가 기다림을 통해 맞이하는 새로운 세계를 열어 보인다. 어릴 적에는 그저 키가 크기를, 크리스마스가 어서 오기를 기다리던 천진난만한 소년이 청년이 되어 사랑을 기다린다. 마침내 기다리던 사랑을 만났지만 둘을 기다리는 것은 이별. 전쟁터에 나갔던 청년은 살아 돌아와 사랑을 다시 만날 날만을 손꼽아 기다린다. 마침내 사랑하는 사람과 결혼하여 아이를 기다리고, 아이가 어서 자라기를 기다리고, 다 자란 아이들이 노인이 된 자신들에게 연락해주기를 기다린다. 행복과 불행이라는 인생의 굴곡을 지나, 배우자가 먼저 세상을 떠나는 슬픔을 겪은 뒤에도 인생은 끝나지 않고 또 다른 만남은 찾아온다. 손자가 될 아이가 선사할 새로운 만남을 기다리며 노인은 오랜만에 미소 짓는다. 성장, 사랑, 행복, 불화, 고통, 이별, 슬픔과 새로운 만남까지 인생의 중요한 순간과 감정들이 고스란히 표현돼 있다.

　모든 기다림의 순간은 그림책 속에서 길고 짧은 '빨간 끈'으로 표현되고 이어진다. 이 끈은 전쟁터에서 기다리는 간절한 편지로, 사랑하는 이를 만나게 해준 영화관 앞 대기선으로, 엄마와 아이를 잇는 탯줄로 이어지는 것이다. 붉은 털실은 펴졌다가 구불거렸다가 짧아졌다가 길어졌다가 약해졌다가 다시 튼튼해지면서, 주인공의 상황과 감정을 극적으로 연출한다. 부부싸움을 한 후에 먼저 사과하기는 싫고 상대가 먼저 사과해오면 못 이기는 척 들어주고 싶은 복잡한 마음은, 한껏 헝클어져 서로를 옭아매는 빨간 실로 표현되어 있다. 병상에 누워 영원한 이별을 앞두고 있는 부부 사이 인연의 끈은 곧 끊어질 듯이 아슬

아슬하다. 구구절절한 묘사 없이도 빨간색이라는 강렬한 색상과 털실의 무한 변신을 통해 기다림의 간절함을 생생하게 살려낸다.

'소중한 것'을 기다리고 기대하며 우리는 살아간다. 나에게 귀한 사물, 의미 있는 사건, 소중한 사람이 아니라면 기다릴 이유가 없을 터이니 말이다. 그래서 기다리는 사람은 자주 초조해진다. 기다림이 늘 보답받는 것은 아니기에. 그래도 우리는 계속 인생의 다음을 기다린다. 좋은 결과를 기대하기 때문이기도 하지만 기다림 자체가 인생의 설렘을 선사하기 때문일 것이다. 사고 싶던 한정판 물건이 내 손에 들어왔을 때만큼이나 배송을 기다리며 설레고, 여행을 하고 있을 때만큼이나 여행을 가기 전에 들뜬다. 인생은 언제나 설렘과 초조함 그 사이 어디쯤을 반복하며 흘러간다. 기다림은 평생에 걸쳐 우리를 또 다른 세계로 이끌어준다.

그림책으로 이어진 삶의 끈

2009년 그림책과의 만남은 『나는 기다립니다』로 끝날 수도 있었다. 하지만 블로크에 반해버렸던 나는 작가의 그림책을 한동안 모았다. 선의 자유분방함이, 비어 있지만 정확하게 이야기를 전달할 줄 아는 능력이 좋았다. 비슷한 시기에 레오 리오니의 『파랑이와 노랑이』를 만나게 되었다. 색깔 동그라미 몇 개를 가지고 이야기를, 흐름을 만들어낼 수 있다는 것이 놀랍기만 했다. 심지어 추상적인 색깔 동그라미가 주인공이 될 수 있다니! 게다가 색깔과 모양, 배치만 바꾸었는데도 충분히 사건과 감정이 전달된다는 것이 신기하기만 했다. 작가가 기차 안에서 지루해하는 손주들을 달래주려고 색종이를 찢어 지어준 이야기라는 것은 한참 시간이 지나 알았다. 손주에 대한 애정과 대가다운 솜씨가 어우러진 간결하고도 사랑스러운 이야기 앞에서 나는 궁금증이 일었다. 대체 그림책이 무엇이기에 이렇게 쿵 쿵, 두 번이나 심장을 뛰게 하는 걸까?

그렇다고 바로 열렬한 그림책 사랑이 불타오른 것은 아니다. 서점에 가서 표지가 끌리는 그림책을 들추어보고 마음에 들면 사오는, 수수한 애정 생활을 몇 년간 지속했다. 그렇게 한 권 두 권 모은 책이 수십 권이 되었을 즈음 배 속에 아이가 생겼다. 태동이 제법 느껴질 6개월 무렵부터 퇴근해서 그림책 한두 권을 읽어주기도 하고, 그동안 모은 그림책으로 책 탑을 쌓아놓고 웃기도 했다. 곧 이 책들을 같이 읽을 사람이 생기겠구나, 내게도 그림책 친구가 생기겠구나 하는 마음에도 기다림이 스며들었다. 아이가 태어난 후 처음에는 내가 살겠다고 그림책으로 떠들어대며, 아이와 그림책으로 교감할 수 있는 순간을 기다렸다. 아이가 책에 반응하고 함께 읽는 시간이 늘어나면서 카페와 모임에서 어른들과 그림책 이야기를 하는 시간이 점점 더 기다려졌다.

처음에는 그림책 세계에 빠지게 된 것이 본래의 나로 돌아가는 여정이라고 생각했다. 『오리건의 여행』에서 곰 오리건이 서커스단을 나와 오리건 숲으로 돌아가듯, 책이나 글과는 무관한 곳에서 일했던 10년의 공백을 채우려고 나에게 거슬러 올라가는 것이라고 말이다. 그렇지만 이제는 지난날들이 '잃어버린 10년'이라고 생각하지 않는다. 회사 생활을 하는 와중에도 나는 책을 읽었고 글을 썼고 독서지도사 자격증을 땄다. 당장 무엇이 되려고 한 것은 아니었다. 그러나 듀크가 백설공주를 기다리듯 언젠가 나타날 무언가를 간절히 기다렸던 듯도 하다. 아마 그것은 '글과 책으로 꾸려가는 삶'이었을 것이다. 커다란 기다림 속에서 내가 할 수 있는 작은 준비를 해왔고, 그림책 함께 읽는 모임을 열면서 작은 점들이 빨간 선으로 이어지는 순간을 경험했다. 나는 되돌아간 것이 아니라, 간절히 기다리며 앞으로 찬찬히 나아가고 있다.

지금 내가 간절히 기다리고 있는 다음 그림책 모임이, 그리고 지금 쓰고 있는 이 글이 나를 어디로 데려가줄지는 모르겠다. 책의 형태를 띠고 세상에 나오게 되면 지금껏 가닿지 못한 곳으로 끈이 풀려나가서 또 다른 기다림들을 일깨울 것이다. 조금은 초조한 마음으로, 그렇지만 한껏 설레는 마음으로 그 끈을 따라가 보려 한다. '끝이 아니라 끈'의 마법을 있는 힘껏 믿어보는 것이다. 당신이 품은 간절한 기다림은 무엇인지 답을 구할 때, 이 책에 소개된 그림책들이 의미 있는 길잡이가 되길 바란다. 그리고 당신만의 그림책을 찾아 떠나기를 바란다. 그럴 때 이 책 역시 '끝이 아닌 끈'이 될 수 있을 것이다.

그림책 함께 읽기
끝이 아닌 끈의 기다림

그림책을 접한 경험이 별로 없는 사람들도 『나는 기다립니다』를 읽어주면 "아이들이 아니라 어른들에게 꼭 맞는 그림책이다" "너무 감동적이라 말을 보태기가 어렵다"는 반응을 보인다. 그림책을 많이 본 사람들 가운데 이 책을 최고로 꼽는 이도 많다. 잘 그린 그림보다도 얼마나 의미 있는 이야기를 깊이 있게 담아내느냐가 중요하다는 것을, 책을 함께 읽는 이들 모두 공감한다.

책을 읽은 후 '인생의 가장 소중한 기다림' 혹은 '지금 이 순간 기다리고 있는 것'을 표현해보는 시간을 마련한다. 그림책을 읽은 후에 활동 시간에는 대부분 드로잉으로 표현을 하는데, 이 책을 읽는 시간만은 알록달록한 털실을 함께 준비한다. 색다른 재료가 추가되면서 종이에 구멍을 뚫어서 바느질하기, 리본으로 엮기, 돌돌 말아서 입체 만들기, 가장자리에 묶어 잡아당기기 같은 표현 방식이 풍성해져서 더욱 즐겁다. 이 활동을 통해, 말수가 줄어든 큰아이와 대화할 시간을 기다리는 이, 혼자 떠나는 여행을 소망하는 이, 먼 훗날 서점 주인이 되는 꿈을 꾸는 이, 슬럼프를 벗어나 치고 올라가기를 간절히 바라는 이들의 이야기를 들을 수 있었다. 지금의 힘겨움이 좌절로 귀결되는 게 아니라 새로운 즐거움으로 이어질 수 있기를, '끝이 아니라 끈'의 마법이 이 책을 함께 읽는 모든 이들에게 일어나기를 간절히 바란다.

함께 읽으면 좋을 책
#끈 #기다림 #간절함 #연결

『애너벨과 신기한 털실』
맥 바넷 글·존 클라센 그림,
홍연미 옮김, 길벗어린이

춥고 온통 눈과 검댕뿐인 마을에 사는 애너벨은 갖가지 색의 털실이 들어 있는 상자를 발견한다. 스웨터를 뜨고 또 떠도 남아 있는 신기한 털실로, 애너벨은 친구와 선생님, 가족과 이웃, 동물과 무생물에게까지 스웨터를 떠준다. 서로 떨어져 있던 잿빛 존재들을 아름다운 색으로 연결해준 애너벨의 따뜻한 마음이 인상적인 작품. 보스턴글로브혼북상, 칼데콧명예상 수상작이다.

『실』
토릴 코베 글 그림, 손화수 옮김,
현암주니어

붉은 실로 이어지는 인연을 그린 그림책. 입양한 아이와 가족을 이룬 경험을 바탕으로 그린 작품이다. 가족이 된 후 한 존재의 성장을 지켜보는 간절함과 기다림이 붉은 실이라는 모티프를 통해 은유적으로 그려진다.

『기억의 끈』
이브 번팅 글·테드 랜드 그림,
신혜은 옮김, 사계절

로라에게는 할머니들과 엄마, 그리고 자신의 추억이 담긴 단추 마흔세 개를 엮어 만든 기억의 끈이 있다. 새엄마는 다정하지만 로라는 일부러 기억의 끈을 꺼내 보이며 새엄마를 밀어낸다. 기억의 끈이 끊어져 엄마가 소중히 여기던 아빠의 군복 단추를 잃어버리면서, 관계를 새롭게 정립할 기회가 온다. '끈'이라는 소재를 활용해 소중한 것을 오래도록 간직하고픈 마음, 상대에게 소중한 것을 귀히 여겨주는 배려, 새롭게 시작하는 관계의 아름다움을 풀어낸 작품이다.

그림책 함께 읽기 모임을 하려면

그림책 함께 읽기 모임에는 여러 방식이 있으며, 그중 그림책 테라피 역시 진행하는 이에 따라 구성 방식이 달라진다. 여기에서는 '그림책으로 마음의 물꼬를 내주는 작업'을 하는, '그림책 37도'의 정기 모임 방식 및 준비 과정을 소개한다. 이를 참고하여 진행 시간, 책의 권수, 진행 순서 등은 자유롭게 조정하면 된다.

진행 방식
① 인사 및 참석자 소개
② 참석자들에게 그림책을 낭독
③ 인상적인 장면별로 자유로운 대화 나누기
④ 알맞은 발문을 통한 자기 투영 및 표현 유도
⑤ 관련 표현 활동(글, 그림)을 통해 생각 정리 및 통합

준비 과정 1
나만의 책 목록 만들기

　모임을 꾸리기에 앞서 무엇보다 중요한 것은 자신만의 그림책 목록을 쌓는 일이다. 고전의 반열에 오른 그림책의 양도 어마어마한데 매일같이 신간이 쏟아져 나온다. 책이 나오는 속도를 쫓아가며 읽기란 불가능하다. 하지만 기본적인 독서량이 갖추어져야 다양한 주제에 맞게 그림책을 선정할 수 있는 힘이 생긴다. 적은 양이라도 매일 꾸준히 읽어 도서 목록을 늘려야 한다. 새로운 그림책을 읽어 외연을 넓히는 일만큼이나, 읽은 책을 다시 읽어 새로운 의미를 찾아내는 것이 중요하다. 무심하게 지나쳤던 책들을 몇 년 후 보물처럼 캐내는 경우가 있다. 이런 경험을 통해 같은 책이라도 나의 관심사, 처한 상황, 기분 등에 따라 전혀 다르게 읽힐 수 있다는 점을 마음에 새긴다.

- 작가별 엮어 읽기: 그림책 목록을 늘릴 수 있는 가장 손쉬운 방법 중 하나가 한 작가의 작품 몰아 읽기이다. 작가의 작품 스타일이 어떻게 발전해왔는지, 집중 탐구하는 주제나 기법은 무엇인지를 깊이 있게 공부할 수 있다. 좋아하는 작품의 작가부터 살펴보아도 되고, 그림책 작가를 다룬 책을 참고하여 유명한 작가들의 작품을 하나씩 읽어나가는 것도 좋다. 유사한 고민을 하는 이들이 모여 스터디와 발

제를 하면 더더욱 좋다.

참고서적: 『유럽의 그림책 작가들에게 묻다』『그림책과 작가 이야기』 『그림책, 한국의 작가들』『그림책 작가의 작업실』 등

• 그림책별로 키워드를 선정해보기: 한 권의 그림책은 한 가지 주제로만 읽을 수 있는 것이 아니다. 다양한 주제를 뽑아내 새롭게 읽어낼 수 있다. 그림책을 읽은 후 여러 개의 키워드를 선정하는 연습을 한다. 소재, 어울리는 계절, 핵심 가치, 인물상, 인물 간의 관계 등을 생각해본 후, 이를 통해 주제를 도출해본다.

예시 1)
『우리 딸은 어디 있을까?』
키워드: 바느질, 앞면과 뒷면, 장애, 콜라주
주제: 나 탐구생활, 장애를 바라보는 눈, 우리 안의 미와 추, 콜라주 그림책 모아 보기

예시 2)
『알사탕』
키워드: 경청, 소통, 외로움, 상실감, 용기, 판타지

주제: 귀 기울여 듣기, 먼저 다가가는 용기, 외로움의 극복, 일상 속 판타지 그림책 모아 보기

예시 3)

『안녕, 나의 장갑나무』

키워드: 친구, 작별, 사랑, 짝짝이, 기억, 외로움

주제: 나만의 이별 의식, 기억 속에서 영원한 사랑, 짝 없는 것들이 모여 이루는 아름다움

- 짧은 서평 쓰기: 읽은 그림책을 문자로 기록해두는 작업은 큰 도움이 된다. 한 줄 평이나 주관적인 감상기에 그칠 수도 있지만, 이왕이면 자신이 생각하는 가장 중요한 주제를 잡아 글을 쓰는 편이 좋다. 주제를 뒷받침하는 논거로 '글'의 내용에만 집중하지 말고 캐릭터의 외양, 색채, 선 등 '그림'을 잘 살피는 것도 중요하다. 기록이 쌓일 경우 비슷한 주제의 그림책 엮어 읽기에 큰 도움이 된다. 또한 자신이 유난히 천착하는 관심사가 무엇인지를 발견할 수 있다.

- 다른 예술 매체를 보면서 그림책 떠올리기: 책, 영화, 음악, 미술, 사진 등 다른 장르의 예술 작품을 감상하면서 그림책과 어떻게 조합할 수 있을까를 생각해본다. 서로 다른 것들의 접점을 발견하는

연습 과정이다. 『랩 걸』을 읽으며 식물의 삶을 다룬 그림책들을 떠올리고, 모지스 할머니의 책을 읽으며 그림책 『엠마』를 떠올린다. 영화 〈싱글맨〉을 보며 그림책 『안녕하세요』를 떠올리고, 그림책 『선』에 영화 〈러브레터〉 OST 〈작은 행복Small Happiness〉을 연결해 함께 듣는 식이다. 개인적으로는 동생과 매달 진행하는 '나와 누나의 서재'를 통해 시집과 그림책의 연결을 계속 탐구하는 중이다. 이 또한 자신만의 목록이 쌓이면, 새로운 방식의 엮어 읽기 수업을 구상하는 데 도움이 된다.

준비 과정 2

함께 읽을 주제 선정하기

그림책 모임을 매달 진행하기 때문에 계절이나 달의 특성 등을 고려한다. 똑같은 책이라도 언제 읽느냐에 따라 완전히 다른 느낌으로 다가오기 때문이다. 맹추위가 불어 닥치는 1월에는 '겨울을 견디는 용기'라는 주제로 겨울을 배경으로 한 그림책을 엮어 본다. 학사일정과 봄이 시작되는 3월에는 '시작하는 용기'라는 주제로 책을 엮어 본다. 또한 가정의 달 5월에는 '엄마'를, 낙엽이 떨어지는 11월에는 '시간'

을, 연말인 12월에는 '나눔'이라는 주제를 선정해보는 식이다.

  물론 늘 계절성을 고려하여 주제를 선정하는 것은 아니다. 진부해지거나 소재가 고갈되기 십상이기 때문이다. 제일 좋은 것은 자신이 가장 고민하고 탐구하고 있는 주제를 참석자들과 나누는 것이다. 참석자들의 이야기를 잘 듣고 끌어내는 것이 중요하지만, 동시에 진행자가 전달하고 싶은 메시지도 확실해야 하기 때문이다. 나의 경우 '나는 어떤 사람인가'에 관심이 많다 보니, '나 탐구생활' '나다운 것, 나답지 않은 것' '마음 돌봄' '나만의 공간' 등의 주제를 자주 다루게 된다.

  때에 따라서는 꼭 같이 읽고 싶은 한 권의 그림책을 먼저 선정하기도 한다. 이런 경우 키워드와 주제를 선정하는 과정을 거치면서, 어떤 주제로 어떤 책과 함께 이야기할 때 이 책의 매력을 가장 잘 살려 전할 수 있는지를 고민해본다.

준비 과정 3
주제별로 책 엮기

  일본 에혼 테라피에서는 두 시간에 다섯 권 안팎을, 그림책 독서토론 모임에서는 한 권을 깊이 다룬다. 그림책 37도에서는 보통 두 시간 동안 세 권을 함께 읽으며, 참석자들의 이야기가 길어질 경우 두 권으로 마칠 때도 있다. 같은 주제라도 '어떤 책을 어떤 방식으로 배치하느냐'가 모임의 개성을 결정한다.

- 다루고 싶은 주제 혹은 가치를 선정한 후에는, 일단 관련 그림책들을 넓게 펼쳐본다. 같은 '용기'라도 시작하는 용기인지, 물러서지 않는 용기인지, 마음을 솔직하게 표현하는 용기인지 구분할 필요가 있고 혹은 따로 다룰지 함께 다룰지 등을 고민해야 한다. 이런 식으로 책의 범위를 좁혀나간다.

- 두 시간 동안 단계별로 어떤 화두를 던질지 고민한다. 각 화두는 느슨하더라도 연결되어야 한다. 맨 처음에 읽는 책은 주제에 가볍게 접근할 수 있는 책, 관련 경험을 쉽게 나눌 수 있는 책이 좋다. 좀 더 구체적으로 생각을 좁혀갈 수 있는 책을 이어 읽어주며, 그림책 모임을 통해 전하고 싶은 메시지가 담긴 책은 맨 마지막에 배치한다. 표현 활동으로 이어주기에 좋은 책도 마지막에 읽어주는 것이 좋다.

예시 1)

주제: 시간이 들려주는 나의 이야기

『시간이 흐르면』: 시간의 보편적인 특성, 시간의 흐름을 인식하는 나의 경험담 나누기.

『11월』: 가을을 보내고 겨울을 준비하는 11월로 범위를 좁혀 한 해 돌아보기.

『편지』: 한 해 중 특히 소중한 이와 보낸 찬란했던 시간 떠올리기.

예시 2)

주제: 시작하는 용기

『하지만 하지만 할머니』: 나이나 다른 장애물에 굴하지 않고 좋아하는 일을 시작할 수 있는 용기.

『용감한 아이린』: 일을 시작한 후 언제나 발생하는 문제를 회피하지 않고 직면할 수 있는 용기.

『아름다운 실수』: 문제나 실수는 또 다른 시작이 될 수 있음을 인식하기.

- 주제와 더불어 소재나 기법, 색조 등의 유사성도 고려한다. 예를 들면 상실과 관련된 책을 고를 때 '흑백 그림책'으로 범위를 좁히거나, 나다움에 대한 책을 고를 때 선을 모티브로 한 책을 고르는 식이다. 그림책 사이의 연결성을 높이기 위한 장치인데, 물론 이에 갇혀서 관련 그림책의 범위를 한계 지을 필요는 없다.

준비 과정 4

모임 성격별로
책 조절하기

같은 주제라 하더라도 어떤 성격의 모임에서 어느 때에 누구와 읽느냐에 따라 선정하는 책도 달라져야 한다. 그림책 경험 유무, 성별, 결혼 유무, 자녀 유무, 계절 등을 고려할 필요가 있다.

예시 1)

대상자들이 그림책을 접한 경험이 거의 없고 자발적 참여가 아닌 기업 교육에 참여한 경우: 그림책이라는 장르가 생소하기 때문에 이에 대한 문턱부터 낮추는 것이 중요하다. 참가자가 직접 만지며 상호 소통할 수 있는 인터랙티브 그림책, 아름다운 팝업북처럼 감각적인 즐거움을 줄 수 있는 책을 먼저 보여줌으로써 그림책에 대한 호기심을 불러일으킨다.

'시작하는 용기'라는 주제를 다룰 때 『용감한 아이린』을 자주 읽는다. 하지만 동일한 주제를 다루더라도 기업 교육에서는 이런 긴 이야기 그림책은 피한다. 참석자들이 글과 그림에 집중하여 몰입하는 힘이 부족하고, 대부분 긴 교육 과정을 거치는 동안 지쳐 있기 때문이다. 오히려 『아름다운 실수』처럼 글이 함축적이고 그림이 아름다운 책들이 쉽게 참가자의 마음을 흔든다.

예시 2)

계절을 고려한 그림책 선택: 같은 주제라도 계절을 고려하여 다른 책을 고를 수 있다. 물론 여름에 겨울 그림책을, 겨울에 여름 그림책을 읽지 말라는 법은 없다. 하지만 계절성을 고려하여 읽으면 더 감각적으로 그림책을 만날 수 있다. 예를 들어 '용기'라는 주제를 다른 계절에 만난다고 가정해보자.

여름에 만나는 용기 그림책:『수영장에 간 날』『파도야 놀자』『귀신 안녕』

겨울에 만나는 용기 그림책:『용감한 아이린』『블랙독』『선』

준비 과정 5
여는 시간 구성하기

그림책 모임만은 참석자 모두가 편안하게 이야기를 나눌 수 있는 안전하고 평등한 영역이라는 의미에서 나이, 결혼 유무, 자녀 유무, 직업 등 구체적인 자기소개를 하지 않는다. 물론 그림책을 읽고 이야기를 나누다 보면 자신이 처한 상황을 자연스레 드러내지만, 처음부터 일상적인 틀로 서로를 가두지 않는다.

여는 시간은 편안하게 자신을 생각해보고 공개할 수 있는 시간으로 마련하되, 좀 색다른 자기소개 방식을 구상해본다. 그날의 주제로 연결할 수 있는 소재를 선택하는 것이 좋으며, 주제와 관련된 시를 읽어주면서 참석자들의 마음을 열기도 한다.

예시 1)

시와 만나는 그림책: 최근의 자신을 '모양'으로 설명해보도록 한다 → 은유야말로 시의 중요한 일부임을, 모양에 빗댄 자기소개가 시의 은유와 닮아 있음을 이야기하며 '시와 만나는 그림책'으로 자연스럽게 이끌어 들어간다.

예시 2)

나다운 것, 나답지 않은 것: 동그라미 앞면에는 어제의 기분을, 뒷면에는 오늘의 기분을 그려보도록 한다 → 하루 동안에도 극명하게 달라지는 나를 소개하며, '나라는 존재를 어떻게 설명할 수 있을까'라는 주제로 이야기를 이끌어 들어간다.

예시 3)

한때 짝이었던: 이병률 시인의 「두 사람」을 읽어주며, 나의 짝은 누구

인지 소개해보도록 한다 → 짝이 꼭 영원히 함께하는 두 남녀는 아닐 수 있음을 이야기하며, 세상의 다양한 짝을 소개하는 그림책으로 안내한다.

준비 과정 6
그림책 낭독 연습하기

낭독은 그림책 모임의 핵심 중 핵심이다. 진행자는 해당 그림책을 바르게 이해하고 젖어들어 참석자에게 풍성한 정서를 전달해야 한다. 참석자들은 대부분 그림책을 읽지 않은 상태로 와서, 진행자를 통해 처음 그림책을 접한다. 그러므로 진행자가 그림책을 어떻게 이해하고 읽어주느냐가 참석자들의 그림책 수용에 영향을 미친다. 좋아하고 자주 읽었던 그림책이라 하더라도, 반드시 모임 전에 '소리 내어' 읽어보는 연습을 할 필요가 있다.

등장인물의 정서를 과장하거나 몸짓 언어를 많이 사용하는 구연동화식의 낭독은 어른들에게 어울리지 않는다. 그림책의 여백을 헤쳐, 자신의 이야기를 덧입히며 몰입하는 기회를 빼앗아버리기 때문이다. 담담하게 읽어주되 긴 문장은 정확히 구로 끊어 읽어 이해를 도와야 한다. 대화체는 보다 역동성 있게 읽는다. 등장인물의 성별, 연령, 처한 상황 등을 고려하여, 인물의 감정 상태를 정확하게 전달해주는 것이 바람직하다. 참석자가 그림책에 얼마나 빠져들게 만드느냐를 좌우하는 중요한 요소이다. 이때만은 성우가, 연기자가 되었다고 생각하며 읽어준다.

준비 과정 7
질문 만들기

그림책 모임에서는 참석자들의 말을 경청하는 것이 무엇보다 중요하다. 다른 데서 잘 하지 못하는 이야기를 그림책의 힘을 빌려 꺼내는 시간이기에 참석자들의 눈을 맞추고 잘 듣는 것은 진행자의 기본 덕목이다. 그런데 참석자들이 편안하게 말을 꺼내게 하려면, 질문을 잘 만드는 것이 중요하다. 그림책 내용과 연관되면서도 너무 어렵지도 그렇다고 너무 편안하지도 않은 질문이 필요하다. 책의 내용을 확인하는 질문도 가능하지만, 단순히 '제대로 읽었는가'를 물어보는 게 아니라 '다르게 생각할 수 있도록 돕는 질문'이어야 한다. 참석자는 흐름이 있는 질문에 대답하는 과정에서, 자신과 주변을 숙고하고 진행자가 전달하고 싶어 하는 메시지에 다가갈 수 있다.(물론 준비된 메시지와는 전혀 다른 이야기들이 흘러나오기도 하는데 이것이 그림책 모임의 묘미임을 받아들일 필요가 있다.)

예시 1)

『선 따라 걷는 아이』(주제: 나다운 것, 나답지 않은 것)

- 선은 무엇을 의미할까요?
- 선 위를 걷는다는 것은 무슨 의미일까요? 그런 선택을 해보았나요?
- 선을 벗어나는 선택을 해보았나요?
- 해보지 못했다면 왜 그랬나요? 해보았다면 결과는 어땠나요?
- 아이는 선 위를 걸으면서 어떤 다른 일들을 했나요?
- 아이가 스스로 선을 그려낸 힘은 어디에서 온 걸까요?
- 선 위를 걷는 선택은 옳지 못한 걸까요?
- 선 밖으로 나가는 것만이 나다운 선택일까요?

예시 2)

『씨앗 100개가 어디로 갔을까』(주제: 아주 작은 씨앗 하나가)

- 나무가 가장 잘하는 일은 무엇인가요?
- 간절하게 기다려본 경험이 있나요?
- 잘될 거라 여겼는데 코앞에서 일이 틀어진 경험이 있나요?
- 잘 안 될 거라 포기하고 있었는데 오히려 잘 풀린 경험이 있나요?
- 성공과 실패는 언제 가늠할 수 있는 걸까요?

- 싹 틔우기를 간절히 기다리는, 현재 내 안의 씨앗은 무엇인가요?
- 우리의 성장을, 우리 아이들의 성장을 믿는 마음이 내 안에 있나요?

준비 과정 8
표현 활동 구성하기

표현 활동은 시간이나 주제에 따라 진행하기도 하고 생략하기도 한다. 모임에서 나눈 자신의 이야기들을 정리하고 통합하거나, 지향점을 구체화하는 시간으로 활용한다. 색, 선을 활용해 보다 자유로이 표현할 수 있는 그림 활동을 선호하지만, 필요에 따라서는 글을 쓰기도 한다.

예시 1)
『아나톨의 작은 냄비』(주제: 약점 껴안기)
- 종이에 플랩을 만들어 플랩 위에는 냄비를 담는 가방을 그리고, 플랩을 열면 나의 냄비를 그릴 수 있도록 준비한다.
- 나의 냄비, 즉 약점이 무엇인지 생각해보고 시각적으로 표현해본다. 냄비의 크기, 색깔, 모양 등은 자유롭게 결정한다.
- 냄비를 쉽게 담아갈 수 있는 가방, 즉 나의 약점을 잘 다독일 수 있는

방법을 생각해보고 시각적으로 표현해본다.

예시 2)

『편지』(주제: 시간이 품은 나의 이야기)

- 1월부터 11월까지 있었던 좋은 기억들을 떠올려본다.
- 좋은 기억을 나누고픈 사람을 골라 편지를 쓴다.
- 참석자가 직접 편지를 부쳐도 되고, 진행자가 편지를 모아와서 부쳐 줄 수도 있다.

다양한 그림책 함께 읽기 모임

그림책을 함께 읽을 수 있는 모임의 형태는 '그림책 37'도 모임보다 훨씬 다양한 양상을 띤다. 장소, 시간, 진행자와 모인 이들의 성향 등을 고려해 모임의 성격을 정하는 것이 바람직하다.

그림책 낭독 모임

장소 및 시간 공지, 참석자 모집 이외에는 진행자의 개입이 크게 필요하지 않은 모임의 형태이다. 참석자들이 모두 그림책 한 권씩을 준비해온다. 좋아하는 그림책을 자유롭게 가져올 수도, 최근 읽은 가장 좋았던 그림책을 가져올 수도, 혹은 주제를 정하여 그림책을 골라올 수도 있다. 각자 골라온 그림책을 낭독하고, 골라온 이유에 대해 간단히 언급한다. 참석자들이 책에 대한 소감을 간단히 나눌 수도 있지만, 주를 이루는 것은 낭독이다. 누군가 읽어주는 이야기를 보고 들으며 여러 권의 그림책 속으로 오롯이 들어갈 수 있다는 점이 큰 장점이다.

그림책 소개 모임

그림책 소개 모임 역시 진행자의 개입이 크게 필요하지는 않다. 이 또한 자유롭게 혹은 주제별로 각자 한 권씩 그림책을 준비해온다. 전체 낭독을 하는 대신, 해당 그림책을 골라온 이유와 가장 인상적인 장면 등을 나눈다. 참석자들이 작가나 책에 대해 감상, 설명 등을 덧붙일 수도 있다. 낭독이나 소개 모임은 준비 부담이 적어 오래 지속될 가능성이 높지만, 그 때문에 자칫 관계 지향적 모임으로 빠져 그림책 이야기가 밀려나지 않도록 조심해야 한다. 참석자가 많지 않은 모임의 경우 낭독과 소개를 병행하는 것도 좋다.

발제 모임

참석자들이 돌아가며 발제를 준비하는 모임 방식이다. 자신의 인생 그림책들을 소개할 수도 있으며, 작가별 혹은 주제별로 공부하는 것도 가능하다. 발제를 마친 후 참석자들이 책에 대한 감상을 자유롭게 나눈다. 진행자의 개입은 적지만 참석자들이 돌아가며 발제의 부담을 져야 하기 때문에, 성실한 태도가 무엇보다 중요하다.

그림책 토론

한 권의 그림책을 독서토론 할 때처럼 세밀히 읽어가는 방식이다. 진행자의 그림책과 논제 선정, 토론 진행 역량이 매우 중요한 모임 형태이다. 참석자 모두가 미리 그림책을 읽고 발제에 대해 생각해오는 것이 원칙이다. 전체 평점, 인상적인 장면, 찬반 논제, 자유 논제를 다룬다. 발언하는 사람이 편중되지 않도록, 진행자의 의견이 토론에 영향을 미치지 않도록 진행자는 신중을 기해야 한다.

조금 느슨한 형태의 자유 토론도 가능하다. 동생과 진행 중인 '나와 누나의 서재'의 경우, 시집과 그림책을 미리 공유하여 읽어오되 논제 없이 생각을 개진하고 자유롭게 의견을 나눈다. 진행자가 책 선정과 발제의 부담을 홀로 짊어지는 게 아니라 참석자가 균등하게 책임을 나누는 것이다.

어른의 그림책
우리는 그림책을 함께 읽는다

초판 1쇄 발행 2019년 9월 5일
초판 9쇄 발행 2024년 6월 10일

지은이 | 황유진
기획 | 서민경
교정 | 박기효
디자인 | 김리영
사진 | 권은정

펴낸이 | 박숙희
펴낸곳 | 메멘토
신고 | 2012년 2월 8일 제25100-2012-32호
주소 | 서울시 은평구 연서로26길 9-3 동양오피스텔 301호(대조동)
전화 | 070-8256-1543 팩스 | 0505-330-1543
전자우편 | memento@mementopub.kr

ⓒ황유진
ISBN 978-89-98614-70-6 (03810)

이 도서의 국립중앙도서관 출판예정도서목록(CIP)은 서지정보유통지원시스템
홈페이지(http://seoji.nl.go.kr)와 국가자료종합목록 구축시스템(http://kolis-net.nl.go.kr)에서
이용하실 수 있습니다. (CIP제어번호 : CIP2019032844)

잘못된 책은 바꾸어 드립니다. 책값은 뒤표지에 있습니다.